Dr Walter Fiedler

Walter Hansen
Asgard

WALTER HANSEN

ASGARD

Entdeckungsfahrt in die germanische Götterwelt

KOMET

Sämtliche Farbfotos von Eberhard Grames.
Die Fotos im Schwarzweiß-Tafelteil stammen von:
Eberhard Grames (S. 163 oben)
Walter Hansen (S. 161, 162 oben, 162/163, 165, 166, 167, 168 unten)
Werner Schutzbach (S. 164)
Sigurdur Thorarinsson (S. 168 oben)

Die Abbildungen im Text wurden entnommen aus:
M. Paul Gaimard, Voyage en Islande et au Groenland, 1838–1852,
und Preyer/Zirkel, Reise nach Island, 1862.

Lizenzausgabe für KOMET MA-Service und Verlagsgesellschaft mbH
Gesamtherstellung: KOMET MA-Service und Verlagsgesellschaft mbH
ISBN 3-933366-45-3

Inhalt

Einleitung

Die nordischen Mythen sind, nach dem Zeugnis der Mythenquellen selbst, Runen, Geheimnisse, Geheimreden, sie wollen nach Rätselart gelöst sein.

Ludwig Uhland
»Der Mythus von Thor«, 1836

Der Weg zur Unterwelt ist dreißig Kilometer lang

Am 8. August 1980 gegen zwölf Uhr Mittag hatte ich mit meinem Geländewagen den Weg in die Unterwelt des germanischen Mythos erreicht: eine erkaltete Feuerschlucht aus erstarrter Lava, dreißig Kilometer lang und 150 Meter tief, die gewaltigste Vulkanspalte der Erde. Ihre Steilhänge waren schwarz wie Kohlenhalden. Es roch nach Schlamm und feuchtem Fels hier herunten im Abgrund der Schlucht.

Durch diese »tiefen, dunklen Täler« war, wie in uralter Sage beschrieben, der Götterbote Hermodhr in die Unterwelt geritten, um den ermordeten Sonnengott Baldur zu befreien und ins Land der Lebenden zurückzuholen. Hier, an dieser Stelle, an der ich mich gerade befand, hatte Hermodhr den Gjöll-Fluß erreicht, die Grenze zum Totenreich; hier war er über die Gjöll-Brücke hinweggeritten ins düstere Reich der Totengöttin Hel.

Der sagenhafte Grenzfluß zur Unterwelt rauschte vor den Rädern meines Geländewagens – schwarz wie eine Flut von Tusche, glanzlos aufgeschäumt in seinem Bett aus Lavageröll.

Die Gjöll-Brücke wölbte sich in halber Höhe der Nordwestwand: eine Felsbrücke, gleichmäßig geformt, wie von einem Architekten konstruiert – und doch auf natürliche Weise aus dem Lavagestein herausmodelliert von der Sturzflut eines Wasserfalls.

Der düstere Weg zur Unterwelt, der Gjöll-Fluß, die Gjöll-Brücke und alle anderen Stätten der germanischen Göttersagen galten bislang als unauffindbar, als geheimnisvolle, versunkene Welt, als mythisches Atlantis. Denn die Sagendichter hatten die Ortsbeschreibungen verschlüsselt, hatten die Welt ihrer Götterlehre gleichsam mit einer Dornenhecke literarischer Rätsel schützend umgeben. Von der Lösung dieses Rätselspiels wird auf den folgenden Seiten noch oft die Rede sein. Nur soviel vorweg: Die Dechiffrierung mythischer Texte ist – wenn man den Code kennt – mitunter verblüffend einfach. Dann erweisen sich die germanischen Göttersagen gleichsam als Baedeker in die Götterwelt, als Reiseführer, der die Wege zeigt zu den verschollenen Schauplätzen des germanischen Mythos:

Vom Gjöll-Fluß aus fuhr ich mit dem Geländewagen, Hermodhrs sagenhaftem Ritt folgend, in die Unterwelt des germanischen Mythos, ins Schreckensreich vorzeitlicher Glaubensvorstellungen.

Gut drei Jahre später kletterte ich mit einem Freund aufs schneeglänzende Dach der Götterburg Asgard, den Wohnsitz der Götter, und von dort aus weiter hinauf zu Odins Hochsitz Hlidskjalf, der weithin sichtbar in den Himmel ragt, wie in der Sage beschrieben.

Ich war am Tatort von Baldurs Ermordung, in der Flammenburg der schönen Riesentochter Gerda und im Reich der Zwerge, in dem sich die von allerlei mythischem Gesindel hart bedrängte Liebesgöttin Freyja eine erotische Entgleisung geleistet hat.

Mein Geländewagen wäre ums Haar in einem Sumpf versackt, als ich die mythische Welt der Steinriesen besuchte und die Felsburg Griottunagard entdeckte.

Hochwasser überraschte mich auf den Sandbänken eines Flußdeltas, als ich in die von Mythendichtern geheimnisvoll umschriebene Welt der Eisriesen eindrang.

Ich fand die Insel des Feuerriesen Surtur, die Schauplätze der Götterdämmerung, den Brunnen Hwergelmir, und ich weiß, wie die Weltesche Yggdrasil aussieht, das rätselhafte Glaubenssymbol der Germanen für Werden und Vergehen der Welt.

Die Stätten der Göttersagen sind heute noch dort zu sehen, wo einst die Mythendichter gelebt und ihre Werke niedergeschrieben haben: auf Island.

Die Vulkaninsel am Polarkreis, fernab vom europäischen Festland im Nordmeer gelegen, war bis ins 13. Jahrhundert hinein letzte Bastion des germanischen Glaubens. Nur auf Island konnten neben der behutsam eingeführten Christianisierung lange noch germanische Traditionen, religiöse Vorstellungswelt und Dichtkunst überdauern. »Island ist klassischer Boden für den Germanisten«, hat schon Jacob Grimm erkannt, der mit seinem Werk »Deutsche Mythologie« aus dem Jahre 1835 den Anstoß gab zu einer wissenschaftlichen Untersuchung der germanischen Religion.

Die Edda: Reportage aus der Götterwelt

Auf Island entstand die Edda, ein Frühwerk der Weltliteratur, eine Sammlung alter Sagen, die uns Kunde gibt von Göttern und Göttinnen der Germanen, von Dämonen, Riesen und Zwergen, von mythischen Abenteuern, Tragödien und Komödien, von Weltanfang und Weltuntergang. Ohne Edda hätte die Forschung nur Bruchstücke mythischen Schrifttums, die zusammen nicht annähernd ein Bild der Sagenwelt bieten würden. Aus der Edda kennen wir den Göttervater Odin beispielsweise, der auf seinem achtbeinigen Schimmel Sleipnir die Wilde Jagd anführt; den Gewittergott Thor, der donnergrollend durchs Gewölk fährt; den Sonnengott Baldur, der vom blinden Hödur ermordet wird; den listigen Loki, der ständig Zwietracht sät unter den Göttern; den Fruchtbarkeitsgott Freyr, der in Liebe zur schönen Riesentochter Gerda entbrennt; den Wächter Heimdall, der in sein Signalhorn stößt, wenn die Dämonen heranstürmen und Ragnarök anbricht, der letzte Kampf, die Götterdämmerung, der Weltbrand, die Apokalypse der germanischen Religionsvorstellungen. In den Schriften der Edda lesen wir von der Göttermutter Frigg, von der Liebesgöttin Freyja und der Totengöttin Hel, von der Midgardschlange, vom Fenriswolf und vom Höllenhund Garm, von den Riesen Hrungnir, Thrym und Hymir – und von allen anderen sagenhaften Wesen, an deren Existenz die Germanen glaubten. Aus der Edda stammen Wörter unseres Sprachgebrauchs: Asen, Nornen, Götterdämmerung, Walhall oder Walküren; vom Namen der Totengöttin Hel leitet sich etymologisch das Wort Hölle ab; nach dem Gewittergott Thor oder

Donar ist der Donnerstag benannt und nach der Liebesgöttin Freyja der Freitag. Die populären Nacherzählungen der Göttersagen, die wir alle gelesen haben, stützen sich auf die Edda. Was immer wir auch von den Göttern und Dämonen der Germanen wissen, was immer unsere Vorstellungen von den Göttersagen bestimmt, von mythischen Stätten, Götterburgen und Dämonenschlupfwinkeln, die wichtigsten Quellen dafür sind die Schriften der Edda-Dichter aus Island.

Die Edda besteht aus zwei Teilen: aus Prosa-Edda und Lieder-Edda.

Die Prosa-Edda wurde von Snorri Sturluson verfaßt, einem Poeten, Staatsmann, Rechtsprecher und Geschichtsschreiber, der von 1179 bis 1241 lebte. Sein im Jahre 1230 geschriebenes Werk bietet eine zusammenfassende Darstellung der germanischen Göttersagen, gestrafft, pointiert, einer Reportage modernen Stils nicht unähnlich.

Snorri schöpfte sein Wissen offensichtlich aus mündlichen Überlieferungen und aus Liedern, die er vereinzelt zitiert. Diese Lieder galten als verschollen, bis im Jahre 1643 der Bischof Brynjulf Swendson eine alte Handschriftensammlung mit über hundert Götter- und Heldenliedern unbekannter Dichter fand – und feststellte, daß er zumindest einen Teil von Snorris Quellenmaterial entdeckt hatte. Diese Sammlung wird heute Lieder-Edda genannt. Einzelne Verse stimmen fast wörtlich mit den in der Prosa-Edda zitierten Strophen überein, und viele Lieder ergänzen das von Snorri in seiner mythischen Reportage gebotene Bild der Göttersagen. Alle Lieder, wuchtig rhythmisiert und bilderreich geschrieben, sind in Stabreimen abgefaßt, in der traditionellen, altgermanischen Reimform mit gleichklingenden Anlauten: »Windzeit, Wolfszeit, eh die Welt zerstürzt.« Die Götterlieder sind unterschiedlich alt. Viele entstanden um die Jahrtausendwende oder später, einige früher, knapp nach der Landnahmezeit Islands, die im Jahre 874 begann.

Die Edda wird auch »Buch von Oddi« genannt: nach der an Islands Südküste gelegenen Skaldenschule Oddi. Dort konnte germanische Dichtkunst noch lange gedeihen. Denn die christlichen Missionare, die seit dem 10. Jahrhundert auf der Insel wa-

ren, haben ihre Lehre dem im Volk tiefverwurzelten Götterglauben nur behutsam entgegengesetzt. Es ist durchaus möglich, daß einige anonyme Dichter der Lieder-Edda – besonders die aus späterer Zeit – christliche Denkart schon kannten. Von Snorri Sturluson – dem Verfasser der Prosa-Edda – weiß man sogar mit Sicherheit, daß er Christ war. Und doch haben sie alle die germanische Götterlehre überliefert, originalgetreu im Stil und in archetypischem, der Urform entsprechendem Inhalt.
Wie schon angedeutet, ist die Edda ein Werk geheimnisvoll verschlüsselter Hinweise. »Die nordischen Mythen sind, nach dem Zeugnis der Mythenquellen selbst, Runen, Geheimnisse, Geheimreden, sie wollen nach Rätselart gelöst sein.« (Ludwig Uhland, Dichter, Germanist und Tübinger Universitätsprofessor für deutsche Literatur in seinem 1836 erschienenen Werk »Der Mythus von Thor«.) Die geheimnisvollen Hinweise finden sich in Metaphern versteckt, in bildhaften Umschreibungen, in Bilderrätseln, Symbolen und in mythischen Namen. Bisher haben Forscher die verschlüsselten Edda-Texte vor allem auf ihre Gehalte an Religionstheorie und Philosophie, an Weltentstehungslehre und Weltuntergangsvisionen hin untersucht. Dabei sind sie zu teils recht widersprüchlichen Einsichten gelangt.
Die geheimnisvollen Ortsbeschreibungen zu entschlüsseln und die mythischen Schauplätze in der Landschaft zu suchen, hat man weitgehend versäumt; und wenn es versucht wurde, dann scheiterten die Forscher an ihren mangelnden Kenntnissen der isländischen Topographie und Geologie. Für ihre Höhenflüge fanden sie keine Landebahnen. Mit anderen Worten: Die Schauplätze der Göttersagen konnten nicht entdeckt werden, weil die Mythologen zu wenig über Islands ungewöhnliche Geologie wußten – und die Geologen keine Veranlassung sahen, in den Einöden der Vulkaninsel Island nach mythischen Stätten zu suchen.
Mythologie und Geologie zusammenzubringen, darin sah ich die bisher ungenutzte Chance, das Rätsel der längst verschollen geglaubten mythischen Schauplätze doch noch zu lösen.
Warum ich von der Idee so gepackt wurde? Den Anstoß zu diesem Unternehmen – zu einer Gratwanderung zwischen Wissen-

schaft und Abenteuer – gab ein Buch mit vergilbten Seiten, das ich als Zwölfjähriger in der Bibliothek meines Großvaters aufgestöbert hatte: »Unsere Vorzeit. Nordisch-germanische Götter und Helden«, verfaßt von Dr. Wilhelm Wägner, gedruckt 1894 in Leipzig. In diesem Buch fanden sich abenteuerliche Geschichten, deren Lektüre nicht ohne Nachteil blieb für die Qualität meiner Hausaufgaben in Mathematik: Die Abenteuer und galanten Affären des Göttervaters Odin zum Beispiel, die Geschichte vom Bau der Götterburg Asgard, die Kämpfe zwischen Göttern und Riesen, die Intrigenspiele Lokis, Skirnirs Sprung in den Flammenring oder die Tragödien der Götterdämmerung. Freyjas Liebesleben interessierte mich damals mehr als der Lehrsatz des Pythagoras, und Baldurs Ermordung ging mir nahe wie Winnetous Tod. Wie oft habe ich Hermodhr bei seinem Ritt in die Unterwelt begleitet, um Baldur zu retten!

Fünfundzwanzig Jahre später – ich bereitete gerade die Herausgabe einer Edda-Übersetzung mit Kommentaren vor – fiel mir dieses Buch wieder in die Hände. Ich schlug es auf, und da waren auch wieder die Seiten mit den verschnörkelten Initialen. Diesmal fesselte mich jedoch besonders ein Kapitel, das ich als Zwölfjähriger überblättert hatte. Der Autor beklagt, daß – im Gegensatz zu den griechischen, römischen und allen anderen Sagenkreisen – die Schauplätze der germanischen Göttersagen und mithin die natürlichen Kultstätten der germanischen Götterverehrung noch nicht entdeckt worden seien. Gleichwohl äußerte er die Hoffnung, daß sie gefunden werden müßten – denn jede Sage hat ihren örtlichen Bezug, jede Sage wird herausgefordert oder zumindest beeinflußt von der Faszination einer Landschaft. So forderte das Riesengebirge die Sage vom Rübezahl heraus; das neblige Hochmoor auf dem Brocken die Sage vom Teufelstanzplatz; der schottische Grabensee Loch Ness die Sage vom Seeungeheuer; der feuerspeiende Vesuv die Sage vom römischen Feuergott Vulcanus; der 2911 Meter hohe, schneeglänzende Olymp die Sage vom Göttersitz der altgriechischen Religion. Wo aber liegt Asgard, der Göttersitz des germanischen Mythos? Wo das Panorama der uns wohlvertrauten Schauplätze und Kultstätten germanischer Göttersagen? Wäg-

ner gab die naheliegende Antwort, daß sie sich in der Vulkanwildnis Islands finden müßten, die einst Reiseland der Edda-Dichter war. Von diesem Gebiet wußte man freilich wenig zu Ende des 19. Jahrhunderts. Wilhelm Wägner selbst beschrieb es als »unzugänglich«.
Inzwischen sind die vulkanischen Phänomene Islands von Geologen weitgehend erforscht worden und allgemein bekannt; unbekannt sind hingegen nach wie vor die Stätten der germanischen Göttersagen. Das Thema fesselte mich auf Anhieb. Ich nahm mir vor, das Rätsel zu lösen und eine Entdeckungsreise in jenes Land zu unternehmen, das gleichsam die letzten weißen Flecken auf der Landkarte bot: ins unentdeckte Wunderland der germanischen Göttersagen.
Wie gesagt, ich arbeitete zu diesem Zeitpunkt gerade an einer Edda-Ausgabe und beschäftigte mich intensiv mit der Mythologie. Und doch war es nicht nur wissenschaftliches Interesse, das mich antrieb, die mythischen Stätten zu suchen. Einer meiner Freunde, die ich zu meinen späteren Reisen animiert hatte, sagte, als unser Geländewagen beim größten Sauwetter in einem Fluß steckenblieb und wir regenbegossen, durch hüfttiefes Wasser watend, unsere Ausrüstung ans Ufer schleppten: »Und das alles, weil du dir einen Jugendtraum erfüllen willst.« Vielleicht hat er recht. Vielleicht war's das.

Götterwelt und Geologie

Meine ersten Entdeckungsreisen führten mich freilich nicht sogleich in die Vulkangebiete, Feuerspalten und Lavawüsten der Polarkreisinsel Island, sondern in die Lesesäle, Katalogräume und Archive der Bayerischen Staatsbibliothek. Die Entschlüsselung der Ortsbeschreibungen bedurfte intensiver Vorstudien und forderte Opfer von meiner wenig strapazierfähigen Geduld. Mit den Kenntnissen, die ich für die Herausgabe meiner Edda-Ausgabe gewonnen hatte, war's nicht getan. Wie ein Detektiv mußte ich nach kleinsten Hinweisen fahnden. Ich las die Bücher der Gelehrten, die ihr Lebenswerk der Erforschung des germanischen Mythos gewidmet haben: Walter Baetke, de Boor, Sophus Bugge, Detter und Heinzel, Gering und Sijmons, Genzmer, Golther, Jacob Grimm, Herrmann, Heusler, Kuhn, Lüning, Mogk, Müllenhoff, Neckel, Niedner, Nordal, Olrik, Simrock, Uhland, de Vries, um nur einige zu nennen. Auf meinem Schreibtisch im Lesesaal stapelten sich etymologische Wörterbücher des Altnordischen und Ausgaben der Edda samt Urtexten, Übersetzungsvarianten und Kommentaren.

Bevor ich die Fahrt mit dem Geländewagen zu den Stätten des germanischen Mythos näher beschreibe, ist es unerläßlich, ganz kurz einige, dem späteren Verständnis dienliche Probleme mythologischer Forschung aufzuzeigen, die sich allein aus dem Studium der Edda-Texte ergeben:

Die Sprache der Dichter, das Altnordische, ist mit dem heutigen Isländisch zwar nahe verwandt, erschließt sich in dem Facettenreichtum ihrer Bedeutungen aber erst durch Vergleiche und Rückschlüsse mit anderen Sprachen jener Zeit.

Im Altnordischen finden sich eine Vielzahl von Wörtern mit unterschiedlichen, teils naheliegenden, teils völlig ausgefallenen Bedeutungen. Das altnordische Wort *freki* beispielsweise kann bedeuten: Wolf, Gieriger, Fresser und Feuer. Mit *freki* können zudem gemeint sein: einer der Wölfe des Göttervaters Odin oder das dämonische Ungeheuer Fenriswolf. Was hat der Dichter gemeint? Nur aus dem Zusammenhang ergibt sich die Antwort – ergeben sich mitunter mehrere Antworten, über die sich die Gelehrten dann streiten.

Weitere Erschwernisse sind die besonderen Metaphern der altnordischen Literatur: *Heiti* und *Kenningar*. Eine *Kenning* (Mehrzahl: *Kenningar*) ist die mehrgliedrige Umschreibung eines Wortes oder Namens, beispielsweise »Des Zwergs Überlisterin« für Sonne. Die Sonnenstrahlen nämlich konnten nach germanischer Vorstellung einen Zwerg in eine Steingestalt verwandeln. Als *Heiti* wird die eingliedrige Umschreibung bezeichnet, beispielsweise »Wieherer« für Wind. Denn die Germanen stellten sich den Wind als dahinstürmendes Pferd vor, so wie wir heute noch zur Zeit der Winterstürme bildhaft von den Geisterreitern der Wilden Jagd sprechen. Probleme wirft auch die Auslegung mythischer Namen auf. Denn die Namen von Göttern,

Dämonen und Orten sind Bilderrätsel, deren Lösungen manchen gordischen Knoten mythologischer Grübelei zu durchhauen die Chance bieten. So läßt sich die Weltesche Yggdrasil in achtzehn Varianten übersetzen und dementsprechend vielfältig deuten. Auch hier hilft nur die Auslegung des Zusammenhangs. Zusammenhänge zu deuten ist allerdings so einfach nicht, denn wie gesagt, es entsprach altnordischer Dichtertradition, die Texte zu verschlüsseln und zu verrätseln. Oft verbergen sich hinter den scheinbar vordergründigen Erzählungen und Ortsbeschreibungen tiefere Sinngehalte und, was bisher kaum beachtet wurde, Hinweise auf tatsächlich vorhandene Schauplätze und Kultstätten des germanischen Götterglaubens.

Bei der Deutung von Theorien der Göttersagen bietet das Altnordische, mag auch manches als gesichert gelten, statt exakter Übersetzungskriterien die fatale Chance etymologischer Spekulation. Und deshalb ist die Geschichte der mythologischen Forschung eine Geschichte von Gelehrtenstreit, Widersprüchen und vielerlei Deutungsversuchen – soweit es um Fragen der Philosophie, der Eschatologie, der Kosmogonie und so weiter geht. Bei Ortsbeschreibungen verhält es sich anders. Mythische Ortsbeschreibungen, wenn auch verschlüsselt, sind gleichsam mit dem Erdboden verwurzelt. Sie lassen sich entweder auf topographische Gegebenheiten beziehen oder nicht. Der Erfolg ist auch der Beweis.

Die Dechiffrierung der Edda-Texte schien mir zunächst unlösbar. Erst nachdem ich geologische Fachliteratur hinzugezogen und die Werke gelesen hatte von Winkler, Bunsen, Preyer und Zirkel, Erkes, von Knebel, Reck, Spethmann, Thoroddsen, Schwarzbach, Schutzbach, Thorarinsson und so weiter, erst nachdem ich also genaue Kenntnisse der vulkanischen Phänomene Islands gewonnen hatte, da entpuppten sich die geheimnisvollen Ortsbeschreibungen als exakte topographische Hinweise, die sich Satz für Satz auf Besonderheiten der Landschaft beziehen lassen. Mythische Namen erwiesen sich als geologische Fachbegriffe, die Architekturbeschreibungen mythischer Bauwerke stellten sich in allen Einzelheiten als Beschreibungen außergewöhnlicher Vulkanformen heraus. Mitunter ergaben sich sogar eindeutige Hinweise auf die chemische Zusammensetzung des Materials, aus dem, der Sage nach, mythische Stätten gebaut waren. So erwies sich beispielsweise, wie später im einzelnen noch ausgeführt wird, daß die als leuchtend beschriebene Götterburg Asgard aus Hyaloklastit besteht, aus vulkanischem Glas, und daß sie deshalb bei einem bestimmten Winkel der Sonnenbestrahlung wahrhaftig leuchtet, wie in der Sage beschrieben.

Anhand vieler solcher Hinweise konnte ich, mythische Texte und Geologiebücher parallel lesend und unablässig vergleichend, eine Kultstätte germanischer Göttersagen nach der anderen auf der Landkarte Islands einkreisen und mit Beweisen oder Indizienketten so absichern, daß es schließlich keinen Zweifel mehr gab an der Existenz der Götterburg Asgard, der Unterwelt Helheim, der Flammenburg, des Brunnen Hwergelmir und der meisten anderen Kultstätten germanischer Göttersagen. Ich markierte diese Orte mit roten Punkten auf meiner Landkarte.

Bei diesen Vorarbeiten, diesem Vergleichen, Abschätzen, Abwägen und dieser Tüftelei auf der Karte lernte ich die Landschaft Islands, vor allem die Wildnisgebiete, am grünen Tisch der Bayerischen Staatsbibliothek theoretisch schon so genau kennen, daß ich bei meinen späteren Reisen zu den mythischen Orten die meisten Querfeldeinrouten, Holperwege, Flußfurten, Paßüberquerungen und Schlammstrecken aus dem Gedächtnis fahren konnte, nur mit dem Kompaß, ohne lange auf die Landkarte zu blicken. Ich hatte auch, gestützt auf die Beschreibungen in Geologiebüchern, sehr genaue Vorstellungen von den Stätten der Göttersagen, Vorstellungen freilich, die später, an Ort und Stelle, von der Wirklichkeit weit in den Schatten gestellt wurden. Denn: Was Island an vulkanischen Phänomenen bietet, an landschaftlicher Dämonie, an bizarrer Schönheit, das übertrifft jede Phantasie.

Es erwies sich, daß alle von mir vorerst nur theoretisch georteten Schauplätze der Göttersagen, die ich auf der Landkarte mit roten Punkten markiert hatte, in einem ganz bestimmten, weltberühmten, genau begrenzten Landesteil der Insel lagen: in der aktiven Vulkanzone. Das war verblüffend – und doch kein Zufall.

Die aktive Vulkanzone: Reiseland der Edda-Dichter

Die aktive Vulkanzone ist 35 000 Quadratkilometer groß und bedeckt etwa ein Drittel der 103 000 Quadratkilometer großen Insel (zum Vergleich die Schweiz: 41 288 Quadratkilometer). Diese Zone zieht sich als Streifen von Norden nach Südwesten durch die Mitte der Insel hin. Sie bietet wie kein anderes Terrain auf engstem Raum nahezu alle Studienobjekte des Vulkanismus: Kegelvulkane, Gletschervulkane, Tafelvulkane, Ringwallvulkane, Feuerspalten, Lavahöhlen, kochende Schwefeltümpel, heiße Quellen, Geysire und vielfältige Formen von Lava. Lavafelder beispielsweise, die wie erstarrte Meeresbrandung aussehen; Lavagestein, das der Sandsturm zu wunderlichen Gestalten verschmirgelt hat; Lavasand, der weite Wüsten bedeckt und, vom Sturm aufgewirbelt, gleichsam wie die Nacht über den Reisenden hereinbrechen kann. Mancherorts sieht's aus wie auf dem Mond. Die amerikanischen Astronauten Armstrong, Aldrin und Collins hatten ihr Trainingscamp in der aktiven Vulkanzone, bevor sie am 20. Juli 1969 mit dem Raumschiff Apollo 11 auf dem Mond landeten.
Daß die Mythen gerade in der aktiven Vulkanzone entstanden, läßt sich so erklären: Einst, in den ersten Jahrhunderten nach der Landnahme Islands, war dieses Gebiet das bevorzugte Reiseland zwischen den frühen Siedlungszentren im Norden und im Südwesten der Insel. Denn die Flüsse, die gefährlichsten Hindernisse, entsprangen fast alle in der aktiven Vulkanzone und waren nur dort, in der Nähe der Quellen, wo sie sich noch nicht zu Strömen bündelten, einigermaßen passierbar für Roß und Wandersmann. Einzeln oder in Karawanen, beritten oder zu Fuß zogen Fürsten mit Gefolge, fahrende Dichter und Skalden, Kaufleute, Krieger, Bauern und Hirten durch diese vom Vulkanismus gleichsam verzauberte Landschaft – bedroht von vielerlei Gefahren, geängstigt von Dämonenfurcht, ermutigt vom Glauben an ihre Götter. Zu dieser Zeit entstand die Edda.
Zu dieser Zeit geschah in der aktiven Vulkanzone das Wunder der Sagenbildung: Wie alle Gebiete von ungewöhnlichem Reiz, von bizarren Felsformationen, von landschaftlicher Dämo-

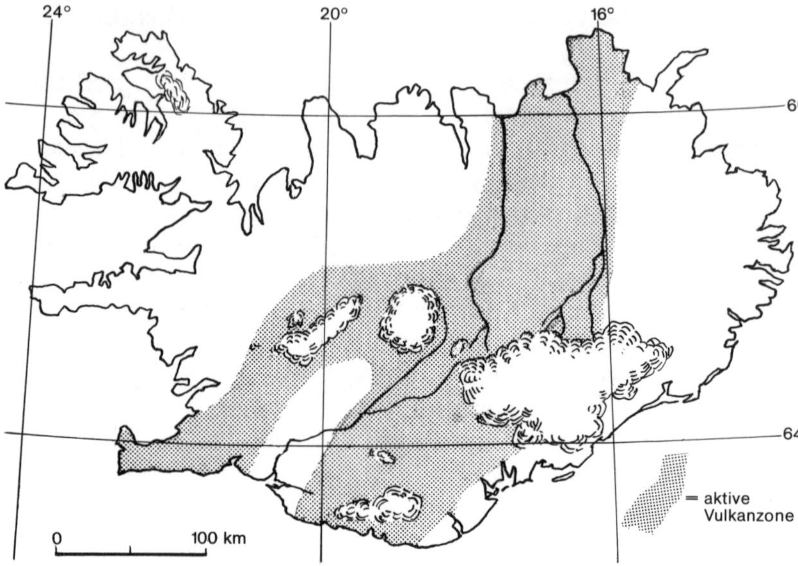

Die aktive Vulkanzone (graue Fläche)

nie forderte auch – und ganz besonders – die aktive Vulkanzone phantastische Vorstellungen von Götterburgen, von der Unterwelt, von der Brücke zum Totenreich und geheimen Schlupfwinkeln heraus. Das Volk der Vorzeit, verwurzelt in der Glaubenstradition seiner Ahnen, fasziniert von dieser Landschaft, projizierte die Archetypen, die Urstrukturen der germanischen Sagenmotive in dieses Gebiet und schuf sich dort eine eigene Welt, die Welt der Göttersagen, die unsere Kenntnis von germanischer Religion bis heute bestimmt. Deshalb sind die in der Edda beschriebenen mythischen Schauplätze und Kultstätten, die Burgen der Götter und die Felsenschlösser der Riesen, das Reich der Totengöttin Hel, die Schlachtfelder der Götterdämmerung und alle anderen Schauplätze des germanischen Mythos in der aktiven Vulkanzone zu finden. Sie war ein Reich der Phantasie und doch eine reale Welt germanischer Kultstätten, ein Wunder-

land, das es wirklich gab und heute noch gibt, das aber erst entdeckt werden mußte. Denn die Mythendichter haben diese Welt in »Geheimnissen und Geheimreden« beschrieben, rätselvoll für spätere Generationen.
Gegen Ende des 13. Jahrhunderts hörten die Reisen durch dieses Gebiet auf – und etwa gleichzeitig erloschen auch die Überlieferungen der Edda. Die Reiter und Wanderer orientierten sich fortan entlang den Küsten, die inzwischen dichter besiedelt waren. Sie erhielten dort auf vergleichsweise gefahrlosen Wegen überall Obdach und fanden Fischer, die sie in Fährbooten über die Ströme setzten. Die Einöden der aktiven Vulkanzone gerieten in Vergessenheit – und in Vergessenheit geriet auch die Welt der germanischen Kultstätten.
Erst in den fünfziger Jahren des vorigen Jahrhunderts wurde die Vulkanzone wiederentdeckt. Geologen fanden dort ein ideales Terrain für erdgeschichtliche Studien, ahnten jedoch nicht,

Szene aus der Vulkanzone

daß sie die Sagenwelt ihrer germanischen Vorfahren betraten. Sie entdeckten Spuren der alten, längst versandeten, versumpften und sturmverwehten Reit- und Wanderwege, vor allem kleine Steinpyramiden, sogenannte Steinmännchen, die einst als Wegweiser gedient hatten. So schreibt Thorwaldur Thoroddsen (1855–1921), den man »Vater der isländischen Geologie« nennt, über eine 1884 unternommene Expedition: »Am 22. Juli untersuchte ich die Bergkette Herdubreidarfjöll nördlich vom Dyngju (Kollatadyngja-Vulkan), welche... auf keiner Karte zu finden war. Die Reise führte zum kleinen Berg am Jökulsa (Ferjufjall)... und von da über klippenreiches Terrain, wo wir zu unserer Überraschung auf eine Reihe sehr alter Steinpyramiden stießen; vor langer Zeit muß also hier ein Reitweg bestanden haben.« Inzwischen lassen sich die alten Reit- und Wanderwege anhand von Aufzeichnungen und Wegweisern ziemlich genau rekonstruieren.

Heute ist die aktive Vulkanzone eines der letzten Wildnisgebiete Europas, größtenteils ohne Wege und menschenleer, ein Eldorado für sogenannte Abenteuerreisende und nach wie vor ein unerschöpfliches Forschungsterrain für Geologen.

Dieses Gebiet war mein Reiseziel, ein Gebiet, das sich nur mit Geländewagen, Zelt und Schlafsack, mit Orientierungskünsten, Geländefahrtechniken und allerlei Survivalkenntnissen durchqueren läßt. Die letzte Phase meiner theoretischen Vorbereitungen unmittelbar vor dem Start in die Wildnis vollzog sich an der vordersten Front zur Vulkanzone: im »schwarzen Haus« des geologischen Instituts der Universität Reykjavik. Ich besuchte dessen Leiter, Professor Sigurdur Thorarinsson (1912–1983), einen Geologen von Weltruf und Ehrenmitglied der Geological Society of America, bei dem ich mich von München aus telefonisch zu einem kurzen Gespräch angemeldet hatte, um einige geologische Detailfragen zu klären. Zu meiner Überraschung stellte sich heraus, daß Thorarinsson – ein exzellenter Kenner der Edda und der germanischen Mythologie und ein Hobbydichter dazu – bei seinen geologischen Expeditionen vereinzelt schon en passant auf Zusammenhänge zwischen mythischen Orten und bestimmten Stätten der isländischen Vulkanlandschaft gestoßen war, zufälligerweise, ohne daß er sich solche Entdeckungen zum Ziel gesetzt oder von sich aus weiter verfolgt hätte. Nun, da der Anstoß zum Erfahrungsaustausch – ebenso zufällig – von mir kam, war sein privates Interesse gezündet. Aus einem Gesprächstermin wurde eine ganze Serie von Gesprächen. Thorarinsson hörte sich meine Ermittlungen in allen Einzelheiten an, fragte dazwischen, blätterte in seiner Edda-Ausgabe, blickte auf die roten Punkte in meiner Landkarte – auf die Markierungen mythischer Orte – und bestätigte und ergänzte meine Recherchen mit einigen zusätzlichen Beweisen, die ihm zum Teil erst während unserer Gespräche bewußt geworden waren. Ihm verdanke ich wertvolle Anregungen für mein Buch – und nützliche Ratschläge für meine Reise. Er zeichnete Kartenskizzen, die mir in extremen Wildnisgebieten zur Orientierung dienen sollten, warnte mich vor Sümpfen, Schwemmsandstrekken und schwierigen Flüssen und gab mir allerhand Tips, wie ich meine Ziele erreichen konnte, ohne den Geländewagen zuschanden zu fahren.

Die Götterburg Asgard

Asgard liegt in der Missetäterwüste

Noch war's windstill. Ich fuhr von Norden her auf Asgard zu. Doch statt der »leuchtenden Götterburg«, wie sie beschrieben ist in Edda-Texten, ragte Gewölk empor, schwarz, ins Violette übergehend, schwefelgelb gesäumt hoch droben am Firmament. Die Luft flirrte über schwarzem Sand. Einige Drosseln und Brachvögel hetzten kreuz und quer, sie flohen vor dem Wetter und wußten nicht wohin. Wolken waren überall und kündigten Sturm und Regen an.

Die Götterburg Asgard liegt in einem verrufenen Gebiet, das die Isländer Odadahraun nennen: Missetäterwüste oder Wüste der Verbannten, benannt nach den Mördern, Meineidigen und Ehebrechern, die einst, germanischer Rechtstradition entsprechend, aus der menschlichen Gemeinschaft verbannt und für vogelfrei erklärt worden waren. Von der Stätte ihrer Verurteilung aus – dem Felsen des Thingplatzes in südwestlicher Küstennähe – hatten sie sich hierher geflüchtet, in eine Hochlandwüste der aktiven Vulkanzone, die tief im Innern der Insel versteckt liegt. Hier gibt es kaum Oasen, nur dann und wann sprießen – immer wieder verblüffend – handtellergroße Büschel von Gräsern und Blumen aus dem Lavasand.

Vor mir wellten sich sandige Hügel, bedeckt von kleineren und größeren, teils haushohen Gesteinstrümmern, sogenannten Moränenblöcken und Findlingen, Überbleibseln des eiszeitlichen Gletschergeschiebes, die weit verstreut herumlagen, wie hingeschleudert von der Hand eines Riesen.

Durch die Missetäterwüste hatten einst Reit- und Wanderwege geführt. Einem dieser Pfade – dem östlichen – folgte ich in meinem Geländewagen, denn ich wollte Asgard genau aus dem Blickwinkel der Mythendichter sehen und erleben. Statt dessen konnte ich nachvollziehen, was den Reitern und Wanderern der Vorzeit auf ihrem Weg nach Asgard geblüht hatte, wenn sie in eines der berüchtigten Hochland-Unwetter geraten waren.

Erst kam der Sturm. Über der westlichen Hügelkette zeigte er schon seine Drohgebärde. Sandschwaden, aus dem Erdboden gepeitscht, wie von Explosionen emporgeschleudert bis zum Gewittergewölk, bildeten Zacken, Türme, Wirbel und Fontänen, ballten und verklumpten sich dann jählings zu einer Sturzflut aus Sand, schwarz und voller Wucht, die auf breiter Front heranrollte. Höchste Zeit, den Wagen ein paar Meter nach Südosten zu lenken, so daß die rechte, rückwärtige Ecke der Karosserie einen Keil gegen den Weststurm bot. Ich hielt an, stellte den Motor ab und schob tröstlich eine Kassette mit Beethovens 7. Symphonie in den Recorder. Einige Takte des freundlichen Vivace – dann prasselte das Staccato sturmschwirrender Sandkörner und Kiesel ans Autoblech. Die Landschaft verzischte in einer schwarzen Wolke. Der Wagen ging, wie unter einem Donnerschlag, gleichsam in die Knie. Die Karosserie wurde zum Resonanzkasten und begann zu heulen. Flutwellen von Sand stürzten über den sturmgebeutelten Wagen hinweg wie Brecher über ein Schiff. Sand schloff durch die Spalten der Türen und Fenster herein, legte sich auf meine Augen, belegte Gaumen und Zunge, zwang zu würgend langsamen Atemzügen, reizte zum Husten, verklebte die Haare, rieselte am Genick entlang zwischen Hemd und Rücken, machte die Haut rauh wie Schmirgelpapier. Im Geländewagen hatte ich es noch vergleichsweise gemütlich. Was einst die Reiter und Wanderer erlebt haben, läßt sich im Bericht einer Geologenexpedition aus dem vorigen Jahrhundert nachlesen: »Bei Sandsturm im Hochland empfiehlt sich das Hinlegen von Reitern und Pferden auf den Boden. Die Gefahr des Erstikkens ist nicht unbeträchtlich. Feuchte Tücher sind vor Mund und Nase zu pressen. Peinlich ist darauf zu achten, daß Menschen und Pferde nicht unter dem Sand begraben werden. Stürme können stundenlang dauern.«

Von einer Sekunde zur anderen war der Sturm vorbei, so unvermittelt, daß der Wagen, vom Druck entlastet, gleichsam aus der Hocke ging und emporfederte. Das Geheul der Karosserie hörte abrupt auf. Die Musik von Beethovens Siebter, vierter Satz, war wieder zu hören: Der Sturm muß also etwa dreißig Minuten lang gedauert haben. Aus den abziehenden Schwaden des Sandstur-

mes tauchte allmählich das Bild der Landschaft wieder auf. Ich startete den Motor. Die Räder griffen nicht mehr wie vorher festen Boden. Das Auto schlingerte und taumelte trotz Allradantriebs.
Es begann heftig zu regnen. Nur wenige Augenblicke dauerte der Trommelwirbel erster Tropfen auf dem Autodach, dann brauste es wie unter einem Wasserfall. Kurz darauf ein neuer Angriff des Westwindes. Der Wagen wankte in seiner Federung. Ich mußte hart sturmwärts steuern, das Lenkrad nach rechts drehen, um geradeaus zu fahren. Der Sand war inzwischen regengetränkt und wirbelte nicht mehr durch die Luft. Die Sicht blieb einigermaßen klar, bis ich in Nebel eintauchte und erst im letzten Augenblick, sehr zu meinem Unbehagen, die unter Regenströmen hochspritzende, sturmgeschäumte Gischt eines Flusses entgegenglänzen sah.
Ich mußte den Fluß unverzüglich durchqueren, denn der Regen würde, wenn er nicht bald aufhörte, Hochwasser bringen, den Fluß unpassierbar anschwellen lassen und mir vielleicht für Tage den weiteren Weg verwehren. Zudem lockte mich am anderen Ufer, einen Steinwurf weit entfernt und im Nebel schemenhaft erkennbar, eine langgestreckte Felswand aus senkrechten, gleichsam miteinander verschweißten Basaltsäulen, die mir Schutz bieten würden vor den Peinigungen des Weststurmes.
Ich watete durch den Fluß, hin und zurück, gegen Sturm und Strömung balancierend, tastete mit den Füßen das Flußbett auf Untiefen, Gesteinsbrocken und Lockergeröll ab. Das Wasser reichte mir knapp über die Knie. Der Boden war fest, allerdings lagen einige gefährliche Felsstücke in der Strömung. Die Durchquerung war riskant, aber nicht unmöglich. Wirf dein Herz über den Fluß und fahr hinterher, pflegt man unter Geländefahrern zu sagen.
Ich setzte mich ans Steuerrad und fuhr auf den Fluß zu. Der Geländewagen kippte über die Uferböschung, pflügte sich in die Strömung hinein, warf Wasserschwälle nach links und rechts und rumpelte über die Gesteinsbrocken im Flußbett; Gischt strudelte knapp unterhalb der Seitenfenster; Schaumfetzen ver-

schlierten die Frontscheibe. Die Kühlerhaube dampfte. Das Ufer, verschwommen sichtbar, kam langsam näher. Ich horchte auf den Motor: er tuckerte brav, ohne zu stottern, ohne abzusaufen; ich lauerte, ob die Räder griffen oder sich in Lockergeröll einwühlten; Felsstücke knallten gegen die Unterbodenplatte; einmal tauchte der Wagen tief ins Wasser ein – für Sekunden nur, dann kam er wieder hoch. Alles ging gut. Gleich war ich draußen. Ich forcierte die Geschwindigkeit – jetzt war die Uferböschung erreicht, der Wagen hob sich vorne empor und robbte gleichsam auf allen vieren an Land.
Dann war ich im Windschutz der Felswand, wo es mir vorkam wie im Paradies.
Ich baute das Zelt auf, kroch in den Schlafsack und horchte aufs Rauschen des Regens.

Die seltsame Geschichte von Swadilfari

Am anderen Morgen schimmerte Sonnenlicht durch die Zeltplane. Ich zog den Reißverschluß auf. Über leichtem Bodennebel, der sich aus Lavasand löste, sah ich ganz aus der Nähe den Berg Herdubreid in wolkenlosen Himmel ragen, ein schroffes Gebirge, 1 682 Meter hoch, fast kreisrund, wie eine Festung, mit seltsam leuchtenden, steil abfallenden Felswänden und schneeglitzerndem Hochplateau: die Götterburg Asgard der germanischen Sagen, die verschollen geglaubte, wichtigste Kultstätte der germanischen Religion – genauso, wie sie von den Dichtern der Edda in vielen Details beschrieben worden ist.
Hier, am Ziel, vor meinem Zelt, fühlte ich mich zurückversetzt in die Anfangsphase meiner Recherchen, als ich am Schreibtisch in der Bayerischen Staatsbibliothek die Edda-Texte nach Hinweisen auf Asgard durchforscht hatte. Die erste verschlüsselte Beschreibung war mir in der Geschichte vom Bau der Götterburg Asgard aufgefallen. Diese Geschichte liest sich in der Prosa-Edda* so:

* Alle Texte der Edda in diesem Buch stützen sich auf die nach neuen Erkenntnissen überarbeitete Übersetzung von Karl Simrock.

Es geschah früh bei der ersten Niederlassung der Götter, als sie Midgard erschaffen ... hatten, daß ein Baumeister kam und sich erbot, in drei Wintern eine Burg zu bauen, die den Göttern zum Schutz und Schirm wäre wider Bergriesen und Hrimthursen, wenn sie gleich über Midgard eindrängen. Aber er bedingte sich das zum Lohn, daß er Freyja haben sollte und dazu Sonne und Mond.

Da traten die Asen zusammen und hielten Rat und einigten sich mit dem Baumeister, daß er haben sollte, was er begehrte, wenn er in einem Winter die Burg fertig brächte; wenn aber am ersten Sommertag noch irgendein Ding an der Burg unvollendet wäre, so sollte er des Lohns entraten; auch dürfte er von niemandem bei dem Werke Hilfe empfangen. Als sie ihm diese Bedingung sagten, da verlangte er von ihnen, daß sie ihm erlauben sollten, sich der Hilfe seines Pferdes Swadilfari zu bedienen, und Loki riet dazu, daß ihm zugesagt wurde.

Da ging er am ersten Wintertag daran, die Burg zu bauen und führte in der Nacht die Steine mit dem Pferde herbei. Die Asen wunderten sich, wie gewaltige Felsen das Pferd herbeizog; und noch halbmal soviel Arbeit verrichtete das Pferd als der Baumeister. Der Kauf aber war mit vielen Zeugen und starken Eiden bekräftigt worden, denn ohne solchen Frieden hätte sich der Riesenbaumeister bei den Asen nicht sicher geglaubt, wenn Thor heimkäme, der damals nach Osten gezogen war, Unholde zu schlagen.

Midgard: Wohnsitz der Menschen

Der Baumeister: ein zauberkundiger Riese

Hrimthursen: Frostriesen

Freyja: Göttin der Liebe

Asen: die germanischen Götter

Loki: Gott des Feuers, von zwiespältigem Charakter. Wohltätig und zerstörerisch.

Thor: Gott des Donners und des Blitzes, des Wetters und der

Als der Winter zu Ende ging, ward der Bau der Burg sehr beschleunigt, und schon war sie so hoch und stark, daß ihr kein Angriff mehr schaden konnte. Und als noch drei Tage blieben bis zum Sommer, war er schon bis zum Burgtor gekommen.

Ernte. Beschützer der Menschen.

Da setzten sich die Götter auf ihre Richterstühle und hielten Rat, und einer fragte den anderen, wer dazu geraten hätte, Freyja nach Jötunheim zu vergeben und Luft und Himmel so zu verderben, daß Sonne und Mond hinweggenommen und den Jötunen gegeben werden sollten. Da kamen sie alle überein, Loki um einen listigen Ratschlag zu fragen. Sie gingen zu Loki und sagten, er sollte eines übeln Todes sein, wenn er nicht Rat fände, den Baumeister um seinen Lohn zu bringen. Und als sie dem Loki zusetzten, ward er bange vor ihnen und schwur Eide, er wolle es so einrichten, daß der Baumeister um seinen Lohn käme, was es ihm auch kosten möge.

Jötunheim: Riesenheim

Jötunen: Riesen

Und denselben Abend, als der Baumeister nach Steinen ausfuhr mit seinem Hengste Swadilfari, da lief eine Stute aus dem Walde dem Hengste entgegen und wieherte ihm zu. Und als der Hengst merkte, was Rosses das war, da ward er wild, zerriß die Stricke und lief der Mähre nach, und die Mähre voran zum Walde und der Baumeister dem Hengste nach, ihn zu fangen. Und deshalb ward diese Nacht das Werk versäumt, und am Tage darauf ward dann nicht gearbeitet, wie sonst geschehen war. Und als der Meister sah, daß das Werk nicht zu Ende kommen möge, da geriet er in Riesenzorn.

Die Asen aber achteten ihrer Eide nicht mehr und riefen zu Thor, und im Augenblick kam er und hob auch gleich seinen Hammer Miölnir und bezahlte mit ihm den Baulohn, nicht mit Sonne und Mond; vielmehr verwehrte er ihm das Bauen auch in Jötunheim, denn mit dem ersten Streich zerschmetterte er ihm den Hirnschädel in kleine Stücke und sandte ihn hinab gen Niflhel.

Loki selbst war es gewesen, der in Gestalt jener Stute dem Hengst erschienen war, und einige Zeit nachher gebar er ein Füllen, das war grau und hatte acht Füße, und dies ist das beste Pferd bei Göttern und Menschen.

Miölnir: »Der Zermalmer«, der blitzeschleudernde Hammer des Donnergottes.

Nifhel: Die Unterwelt des germanischen Mythos, auch Helheim genannt.

Füllen: Das achtbeinige Pferd Sleipnir des Göttervaters Odin

Diese Geschichte vom Baumeister, der um seinen Lohn betrogen wird, ist archetypisch, das heißt, sie findet sich als mythische Grundstruktur in vielen Sagen und Märchen. Einzigartig in der Geschichte vom Bau der Götterburg Asgard ist jedoch die Rolle des Pferdes Swadilfari, das ansonsten nirgends mit solchem Namen auftaucht. Zweifellos hatten die Mythendichter etwas im Sinn, als sie Swadilfari ins Spiel brachten.

Was also hat es für eine Bewandtnis mit dem Pferd Swadilfari, das als Gehilfe des zauberkundigen Riesen, sehr zum Erstaunen der Götter, »gewaltige Felsen« heranschleppte?

Die mythologische Forschung weiß, daß in den Namen sagenhafter Gestalten viele Geheimnisse versteckt sind. Naheliegend, den Namen Swadilfari etymologisch zu untersuchen: *svadil** bedeutet: Kälte, Frost, Eis, im weiteren Sinne auch Unheil, das von der Kälte kommt. *fari*: Fahrer, Bote, Herbeibringer.

Swadilfari war also, aus dem Altnordischen übersetzt, der Kältebringer, der Eisbringer; er galt den Germanen als Symbol für

* v wird als w gesprochen. Deshalb der Unterschied zwischen Svadilfari im Urtext und der für alle Übersetzungen gewählten Lesart Swadilfari. Auch im weiteren Verlauf wird mit dem Wechsel von v und w in diesem Sinne verfahren.

den Nordwind. Mit diesem Pferd Swadilfari haben die Sagendichter eine, wie die Forschung es ausdrückt, »natursymbolische Verklausulierung« geboten: eine Routinemethode des literarischen Versteckspiels, eine augenzwinkernde Aufforderung, über Sinn und Zweck des Pferdes Swadilfari nachzudenken. Denn: »Jede Mythologie ist ihrem Begriffe nach sinnbildlich.« (Ludwig Uhland) Die weitere Deutung bietet somit keine Schwierigkeiten: Die Bausteine, die der Nordwind Swadilfari heranbringt zum Bau der Götterburg Asgard, noch dazu nur im Winter und nur nachts, wie in der Edda ausdrücklich vermerkt, sind nichts anderes als Schnee- und Eismassen. Asgard muß also, das lassen uns die Dichter wissen, in irgendeiner Form mit Eis oder Schnee bedeckt sein. Das entspricht durchaus der archetypischen Vorstellung von Götterwohnungen. Eisbedeckt ist der Olymp, Göttersitz und Kultstätte des altgriechischen Mythos. Eisbedeckt ist auch der Mount Everest, den die Nepalesen als Tschomolungma, Thron der Götter, bezeichnen. Eisbedeckt ist auch der Kilimandscharo, auf dessen Spitze nach einem afrikanischen Mythos die Götter hausen.

Eisbedeckt sind allerdings auch zehn Prozent der Oberfläche Islands. Deshalb brachte mich der Name Swadilfari allein auch nicht weiter bei der Suche nach Asgard. Ich mußte nach zusätzlichen Hinweisen fahnden. Vor allem mußte ich wissen, in welcher Form die Götterburg mit Schnee oder Eis bedeckt ist.

In Asgard befinden sich mehrere Hallen, Säle, Götterpaläste, die wir uns als übereinandergelegene Stockwerke vorstellen müssen. Das oberste Stockwerk, die Wohnung des Göttervaters Odin – eine Art Penthouse, wenn man es modern ausdrücken will –, heißt Walaskjalf.

> Da ist ferner ein großer Saal, der Walaskjalf
> heißt, er ist Odins Saal; ihn schufen die
> Götter und deckten ihn mit schierem
> Silber ...

... schreibt Snorri in der Prosa-Edda. Vom Silberdach lesen wir auch in der Lieder-Edda:

Die dritte Halle hebt sich, wo die heitern Götter
den Saal mit Silber deckten.
Walaskjalf heißt sie, die sich erwählte
der Ase in alter Zeit.

Die Dächer aus Silber – und auch aus Gold – lassen sich leicht erklären. In den meisten Sagen und Märchen sind sie als natursymbolisch verklausulierte Hinweise auf Schnee- oder Eisdekken zu verstehen. Ich konnte also das vom Pferd Swadilfari herbeigeschleppte Baumaterial nun näher definieren: Aus Schnee oder Eis bestand nur das Dach des obersten Stockwerkes Walaskjalf – und damit auch nur das Dach der Götterburg Asgard. Wie sieht dieses Dach aus? Welche Form hat es?
Ich war überzeugt: Die Mythendichter haben im Namen Walaskjalf eine Ortsbeschreibung verborgen.
vala bedeutet: kreisrund, scheibenförmig. *skjalf* bedeutet: Berghöhe, Bergspitze, Berggipfel, jedenfalls eine hochgelegene oder die höchstgelegene Stelle eines Berges.
Walaskjalf: eine Berghöhe also, kreisrund, scheibenförmig. Der Hinweis auf ein Hochplateau ist nicht zu übersehen. Das silberne Dach der Götterburg ist mithin, diesen Hinweis gaben uns die Mythendichter, eine von Eis oder Schnee bedeckte Hochebene.
Nun galt es herauszufinden, wie es unter dem Dach Asgards aussieht, in den tiefergelegenen Stockwerken, in denen die Götter wohnten.

Das Geheimnis der Götterpaläste

Asgard ist laut Edda ein uneinnehmbares Bollwerk. Die Wände der tiefergelegenen Götterpaläste sind deshalb natursymbolisch als schroffe, schwer erklimmbare Felsabstürze zu deuten, die in der Edda als glänzend und leuchtend beschrieben werden. Die Hinweise auf Glanz und Leuchtkraft der Götterburg Asgard finden sich so auffallend oft in der Edda, daß ich sie als unmißverständliche Aufforderung zum Rätselspiel empfinden mußte.

Auch hier fand ich die verblüffende Lösung in mythischen Namen versteckt, in den Namen der drei Götterpaläste Breidablik, Glitnir und Bilskirnir.
Breidablik ist die Wohnung des Sonnengottes Baldur, »die schönste von allen«. *breid* bedeutet: in die Breite wirkend, weithin sichtbar. *blik*: glänzendes, glitzerndes Material.
Glitnir ist die Wohnung des Gerechtigkeitsgottes Forseti. *glit* bedeutet: lichtdurchschimmernder Glanz.
Bilskirnir ist die Wohnung des Gewittergottes Thor. *bil* bedeutet: Aufenthalt, *skirr*: klarer, glänzender, spiegelnder Schild.
Fassen wir zusammen: Weithin spiegelnd, glitzernd, von lichtdurchschimmerndem Glanz – dieses Vokabulars bedienten sich die Mythendichter bei der Beschreibung von Asgards erstaunlicher Leuchtkraft.
Diese Beschreibung trifft nur auf ein Material zu: auf Glas.
Ein Berg aus Glas?
Abwegig ist diese Vorstellung nicht. Besonders in orientalischen Märchen wird oft von gläsernen Bergen erzählt. Und in Island gibt es – wie auch in den Vulkanzonen des Orients – tatsächlich Berge aus Glas! Sie bestehen überwiegend aus Hyaloklastit, aus vulkanischem Glas, genaugenommen aus Glasbruch, der aus der Berührung glühender Lava mit Meer- oder Gletscherwasser entsteht. Das Wort kommt aus dem Griechischen: *hyalos* (Glas) und *klao* (brechen).
Ein Vulkanberg aus Hyaloklastit beginnt bei einem bestimmten Winkel der Sonneneinstrahlung seltsam zu strahlen, wie ein Berg aus dunklem Glas, scheinbar von innen her beleuchtet – unvorstellbar für den, der es nicht selbst gesehen hat. Das Alpenglühen der Dolomitberge in Südtirol, wenngleich auf andere Weise hervorgezaubert, ist entfernt damit zu vergleichen. Wie beim Alpenglühen entsteht der Leuchteffekt von Bergen aus Vulkanglas nur bei schönem Wetter und bei bestimmtem Sonnenstand. Ansonsten, bei Bewölkung vor allem, wirkt ein solcher Vulkan dunkel und glanzlos.
Alle bisher entschlüsselten Hinweise der Mythendichter ergeben, in die Sprache der Geologie übersetzt, eine exakte Ortsbeschreibung. Die Götterburg Asgard ist ein Vulkan mit einem run-

den, gletscher- oder schneebedeckten Hochplateau und steil abfallenden, bei Sonnenlicht glänzenden, weithin leuchtenden Felswänden aus Hyaloklastit.
Jeder Geologe, dem man diese Beschreibung vorlegt, sagt spontan: Das ist ein Tafelvulkan! Eine ausgefallene, besonders schöne Vulkanform, von der es allerdings in Island einige gibt.
Ich mußte also nach weiteren Beweisen fahnden, um den Tafelvulkan zu lokalisieren, der den Edda-Dichtern als wichtigste Kultstätte ihres Glaubens galt: als Burg der Götter.
Doch zunächst erst noch ein kurzer Abstecher in die Vulkanologie, in die Wissenschaft der vulkanischen Vorgänge.
Es gibt eine Vielzahl von Vulkantypen: Kegelvulkane beispielsweise, Schildvulkane, Spaltenvulkane, vulkanische Rücken, Ringwallvulkane, Explosionskrater oder die eben erwähnten Tafelvulkane.
Ein Tafelvulkan, benannt nach seiner tafelförmigen Hochebene, entstand während der Eiszeit im Gletscher, unter der Last des viele hundert Meter hohen Eispanzers. Beim Kampf zwischen Feuer und Eis bildete das aus dem zentralen Eruptions-Schlot hervorquellende Magma – immer höher wachsend – die Form eines umgestülpten Blumentopfs mit einem Unterbau aus glaswandig erstarrter Kissenlava und darüber hohen Steilwänden aus Hyaloklastit. An der Gletscheroberfläche kam dann der Boden des umgestülpten Blumentopfs als kreisrunde Ebene heraus. Bei weiteren Ausbrüchen entstand auf dieser Hochebene über dem Schlot ein Kraterkegel, kleiner oder größer, je nachdem, wie lange der Vulkan noch eruptierte. Als dann die Eiszeit zu Ende ging und das Inlandeis hinweggeschmolzen war, stand der Tafelvulkan in der Landschaft wie eine riesige Festung, kreisrund, mit steil abfallenden, im Sonnenlicht glänzenden Felswänden aus Hyaloklastit, mit einer schneebedeckten Hochebene und einem kleinen Kegelkrater.
Diesen Kegel auf dem Hochplateau haben die Edda-Dichter bei ihrer Beschreibung von Asgard sehr wohl mit einbezogen. Sie boten damit einen weiteren, für mich entscheidenden Hinweis auf die Götterburg.

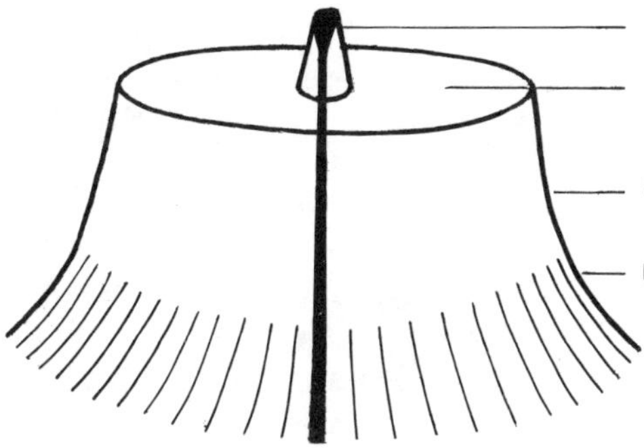

Schematische Darstellung des Tafelvulkans Herdubreid

Odins Hochsitz Hlidskjalf

Auf Walaskjalf, auf der Hochebene, erhebt sich, wie in der Prosa-Edda zu lesen ist,

> ... der Hochsitz, der Hlidskjalf heißt, und
> wenn Göttervater Odin auf diesem
> Hochsitz sitzt, übersieht er die ganze Welt.

Mit anderen Worten: Odins Hochsitz Hlidskjalf steht auf dem Dach der Götterburg Asgard wie ein Kegelvulkan auf dem Hochplateau eines Tafelvulkans. Einen zusätzlichen Beweis für diese Schlußfolgerung bietet der Name Hlidskjalf: *hlid* bedeutet zweierlei: Hügel und Halde – oder Öffnung. Im »Altnordischen etymologischen Wörterbuch« von Jan de Vries wird zur Deutung von Hlidskjalf die zweite Übersetzungsmöglichkeit empfohlen: Öffnung.

skjalf kennen wir schon aus Walaskjalf. Es bedeutet Berghöhe, Bergspitze oder Berggipfel, jedenfalls eine hochgelegene oder die höchstgelegene Stelle eines Berges.

Hlidskjalf: eine Bergspitze mit Öffnung also. Der Hinweis auf einen Vulkankegel mit einer Krateröffnung ist evident.

Dieser Vulkankegel – Hochsitz des Göttervaters Odin – ist der höchste Punkt eines Tafelvulkans und entspricht altgermanischer Vorstellung von der mythischen Bedeutung einer Berg-

spitze ganz allgemein. »Die Gipfel von Bergen und Hügeln wurden von den Germanen, wie das auch von den anderen indogermanischen Völkern überliefert ist, für besonders heilig gehalten. Sie sind oft einem bestimmten Gott geweiht...« (Jan de Vries, »Altgermanische Religionsgeschichte«)
Die Identifizierung des Hochsitzes Hlidskjalf mit dem Kraterkegel auf einem Tafelvulkan brachte mich bei der Suche nach Asgard ans Ziel. Denn auf nur einem der Tafelvulkane Islands ist der Kraterkegel sichtbar: auf dem 1682 Meter hohen Berg Herdubreid. Die Kegelspitze erhebt sich 151 Meter über das Hochplateau. Alle anderen Kraterkegel auf Tafelvulkanen sind so klein, daß sie entweder mit Schnee und Eis zugedeckt oder von unten nicht sichtbar sind. Wir können also schon jetzt gelten lassen: Der Tafelvulkan Herdubreid, »Islands schönster Berg« und »König der Berge«, wie er in vielen Geologiebüchern bezeichnet wird, ist identisch mit der Götterburg Asgard.
Am Rande sei hier erwähnt, daß der Tafelvulkan Herdubreid auch in unserem Jahrhundert noch gefühlsmäßig die Vorstellung von der Götterburg Asgard ausgelöst hat, und zwar bei Islandreisenden, die gar nicht in der Absicht ausgezogen waren, Asgard zu suchen und zu finden. So hat Ina von Grumbkow in ihrem Buch »Isafold« (1909) den Herdubreid assoziativ verglichen mit der »Götterburg« und einer »Weltbühne, auf der die Helden der Edda diese hehre Einsamkeit zu beleben erscheinen«.
Ina von Grumbkow kam 1908 als Mitglied einer Suchexpedition zum Herdubreid. Die Suche galt ihrem Verlobten, dem in der Missetäterwüste verschollenen Geologiedozenten Walther von Knebel. Sein Schicksal wird uns noch in anderem Zusammenhang berühren. Vorerst will ich mich der weiteren Beweisführung zuwenden, die dokumentiert, daß der Tafelvulkan Herdubreid die Götterburg Asgard des germanischen Mythos ist.

Das Idafeld: Die Hofwiese der Götter

Zur Götterburg Asgard gehört das Idafeld, ein Grünland von besonderer Bedeutung: Auf dem Idafeld setzte Odin zwölf Richter ein, die laut Prosa-Edda »über das Schicksal der Leute entschei-

den und die Einrichtungen in der Burg bewahren sollten«. Auf dem Idafeld trafen die Asen gelegentlich zu Brett- und Würfelspiel zusammen; dort schufen sie Schmiedeöfen, Hämmer, Zangen, Amboß und »damit alles andere Werkgerät«. Das Idafeld ist außerdem der Ort, an dem nach der Götterdämmerung die Asen, auch der Sonnengott Baldur und sein Mörder, zu neuem Leben erweckt, wieder zusammenkommen und geheimnisvolle goldne Tafeln finden, über deren Sinngehalte die mythologische Forschung noch rätselt.
Das Idafeld, von Sigurdur Nordal in seinem »Völuspa«-Kommentar als »immer grünes, ewig grünes Feld« übersetzt, wird in der Edda als *tun* bezeichnet, mit einem Spezialausdruck, dessen Wahl nicht zufällig von den Mythendichtern getroffen worden sein kann. *tun* ist nämlich für die Isländer eine Wiese von besonderer Bedeutung: Die Wiese vor einem Bauernhof.
Gras ist rar in Island. Einödhöfe in den Randgebieten der Vulkanzone sehen mitunter aus wie windgeduckte Schutzhütten in einer Mondlandschaft. Der Stolz jedes Bauern ist deshalb das *tun*, die gedüngte Hofwiese. Sie wurde vor vielen Jahrhunderten gezüchtet und wird seit Generationen gepflegt und erhalten. Häufig ist das *tun* nur eine kleine künstliche Oase in dunkler Lavawüste. Den Futterbedarf kann es bei weitem nicht decken. Das Futter suchen die Schafe in den Lavawüsten, in denen sie den ganzen Sommer über, oft kilometerweit vom Hof entfernt, herumhoppeln und Grasbüschel abknabbern, die vereinzelt aus dem Sand sprießen.
Das *tun* hat eher die Bedeutung eines wunderbaren grünen Teppichs, einer Augenweide, mehr noch, eines Elixiers für die Seele. Jeder, der in der Vulkanwildnis lebt oder nach tagelanger Reise durch Ödland zu einem Bauernhof kommt, weiß, wie erquikkend und wie wichtig der Anblick einer grünen Wiese sein kann.
Indem die Mythendichter das Idafeld als *tun* bezeichneten, gaben sie einen Hinweis, der sich so entschlüsseln läßt: Das Idafeld liegt vor der Götterburg Asgard wie die Hofwiese vor einem Einödhof. Mithin muß das Idafeld am Fuße des Tafelvulkans Herdubreid zu finden sein. Und tatsächlich liegt vor dem Tafelvulkan Herdubreid das »immer grüne, ewig grüne Feld«: Die

Oase Herdubreidalindir, eine der ganz wenigen Oasen im schwarzen Ödland der Missetäterwüste, die einzige Oase, die – der Beschreibung des Idafeldes entsprechend – am Fuße eines Berges liegt wie das *tun* vor einem Bauernhof.

Von meinem Übernachtungsplatz war die Oase Herdubreidalindir noch etwa zwanzig Kilometer entfernt. Ich baute das Zelt ab und fuhr, die im Sonnenlicht leuchtende Felsbastion des Herdubreid ständig vor Augen, zunächst zügig über eine ebene Lavawüste und dann, im Schrittempo, über die Schlangenrücken erstarrter Lavaströme hinweg. Nach eineinhalb Stunden Schunkelei und Rumpelfahrt durch schwarzbraune Urlandschaft hatte ich die Oase erreicht: Saftige Wiesen, zwei Quellen, glitzernde Bäche, Schmetterlinge, Vogelgezwitscher, Mückengesumms. Rote, grüne und blaue Expeditionszelte standen herum. Denn die Oase Herdubreidalindir ist heute ein beliebter Rastplatz für sogenannte Abenteuerreisende, genauso, wie sie zur Vorzeit ein ersehntes Reiseziel der Reiter und Wanderer gewesen war. Ich konnte gut nachempfinden, wie die von Dämonenfurcht gejagten Reisenden der Vorzeit aufgeatmet haben mußten, wenn sie nach wochenlangen Ritten oder Fußmärschen hier eingetroffen waren, in einem begrenzten Grünland, das bis heute jeder Besucher als Schutzzone gegen die Totenstille und Einsamkeit, die Gefahren und Schrecken der Vulkanlandschaft empfindet. Gut vorstellbar auch, daß zur Vorzeit – als die Germanen begrenzte Grünflächen, Haine, Quellen, Bäche und hohe Berge als heilige Orte verehrten – diese Oase am Fuße des Herdubreid eine besondere Kultstätte der Götterverehrung war.

Das westliche Tor der Götterburg

Aus unmittelbarer Nähe wirken die steilen Felswände des Tafelvulkans noch mehr als aus der Entfernung wie ein uneinnehmbares Bollwerk. Interessant, daß der deutsche Geologe Hans Reck in seinem Buch »Island« die für einen Tafelberg typischen Steinklötze und Klippenwände als »uneinnehmbar wie (die)... ragende Götterburg« beschrieben hat. Auch hier wieder die As-

soziation zu Asgard, rein gefühlsmäßig, ohne daß Hans Reck von nachweisbaren Zusammenhängen zwischen Edda-Texten und Herdubreid gewußt hätte. Uneinnehmbar ist die Felsbastion allerdings nicht. Hans Reck lieferte den Beweis dafür. Er bestieg im Jahre 1908 erstmals den Herdubreid und fand damit gleichsam das Tor zur Götterburg Asgard. Von diesem Tor ist in der Edda zweimal die Rede. Die eine Textstelle findet sich in der dem Leser bereits bekannten Geschichte vom Pferd Swadilfari: »Und als noch drei Tage blieben bis zum Sommer, da war er (der Riesenbaumeister) schon bis zum Burgtor gekommen.«
Die zweite Textstelle ist ein Hinweis für Besucher, die zu Odin in einem Saal Asgards kommen. Im Lied von Grimnir heißt es:

> Leicht erkennen können, die zu Odin kommen,
> den Saal, wenn sie ihn sehen:
> Ein Wolf hängt vor dem westlichen Tor,
> über ihm dräut ein Aar.

Wolf und Aar haben keine Bedeutung als Ortshinweise. Sie sind symbolischer Gebäudeschmuck, »gleichsam die Wappentiere ... Die am First sich kreuzenden Giebelbretter nordischer Häuser liefen in ihren unteren Enden oft in geschnitzte Tiergestalten aus.« (Hugo Gering, »Die Edda«) Wichtig an diesem Edda-Vers ist die Information, daß Asgards Tor – und mithin auch der Aufstieg – leicht erkennbar im Westen liegt.
Bei meinen theoretischen Vorarbeiten in München hatte ich die Existenz des Tores nicht bestätigen können. Denn selbst auf der Spezialkarte 1 : 100 000 ist der Tafelvulkan Herdubreid als kreisrunde Bastion von Steilfelsen dargestellt, ohne Scharte oder sonst einen Einschnitt, der den Aufstieg auf die Hochebene verheißen hätte. Ich mußte also hier an Ort und Stelle klären, ob – dem Hinweis der Mythendichter entsprechend – mit dem Tor im Westen Asgards eine deutlich erkennbare Aufstiegsmöglichkeit gemeint ist. Ob gewissermaßen die Edda nicht nur als Baedeker in die Götterwelt, sondern sogar als Kletterführer auf die Götterburg verwendet werden kann.
Die Oase Herdubreidalindir liegt im Nordosten des Tafelvul-

kans. In den Westen hinüber ging's über den erstarrten Höllenpfuhl eines Lavafeldes von besonders verdrießlicher Struktur: zerfaltet, zerklüftet und zersprengt, voller Spalten, Buckel, Brüche, Gräben und Verwerfungen. Mein Fußmarsch wurde zum Balanceakt, der nicht eben dadurch erleichtert wurde, daß ich einen Rucksack schleppte, in dem allerlei Ausrüstung verstaut war: Biwaksack, Regenponcho, warme Kleidung für Islands berüchtigte Wetterwechsel, Erste-Hilfe-Bag, Aluminiumflasche mit zwei Litern Wasser, Kompaktnahrung, Kompaß, Signalspiegel, Signalpfeife, dazu Kletterhammer, fünf Kletterhaken, drei Schraubkarabiner, Reepschnüre und ein Seil. Auf dem Lavafeld kam ich nicht schnell genug weiter, und so ging ich näher an den Berg heran. An seinem Fuß lag Bruchgestein, seit Jahrtausenden herabgefallen und zu hohen Halden aufgehäuft, die bis zum unteren Drittel, teils bis über die Hälfte der Steilwände hinaufreichten. Ich beschloß, diese Halden zu besteigen und oben, knapp bei den Wänden, auf verkleinerter Zirkellinie und im Schatten, meinen weiteren Weg nach Westen zu nehmen. Was mir beim Aufstieg auf die Schutthalden blühen würde, wußte ich schon aus Hans Recks Bericht über die Erstbesteigung: »Mühsam war das Kriechen über einige hundert Meter steiler Schuttkegel, die allseits den Fuß des Berges umsäumen. Lose aufgeschüttet lag das Material im Maximalböschungswinkel von 30 bis 35 Grad, so daß wir nach drei Schritten aufwärts feststellen mußten, daß wir zwei zurückgesunken waren.«
Auf der Schutthalde entdeckte ich einen Pfad, der mich zu den Steilfelsen – und zu einer versteckten, aus der Ferne nicht erkennbaren Aufstiegsmöglichkeit führte, zu einer senkrechten Felsspalte. In etwa fünfzehn Meter Höhe klirrte und blinkte ein Karabiner an einem Kletterhaken. Sollte ich etwa schon den Aufstieg gefunden haben? Ich blickte auf den Kompaß: genau Norden. Hier konnte Asgards westliches Tor noch nicht sein. Außerdem war ich überzeugt: Das Tor der Götterburg – und damit die Aufstiegsmöglichkeiten auf den Berg – mußte einladend wirken und selbst aus der Ferne schon leicht erkennbar sein. Sonst hätte der Dichter des Grimnir-Liedes nicht geschrieben: »Leicht erkennen können, die zu Odin kommen ...«

Zweifellos war dieser nur mit Kletterhaken bezwingbare Aufstieg erst seit kurzem erschlossen – seit acht Jahren, wie ich später erfuhr – und nicht identisch mit Asgards Tor. Die Vorstellung jedoch, heute noch auf dem Herdubreid zu stehen, war verführerisch. Deshalb ging ich's an. Die Spalte im Fels ließ sich leicht emporklettern und führte in eine Art Nische, halbkreisförmig, acht Schritte im Durchmesser, umgeben von steilen Wänden, die an einer Stelle griffige Aufstiegsmöglichkeiten boten und weiterhin mit Kletterhaken gesichert waren, diesmal ohne Karabiner. Ich kletterte weiter. Der Fels war griffig wie eine Leiter, aber sehr brüchig, nicht so problemlos, wie ich gedacht hatte. Plötzlich Windgesäusel in der Wand, gleich darauf Sturmstöße. Steine pfiffen herab. Ein Blick nach Nordwesten bewies mir: Ich hatte glatt den Wetterwechsel übersehen.

Nirgendwo auf der Welt, so habe ich mir sagen lassen, wechselt das Wetter so unvermittelt wie in Island; nirgendwo sieht man Wolken so sturmgepeitscht dahinschnellen wie über dieser Nordmeerinsel. »Gefällt dir das Wetter nicht, so warte nur ein Viertelstündchen«, lautet ein isländisches Sprichwort, das freilich auch seine Kehrseite hat: »Gefällt dir das Wetter, so dauert's auch nur ein Viertelstündchen.«

Nun also, da ich im Fels hing, flog schwarzes Gewölk, wie von Düsen angetrieben, aus Nordwesten auf mich zu. Der Sturm riß immer mehr Brocken aus dem Bruchgestein des Berges. Es pfiff, schwirrte und krachte überall. Noch war ich nicht am ersten Kletterhaken angelangt, so daß ich mich hätte abseilen können. Also mußte ich abwärts klettern, und das ging nur langsam. Das sprichwörtliche Viertelstündchen war noch nicht vergangen, ich hatte den Boden der Nische gerade erreicht, da schnalzten schon die ersten Regensträhnen. Ein Schleier von Wasserschwaden fiel über die Wände herab, floß in der Nische zusammen und stürzte als Wasserfall durch die Spalte im Fels, durch die ich heraufgekommen war. Mein Rückweg war versperrt. Nun mußte ich's mir gemütlich machen. Ich hatte die Wahl, mich von Steinen erschlagen zu lassen oder mich an eine Felswand unter den Wasserschleier zu pressen. Lebenslustig, wie ich bin, wählte ich die kalte Dusche, geschützt vom Regenponcho, der unter der Sturzflut zwar dröhnte, aber gut das Wasser abhielt. Der Steinschlag wurde zum Trommelfeuer. Die Hyänenhorden des Sturmes tobten in meiner Felsnische wie in einem Raubtierkäfig.

Ich hoffte auf das Viertelstündchen und wurde nicht enttäuscht. Von Nordwesten her schob sich blauer Himmel heran, wie mit einem Linealstrich vom schwarzen Gewölk getrennt. Gleichzeitig glitt unten in der Ebene auf breiter Front das Sonnenlicht über naßglänzendes Lavafeld. Ein Regenbogen war auf einmal da und erlosch gleich wieder. Es wurde hell in meiner Duschecke, der Regen hörte allmählich auf, der Wasserfall wurde zum Rinnsal und versiegte – aber schon zog in rasantem Tempo eine neue Wolkenfront herauf. Schleunigst seilte ich mich durch die Spalte ab. Ich erreichte die Schutthalde, zog das Seil aus dem Karabiner und rutschte auf losem, bei jedem Tritt davonrollendem Lockergestein aus der Gefahrenzone des Steinschlags heraus. Die Sonne war inzwischen schon wieder verdeckt. Eine tiefe Hagelwolke segelte heran wie ein schwarzes Piratenschiff, nahm mich kurz unter Beschuß und zerstob lautlos an den Burgmauern des Herdubreid.

Sturm, graues Gewölk, Nieselregen – und fern schon wieder blauer Himmel, Regenbogen und Strahlenfächer des Sonnenlichts. Isländisches Wetter.

Ich setzte mich auf einen Stein und verschnaufte. Dort unten, auf halber Höhe der Schutthalde, genau auf dem Pfad, den ich heraufgestiegen war, sah ich erst jetzt eine seltsame Erscheinung in Rot, die näher kommend als Mensch im flatternden Regenponcho erkennbar war, aufwärtssteigend, abwärtsrutschend.

Nach einer halben Stunde stand er neben mir, windschlüpfrig, gebuckelt, mit sturmverdrehtem Rotbart, wie ein Fabelwesen in seinem roten Poncho, den er mit seltsamen Flügelschlägen seiner Arme am Flattern zu hindern versuchte.

»Hallo! Wo geht's denn hin bei diesem Wetter?« fragte ich in deutscher Sprache.

»Wo du auch raufwillst«, sagte er mit einer Handbewegung zum Herdubreid hinauf. Er sprach deutsch im klirrenden Tonfall der

Isländer. Man duzt sich schnell in Island, vor allem, wenn man sich in der Einöde kennenlernt.
»Ich hab's versucht. Das Wetter ist mir zu unsicher. Ist das hier der einzige Aufstieg zum Herdubreid?«
»Diesen Aufstieg kennt kaum einer. Er ist schwierig. Leichter ist der da drüben.« Er zeigte nach Westen und rutschte aus dem Stand einen Meter abwärts.
»Im Westen! Kennst du den Aufstieg? Wie kommt man dorthin?«
»Ich war noch nie dort. Habe aber gehört, daß man mit dem Geländewagen ziemlich nah zum Einstieg fahren kann. Vom Süden her. Ist aber eine böse Fahrstrecke, so sagt man wenigstens.«
»Ich werd's versuchen.«
»Ach was, du steigst hier rauf. Jetzt, mit mir.« Er ging voraus, blieb stehen und blickte sich um: »Was ist?«
»Nicht bei diesem Wetter«, sagte ich.
»Gerade bei diesem Wetter! Ich kenne den Herdubreid nur bei schönem Wetter! Ich will ihn mal bei Schlechtwetter besteigen. Heute ist es soweit. Es ist verläßlich schlechtes Wetter angesagt. Deshalb bin ich hier.« Ich wunderte mich, daß jemand darauf versessen sein konnte, bei »verläßlich schlechtem Wetter« bergzusteigen.
»Komm mit«, fuhr der Rotbart unbeirrt fort. »Das ist die Chance! So schlechtes Wetter kommt so leicht nicht wieder. Einzigartig! Sturm, Regen, Hagel, vielleicht Schnee. Verstehst du das nicht?« Sein Blick veränderte sich. Ein Bergfex in seiner ekstatischen Phase.
»Nein«, sagte ich, »viel Glück!«
»Viel Glück auch.« Er wandte sich dem Berg zu. Ich rutschte ein paar Schritte abwärts, drehte mich um. Er stand da, grinste, vom Regenponcho umflattert: »Ich hab's gewußt. Du läßt mich nicht allein gehen. Also komm mit. Ich heiße Björn.«
Was sollte ich sagen? Ich ging mit, und dann saßen wir in der Felsnische oben wie gehabt: regenbegossen, von Steinen umschwirrt, vom Sturm gepeinigt. Gleich darauf ging der Regen in Schneegestöber über, so daß sich wenigstens kein Wasserfall in

der Felsspalte unter uns bildete und der Rückzug freiblieb. Björn war in Euphorie und brüllte fortwährend: »Scheißwetter, Sauwetter, jetzt wird's erst richtig interessant!« Ich erwog behutsame Worte, um diesen Wahnsinnigen zur Umkehr zu bewegen. Gute Chancen allerdings sah ich nicht. Glücklicherweise vereiste das Spinngeweb der Nässe am Steilfels über uns. An einen Aufstieg war nicht mehr zu denken. Wir seilten uns ab und rutschten die Schutthalde hinunter. Umwirbelt von Schneegestöber balancierten wir übers Lavafeld zurück zur Oase Herdubreidalindir. Hochsommer in Island.

Im nächsten Jahr war ich wieder da, mit Freunden aus München, Rolf und Helmut. Seit Tagen nichts als Sonne, keine Wolke am Himmel. Wir stöhnten unter der Hitze. Auch das gibt's in Island. Nur abends Nebel, ansonsten Sonne, fast 24 Stunden lang, Sonne von oben und von unten, reflektiert von schwarzglitzerndem Lavasand.
Schon aus großer Entfernung war die leuchtende Felsbastion des Herdubreid über dem Hitzegeflimmer der Missetäterwüste zu sehen. »Wenn wir da bloß raufkommen könnten«, seufzte Rolf, begeistert und bedenklich zugleich. Rolf ist ein Bergsteiger der zähen Art. Helmut hingegen hält jeden für irre, der auf einen Berg klettert. Den Herdubreid von unten aus zu beschauen, so meinte er, sei erhebender, als ihn schweißtreibend zu ersteigen.
Ich wollte den Herdubreid umkreisen und den westlichen Aufstieg finden – das westliche Tor der Götterburg Asgard.
Wir hielten uns nur kurz in der Oase Herdubreidalindir auf und fuhren östlich am Berg vorbei weiter in südliche Richtung. Als wir die Südwände erreichten, bogen wir nach rechts ab, einer Reifenspur folgend, die durch eine Enge zwischen dem Herdubreid und einem etwas mehr als 1 000 Meter hohen, langgestreckten Bergmassiv namens Herdubreidartögl führte und sich dann in einem Lavafeld verlor. Nur gelegentlich tauchte die Spur in den Sandverwehungen wieder auf. Die Strecke war erbärmlich zu fahren. Mehrmals stiegen Rolf und ich aus, um Helmut, der gerade am Steuer saß, den Radeinschlag zentimetergenau anzugeben. Zwischendurch ging es zügig voran, dann

fuhren wir wieder im Schneckentempo. Ich blickte hinauf zum Herdubreid: Steilfelsen über den Schutthalden, Festungsmauern, uneinnehmbar, unbesteigbar. Noch waren wir im Südwesten. Unruhig wurde ich erst, als wir weiter den Berg umkreisten und schließlich genau im Westen dahinrumpelten. Aber immerhin, der Berg war rund, und jeder Meter konnte eine Überraschung bringen.
Und dann, nach kurzer Fahrt, war es soweit. »Hier ist dein Tor«, sagte Rolf.
Der Ring steiler Felsen war unterbrochen durch einen Felseinschnitt, der wie eine riesige Rutschbahn vom Hochplateau bis zu uns hinunter führte. Der Einschnitt verlief schräg, war an der engsten Stelle zwischen den Felsen etwa achtzig Meter breit und auf der oberen Hälfte mit Schnee bedeckt. Geologisch betrachtet handelt es sich um eine Abflußrinne glühender Lava, die sich bei der Entstehung des Berges zu Tal ergossen hatte. Die vorspringenden Steilfelsen bieten in der Tat den Eindruck von Tormauern links und rechts vor einer schrägen Auffahrt. Auch die Reisenden der Vorzeit hatten sie aus der Ferne schon sehen können, von einem Pfad aus, der westlich vom Herdubreid verlaufen war. In seine Nähe sind sie wohl kaum gekommen, und bestiegen haben sie den Berg mit Sicherheit nicht, denn in der Prosa-Edda steht geschrieben, daß es »vermessen« sei, auf Odins Hochsitz zu steigen – eine Auffassung, der sich Helmut mit ganz anderen Ausdrücken anschloß. Während er eine lehnstuhlartige Kuhle in einen Sandhaufen grub, sich darin niederließ und Kleists Erzählungen aufschlug, deren erbaulicher Lektüre er sich hinzugeben beabsichtigte, gingen Rolf und ich den Berg an: Drei Schritte hinauf übers Schotterfeld, zwei Schritte zurück. Das Schneefeld, das etwa in halber Höhe des Herdubreid begann, erwies sich aus der Nähe als steil wie ein Kirchendach. Wir entdeckten im Schnee Trittspuren von Steigeisen und Einstiche von Eispickeln. Wer hätte gedacht, daß wir am Herdubreid wie zu einer Gletschertour ausgerüstet sein mußten? Wir hatten weder Steigeisen noch Eispickel von zu Hause mitgenommen, nur ein Seil. Eine Seilschaft zu bilden wäre aber sinnlos gewesen, denn einer hätte beim Sturz den anderen mitgerissen. Was tun?

Ich wollte unbedingt hinauf und sah Rolf an. Zu meiner Freude war auch er im Gipfelrausch: »Wir schaffen es, wir dürfen nur nicht abstürzen.«

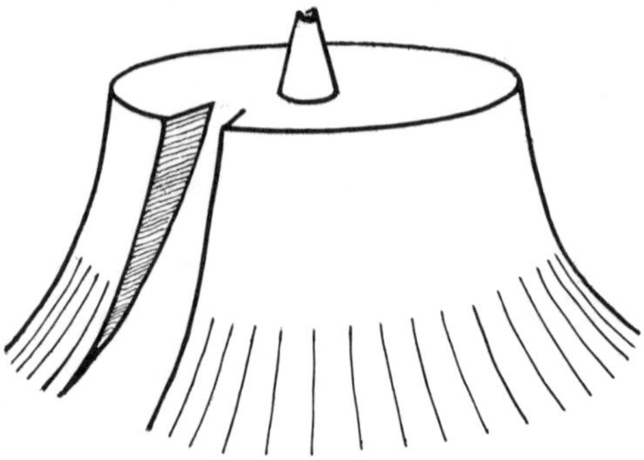

Schematische Darstellung der Abflußrinne am Tafelvulkan Herdubreid

Alles weitere war Schweiß und Schinderei. Die Sonne im Rükken, erreichten wir bei leichtem Abendnebel die Hochebene: Versulzter Schnee, dazwischen Steine und Steinhaufen, schwarz wie Kohle. Von der Missetäterwüste aus sieht das schneeglitzernde Hochplateau wesentlich imposanter aus. Wir stapften bis zur Mitte und erstiegen schließlich Odins Hochsitz Hlidskjalf: Die Bergspitze mit Öffnung – den Vulkankegel mit Kraterschlund. Der Kraterrand ist ungewöhnlich schräg. Seine höchste Stelle, der Gipfel, vom Wind schneefrei gefegt, ist schwarz und brüchig wie ein Kohlenhaufen. Odins Hochsitz – besser ist's, man schaut ihn von unten aus an.

Die Sicht war schlecht. Nebel lag über dem Land.

Bessere Sicht hatte einst der germanische Gott Freyr. Von Odins Hochsitz aus sah er in einer Flammenburg die schöne Riesentochter Gerda. Laut Prosa-Edda blickte er dabei nach Norden. In dieser Richtung muß deshalb die berühmte Flammenburg der germanischen Göttersagen zu finden sein.

Das Reich der Riesen

Die Flammenburg der schönen Riesentochter Gerda

Die Flammenburg heißt im altnordischen Sagentext *vafrlogi*, Waberlohe. Damit ist nach mythischer Überlieferung ein Flammenring gemeint, eine Flammenburg, die alle Bewohner von der Außenwelt abschirmen soll. Die Liebesgeschichte zwischen dem Fruchtbarkeitsgott Freyr und der im Flammenring beschützten Riesentochter Gerda wird in der Prosa-Edda nur kurz gestreift. Wichtig für die Suche nach der Flammenburg ist der Hinweis, daß Freyr von Odins Hochsitz Hlidskjalf aus nach Norden blickte, als er Gerda sah.
Ausführlich ist die Sage im Edda-Lied »Skirnirs Fahrt« besungen. »Das Gedicht ist ein vollendetes Kunstwerk.« (Jan de Vries, »Altnordische Literaturgeschichte«) Der Dichter erzählt, wie Freyr die Riesentochter sieht, in Liebe zu ihr entbrennt und seinen Diener Skirnir als Brautwerber aussendet. Skirnir überwindet den Flammenring, trifft aber bei Gerda auf Widerstand. Sie will »keines Mannes Minne«. Er versucht sie zunächst mit Geschenken umzustimmen, dann mit den gewaltigsten Drohungen, die wir in der nordischen Sagenliteratur finden. Insofern ist das Skirnir-Lied auch eine wertvolle Quelle germanischer Bannformeln. Interessant ist, daß Gerda erst nachgibt, als Skirnir ihr mit dem Bannfluch des Runenzaubers droht.
Die Mehrzahl der Forscher sieht im Skirnir-Lied ein Beispiel kultischer Poesie und deutet Freyrs Liebe zu Gerda als Frühlingssymbol, als Vereinigung des Fruchtbarkeitsgottes mit einer Art Erdjungfrau, deren Name – Gerda – als »umzäuntes Saatfeld« (Magnus Olsen) übersetzt wird. Gerdas Vater, der Riese Gymir, ist als Erdriese zu deuten, vielleicht sogar als eine Gottheit, als »chthonischer (unterirdischer) Gott der Erde« (Magnus Olsen). Andere Forscher erblicken im Motiv des Skirnir-Liedes nichts weiter als eine göttliche Liebesgeschichte. Wie immer die mythischen Hintergründe auch gedeutet werden, als Bühnenbild der Göttersage und als Welt des Erdriesen Gymir muß die Waber-

lohe in irgendeiner Form vulkanische Realität sein: »Die Waberlohe spiegelt noch die vulkanische Seite des alten Mythos wider... Die vulkanischen Kräfte und die in der Erde verborgene Vegetationskraft gehören eng zusammen. Die wallende, düstere Lohe, deren Durchreiten erst den Zutritt zu der in der Erde Gebetteten verschafft, ist im Grunde das vulkanische Feuer. Darum blieb unter den Germanen nur in dem vulkanischen Island die Sage von der Waberlohe lebendig.« (Paul Herrmann, »Nordische Mythologie«)
Es fragt sich nur: In welcher Form ist die Waberlohe vulkanische Realität? Und wo ist die Waberlohe zu finden? Die Fragen lassen sich klären. Denn im Skirnir-Lied hat der Mythendichter verschlüsselte Wegweiser zur Waberlohe versteckt. Das Lied beginnt mit einer Prosa-Einleitung und enthält im weiteren Verlauf einige Prosa-Einschübe:

> Freyr, der Sohn Niörds, hatte sich einst auf Hlidskjalf gesetzt und überschaute die Welten alle. Da sah er nach Jötunheim und sah eine schöne Jungfrau aus ihres Vaters Haus in ihre Frauenkammer gehen. Daraus erwuchs ihm großer Liebeskummer. Skirnir hieß Freyrs Diener. Niörd bat ihn, Freyr zum Reden zu bringen.

Niörd: der Wassergott

Jötunheim: Riesenheim

Skadi
1. Steh nun auf, Skirnir, ob du unseren Sohn magst zu reden vermögen,
und das zu erkunden, warum der Kluge wohl
so unfreudig aussieht.

Skadi: Gemahlin Niörds

Skirnir
2. Übler Antwort verseh' ich mich von euerm Sohne,
wenn ich mit ihm zu sprechen versuche
und das zu erkunden, warum der Kluge

wohl
so unfreudig aussieht.

3. Sage mir, Freyr, volkwaltender Gott,
was ich zu wissen wünsche:
Was weilst du allein im weiten Saal,
Herr, den heilen Tag?

Freyr
4. Wie soll ich sagen dir jungem Gesellen
der Seele großen Gram?
Die Alfenbestrahlerin leuchtet alle Tage,
doch nicht zu meiner Liebeslust.

Alfenbestrahlerin: die Sonne

Skirnir
5. Dein Gram mag so groß nicht sein,
daß du ihn mir nicht sagen solltest.
Teilten wir doch die Tage der Jugend:
So mögen wir zwei uns Zutraun schenken.

Freyr
6. In Gymirs Gärten sah ich gehen
mir liebe Maid.
Ihre Arme leuchteten, und Luft und Meer
schimmerten von dem Scheine.

Gymir: ein Riese, Gerdas Vater

7. Mehr lieb ich die Maid, als ein Jüngling mag
im Lenz seines Lebens.
Von Asen und Alfen will es nicht einer,
daß wir beisammen seien.

Asen: Götter
Alfen: Zwerge

Skirnir
8. Gib mir dein rasches Roß, das mich sicher
durch die flackernde Flamme führt.
Gib mir das Schwert, das von selbst sich
schwingt
gegen der Reifriesen Brut.

Flackernde Flamme: im Originaltext *vafrlogi*, Waberlohe, von der Gerda eingeschlossen ist

Freyr

9. Nimm denn mein rasches Roß, das dich sicher
durch die flackernde Flamme führt.
Nimm mein Schwert, das von selbst sich schwingt
in des Beherzten Hand.

Skirnir sprach zu dem Rosse:

10. Dunkel ist's draußen: wohl dünkt es mich Zeit,
über feuchte Berge zu fahren.
Wir beide vollführen's, fängt uns nicht beide
jener kraftreiche Riese.

Skirnir fuhr gen Jötunheim zu Gymirs Wohnung. Da waren wütige Hunde an die Türe des hölzernen Zaunes gebunden, der Gerdas Saal umschloß. Er ritt dahin, wo der Viehhirt am Hügel saß, und sprach zu ihm:

Skirnir

11. Sage mir, Hirt, der am Hügel sitzt
und die Wege bewacht,
wie mag ich schauen die schöne Maid
vor Gymirs Grauhunden?

Der Hirt

12. Bist du dem Tode nah oder tot bereits?
Zu sprechen ungegönnt bleibt dir immerdar
mit Gymirs göttlicher Tochter.

Skirnir

13. Kühnheit steht besser als Klagen ihm an,
der da fertig ist zur Fahrt.

Bis auf einen Tag ist mein Alter bestimmt
und meines Lebens Länge.

Gerda

14. Welch tosend Getöse ertönen hör' ich
hier in unseren Hallen?
Die Erde bebt davon, und alle Wohnungen
in Gymirsgard erzittern.

Magd

15. Ein Mann ist hier außen von der Mähre
gestiegen
und läßt sie im Grase grasen.

Gerda

16. Bitt ihn, einzutreten in unsern Saal
und den milden Met zu trinken,
obwohl mir ahnt, daß hier außen sei
meines Bruders Mörder.

Meines Bruders Mörder: unklare Textstelle, möglicherweise Bezug auf eine verschollene Sage

Wanen: Göttergeschlecht, bäuerliche Gegenspieler zu den kriegerischen Asen

17. Wer ist es der Alfen oder Asensöhne,
oder der weisen Wanen?
Durch flackernde Flamme fuhrst du allein
unsre Säle zu schauen?

Skirnir

18. Bin nicht von den Alfen noch den
Asensöhnen,
noch den weisen Wanen;
durch flackernde Flamme doch fuhr ich
allein
eure Säle zu schauen.

19. Der Äpfel elf hab' ich allgolden,
die will ich, Gerda, dir geben,
deine Liebe zu kaufen, daß du Freyr
bekennst, daß dir kein liebrer lebe.

Gerda

20. Der Äpfel elf nehm' ich nicht an von dir,
und keines Mannes Minne,
noch mag ich mit Freyr, dieweil wir atmen beide,
je zusammen sein.

Skirnir

21. So geb' ich dir den Ring, der in der Glut lag
mit Odins jungen Erben.
Acht entträufeln ihm ebenschwere
in jeder neunten Nacht.

Ring: gemeint ist der Ring Draupnir, aus dem in jeder 9. Nacht acht neue Ringe heraustropfen

Gerda

22. Den Ring verlang' ich nicht, der in der Lohe lag
mit Odins jungem Erben.
In Gymisgard bedarf ich Goldes nicht,
mir schont der Vater die Schätze.

Skirnir

23. Siehst du, Mädchen, das Schwert, das scharfe, zaubernde,
das ich halt' in der Hand?
Das Haupt hau' ich vom Hals dir ab,
so du dich ihm weigern willst.

Gerda

24. Zu keiner Zeit werd' ich den Zwang erdulden
um Mannesminne.
Wohl aber wähn' ich, gewahrt dich Gymir,
daß ihr Kühnen zum Kampfe kommt.

Skirnir

25. Siehst du, Mädchen, das Schwert, das scharfe, zaubernde,

das ich halt' in der Hand?
Seine Schneide erschlägt den alten Riesen,
fällt deinen Vater tot.

26. Mit der Zauberrute zwingen werd' ich dich,
Weib, zu meinem Willen.
Dahin wirst du kommen, wo Kinder der
Menschen
dich nicht mehr sollen sehen.

Zauberrute: vielleicht Wünschelrute, der man Zauberkräfte zumaß

27. Auf des Aaren Felsen in der Frühe sollst du
sitzen,
weg von der Welt gewandt zu Hel.
Speise sei dir leider als Sterblichen ist
der menschenleide Midgardswurm.

28. Ein scheußliches Wunder wirst du draußen,
daß Hrimnir dich angafft, dich alles
anstarrt.
Weitkunder wirst du als der Wächter der
Götter: Gaffe denn hervor am Gitter.

Hrimnir: ein Riese

29. Einsamkeit und Abscheu, Zwang und
Ungeduld
mehren dir Trübsinn und Tränen.
Sitze nieder, so sag ich dir
des Leides schwellenden Strom,
den zweischneidigen Schmerz.

30. Riegel sollen dich ängsten all den Tag
hier im Gehege der Joten.
Vor der Hrimthursen Hallen sollst du den
heilen Tag
dich krümmen kostberaubt,
dich krümmen kostverzweifelt.
Leid für Lust wird dir zu Lohn,
mit Tränen trägst du dein Unglück.

Hrimthursen: Frostriesen

31. Mit dreiköpfigem Thursen teilst du das Leben
oder alterst unvermählt.
Sehnsucht scheucht dich
von Morgen zu Morgen,
wie die Distel dorrst du, die sich gedrängt hat
in des Ofens Öffnung.

Thursen: Riesen

32. Zum Hügel ging ich, ins tiefe Holz,
Zauberruten zu finden:
Zauberruten fand ich.

33. Gram ist dir Odin, gram ist dir der
Asenfürst, Freyr verflucht dich.
Flieh, üble Maid, bevor dich vernichtet
der Götter Zauberzorn.

Asenfürst: gemeint ist Thor

34. Hört es, Joten, hört es, Hrimthursen,
Suttungs Söhne, ihr Asen selber!
Wie ich verbiete, wie ich banne
Mannes Gesellschaft der Maid,
Mannes Gemeinschaft.

Suttung: ein Riese

35. Hrimgrimnir heißt der Riese, der dich haben soll
hinterm Totentor,
wo verworfne Knechte in knotige Wurzeln
dir Geißenharn gießen.
Anderer Trank wird dir nicht eingeschenkt,
Maid, nach meinem Willen,
Maid, nach deinem Willen!

36. Ein Thurs schneid' ich dir und drei Stäbe:
Ohnmacht, Unmut, Ungeduld.
So schneid' ich es ab, wie ich es einschnitt,
wenn es not tut, so zu tun.

Thurs: unheilbringende Rune (germanisches Zauber- und Schriftzeichen). Runen wurden in Holz geschnitzt

Gerda

37. Heil sei dir vielmehr, Held, und nimm den Eiskelch
firnen Metes voll.
Ahnte mir doch nie, daß ich einen würde
vom Stamm der Wanen wählen.

Wanen: Freyr gehört zum Göttergeschlecht der Wanen

Skirnir

38. Meiner Werbung Erfolg wüßt' ich gesichert
gern, eh ich mich hinnen hebe.
Wann meinst du in Minne dem mannlichen Sohn
des Niörds zu nahen?

Gerda

39. Barri heißt, den wir beide wissen,
stiller Wege Wald:
Nach neun Nächten will Niörds Sohne da
Gerda Freude gönnen.

Barri: ein fruchtbares Gebiet, vielleicht ist symbolisch der Frühling gemeint

Da ritt Skirnir heim. Freyr stand draußen, grüßte ihn und fragte nach der Zeitung:

40. Sage mir, Skirnir, eh du den Sattel abwirfst
oder vorrückst den Fuß,
was du ausgerichtet hast in Riesenheim
nach meiner Meinung und deiner.

Skirnir

41. Barri heißt, den wir beide wissen,
stiller Wege Wald,
nach neun Nächten will Niörds Sohne da
Gerda Freude gönnen.

Freyr

42. Lang ist eine Nacht, länger sind zweie:
Wie mag ich dreie dauern?

Oft deucht' ein Monat mich minder lang
als eine halbe Nacht des Harrens.

Hexenkessel und Gespensterstadt

Die erste Ortsbeschreibung des Dichters fand ich im Auftritt des Viehhirten versteckt, der Skirnir vor Gerda warnt. Daß der Dichter als archetypische Figur eines Warners fürs Skirnir-Lied einen Viehhirten wählt, mußte nachdenklich stimmen. Denn: Viehhirten gab und gibt es in Island nur auf wenigen Weidegebieten. Dort grasen vor allem Rinder und Pferde. Schafe indes hoppeln in den Einöden der Vulkanzone fernab der Höfe völlig frei herum und fressen vereinzelte Grasbüschel. Wenn also Skirnir bei Gerdas Flammenburg einen Viehhirten trifft, so muß Gerdas Flammenburg in einem Weideland liegen, in einer der seltenen Grünzonen, die auf der Landkarte als grüne Flecken in braungefärbter Lavawildnis abgebildet sind.
Und dieses Weideland muß nördlich des Tafelvulkans Herdubreid zu finden sein. Denn laut Prosa-Edda schaute Freyr von Odins Hochsitz Hlidskjalf aus »über alle Welten, und als er nach Norden blickte«, entdeckte er Gerda im Flammenring. Der Brautwerber Skirnir ritt also von Asgard aus in nördlicher Richtung. Und nördlich des Herdubreid gibt es im Ödland der Vulkanzone nur zwei grüne Weidegebiete, wo seit jeher Viehhirten die Rinder und Pferde bewachen: das Grasland von Vidirholl und das Ufergelände des Mückensees (Myvatn). Bleibt nur die Frage: in welchem der beiden Weidegebiete hat Skirnir den Viehhirten getroffen – in Vidirholl oder am Ufer des Mückensees?
Diese Frage läßt sich klären. Denn in Strophe 10 des Liedes schreibt der Dichter, daß Skirnir bei seiner Reise über »feuchte Berge« fährt. Ein eindeutiger Ortshinweis! »Feuchte Berge« können in Island nur Berge mit Solfatarenfeldern sein. Solfataren sind vulkanische Exhalationen (Aushauchungen) von Schwefelgas, die den Boden chemisch zersetzen und in eine graubraune, teils auch weiße, rote und gelbe Schlammlandschaft verwandeln, in eine Hexenküche, wo es brodelt, gurgelt, qualmt, dampft und zischt.

Auf dem Weg vom Tafelvulkan Herdubreid nach Vidirholl gibt es keine Berge mit Solfataren, wohl aber auf dem Weg vom Herdubreid zum Mückensee. Zwei Kilometer vor dem Ufer erhebt sich dampfumwölkt die Bergkette des Namafjall mit Islands großen, weltberühmten Solfatarenfeldern. Sie heißen Hveraröndl und sind genaugenommen Solfataren-Berghänge. Wer vom Herdubreid aus nördlich zum Mückensee fährt, der muß, eingehüllt in den Höllengestank der Solfataren, den Namafjall auf einer Paßstraße überqueren, die seit jeher dank schottrigem Untergrund von den chemischen Zersetzungen der Schwefelexhalationen verschont wurde. Über diese Schotterstrecke führte zur Vorzeit ein alter Reit- und Wanderweg. Nur diesen Weg kann der Mythendichter vor Augen gehabt haben, als er schrieb, daß Skirnir über die feuchten Berge zu Gerdas Flammenburg reitet und dort den Viehhirten trifft. Die rätselhafte Flammenburg der Göttersagen – sie muß sich demnach auf der anderen Seite des schlammfeuchten Namafjall befinden: im Weideland des Mückensees, das dort beginnt.

Die Flammenburg? Was soll man sich darunter vorstellen?

Wütende Grauhunde waren dort angebunden, so erfahren wir aus dem Prosaeinschub nach Strophe 10. Heulende Hunde, der Höllenhund Garm, feuerspeiende Drachen, Lindwürmer und dergleichen können, nach gesicherter Erkenntnis der mythologischen Forschung, in vielen Sagenkreisen als natursymbolische Verklausulierungen vulkanischer Kräfte aufgefaßt werden. Einen weiteren Hinweis auf vulkanische Kräfte bietet der Name des Flammenrings: Gymirsgard, der nach Gerdas Vater benannt ist, dem Riesen Gymir. *gymir* bedeutet: Gaumen, Rachen, Schlund. *gard*: Burg. Gymirsgard: Schlundburg – Kraterschlund. Der Eingang zum »chthonischen (unterirdischen) Gott der Erde«.

Das sind zwei Hinweise, die den Schluß zulassen, daß der Flammenring ein vulkanisches Phänomen sein muß. Eigentlich nicht überraschend. Wie aber ist der Flammenring geologisch zu deuten?

Des Rätsels Lösung fand ich in einem ganz anderen Edda-Lied, im Lied von Fiölswidr, einer sogenannten Wissensdichtung, die im Frage- und Antwortspiel wertvolle Kenntnisse der germanischen Götterlehre überliefert:

Sag mir, Fiölswidr, was ich dich fragen will
und zu wissen wünsche:
Wie heißt der Saal, der umschlungen ist
weise mit Waberlohe?

Glut wird er genannt, der weifend sich dreht
wie auf des Schwertes Spitze.
Von dem seligen Hause soll man immerdar
nur vom Hörensagen hören.

In dieser Antwort finden sich gleich drei Hinweise: Da ist einmal die Rede von »des Schwertes Spitze«, um die sich der Flammenring dreht. Ich konnte damit zunächst nichts anfangen.
Verwirrend war für mich auch, daß man vom »seligen Hause« – von Gerdas Flammenburg also – »immerdar nur vom Hörensagen hören« soll.
Konkret ist der Hinweis auf die Glut. Das kann nur Eruptionsmaterial nach einem Ausbruch sein, mit wabernden Flammen über flirrender Gluthitze. – Eruptionsmaterial freilich, das ringwallförmig aufgeschüttet sein muß. Denn sonst würde es der Bezeichnung »Flammenring« nicht entsprechen. Was also ist der Flammenring?
Jeder Geologe, der den letzten Absatz gelesen hat, schüttelt jetzt die Antwort aus dem Ärmel: Der sagenhafte Flammenring ist nichts anderes als ein Ringwallvulkan.
Und tatsächlich: Am Ufer des Mückensees erhebt sich der Ringwallvulkan Hverfjall, der schönste und regelmäßigste seiner Art, überdimensional in seinen Abmessungen: 1200 Meter Durchmesser am Kraterrand, 160 Meter hoch, etwa gleichhoch wie der Kölner Dom (157 Meter). Der Ringwallvulkan Hverfjall entspricht genau der Flammenburg, wie sie in der Edda beschrieben ist. Er liegt nördlich des Tafelvulkans Herdubreid in einem Weideland hinter den feuchten Bergen, über die Skirnir ritt. An seinem Fuße grasen heute noch Kühe; Viehhirten sieht man

Der Ringwallvulkan Hverfjall

dort, Nachkommen des Hirten, mit dem Skirnir sprach vor seinem Sprung in den Flammenring.

Daß der Ringwallvulkan Hverfjall identisch ist mit dem Flammenring der germanischen Göttersagen, wird durch die geologische Erklärung seiner Entstehung zusätzlich bestätigt: »Infolge des grundwasserreichen Untergrunds in der Myvatn-Senke kam es bei der Eruption zur Entstehung großer Mengen von Wasserdampf und – durch die Abschreckung der Lava am Wasserdampf – zur glasigen Erstarrung und Granulierung des Magmas. Nur am Rand der turbulent aufsteigenden Wasserdampfsäule konnte das Aschenmaterial herabfallen und einen ›Tuffring‹ bilden, dessen Durchmesser also etwa dem der Dampfsäule entspricht.« (M. Schwarzbach und H. Noll, »Geologischer Routenführer durch Island«) Die rätselvolle Schwertspitze, um die sich die Glut scheinbar dreht, wie im Lied von Fiölswidr poetisch beschrieben, war wohl – natursymbolisch verklausuliert –

die aus dem Erdboden hervorstechende Säule aus grauweißem Wasserdampf, um die herum der Glutwall des wabernden Flammenrings sich bildete.

Und noch etwas: Die Eruption eines Ringwallvulkans dauert meist nur wenige Tage. Vom Schwert aus Wasserdampf und von den Flammen der ringförmigen Waberlohe war bald nach dem Ausbruch nichts mehr zu sehen – und deshalb soll man davon »immerdar nur vom Hörensagen hören«, wie es im Lied von Fiölswidr heißt.

Längst sind die Flammen erloschen, längst ist der Glutwall erkaltet. Seit Jahrhunderten schon kann der Vulkan bestiegen werden.

Als ich erstmals zum Mückensee kam, führte mein Weg sogleich in Serpentinen auf den Hverfjall hinauf. Vom Rand sieht der Kraterschlund wie eine riesige Arena aus.

Wie eine Burg wirkt der Vulkan nur von unten, besonders dann, wenn man ihn von Süden her betrachtet. Er gleicht dann sogar einer Burg, die sich über das Häusermeer einer Stadt erhebt. Denn die Natur, die Bühnenbildnerin der Göttersagen, hat sich hier einen besonderen Gag erlaubt und am Fuß des Ringwallvulkans eine Gespensterstadt hingestellt, eine seltsame Lavaformation, die in der Tat aussieht wie das Labyrinth einer dämonenbewohnten Ruinenstadt. Es bedarf keiner großen Phantasie, um große und kleine Häuser zu erkennen, Kellergewölbe, dunkle Toreinfahrten, windschiefe Türrahmen, winklige Gassen und unterirdische Geheimgänge – zerfallen, verödet, von allen guten Geistern verlassen. Diese Stadt aus Lavagestein ist auf Landkarten als Dimmuborgir verzeichnet. *Dimmu*: dunkel. *Borgir*: Stadt. Dimmuborgir: die dunkle Stadt.

Dimmuborgir bietet einen der Beweise, daß der Vulkanismus nahezu alle nur denkbaren Formen hervorzaubern kann, die zur Sagenbildung anregen: Götterburgen, Riesenburgen, Höllenschlünde, Hexenkessel, Teufelsküchen, Geisterhöhlen, Zwerggestalten, Riesengestalten, Naturbrücken, Feuerinseln – und eben auch eine Gespensterstadt.

Die Entstehung der ungefähr einen Quadratkilometer großen Stadt aus Lavagestein läßt sich so erklären: Erst staute sich dort die Flut glühender Lava eines benachbarten Vulkanausbruchs zu einem etwa zwanzig Meter hohen Lavasee. Der Grundwasserspiegel darunter erhitzte sich und bildete Wasserdampf, der durch die glühende Lava emporquoll und an seinen senkrechten Aufstiegskanälen, Kaminen, Schloten oder sonstigen Wegen zur Oberfläche die flüssige Lava zu bizarren Türmen, Wänden und ähnlichen Formen erstarren ließ. Die ansonsten vom Wasserdampf nicht erhärtete, weiterhin kochende Lava fand einen Abfluß, und übrig blieb Dimmuborgir, die dunkle Stadt.

Der Mückensee – achtunddreißig Quadratkilometer Fläche und fünf Meter Tiefe – ist ebenfalls vulkanischen Ursprungs. Er entstand vor 3 500 Jahren, als Lavafluten des fünfundzwanzig Kilometer entfernten Ketildyngja-Vulkans den Abfluß der Quellen und Bäche aus einer eiszeitlichen Senke abdämmten. Weitere Lavaströme vor 2 000 Jahren und in der ersten Hälfte des 18. Jahrhunderts – in Chroniken als »Mückenseefeuer« beschrieben – gaben dem See seine endgültige Form. Schon zur Vorzeit galt das Mückensee-Gebiet als Insel der Fruchtbarkeit im Ödland der Vulkanzone; es gehört deshalb zu den früh besiedelten Landschaften Islands, und einige Bauern, die dort rot oder gelb gestrichene Höfe bewirtschaften, können ihre Stammbäume bis ins 9. Jahrhundert zurückverfolgen – weiter als die Hohenzollern und die Habsburger.

Fruchtbar ist der Boden dank des hohen Grundwasserspiegels und eines von Wetterscheiden begünstigten kontinentalen Klimas. Kein Wunder, daß gerade dort die sagenhafte Liebesgeschichte vom Fruchtbarkeitsgott Freyr und der Tochter des »chthonischen Gottes der Erde« gedeihen konnte. Überall leuchten saftige Wiesen, durchzogen von moosbewachsenen Lavafeldern. Aus dem See ragen Hunderte bemooster Inseln und Inselchen heraus, so groß wie Fußballplätze mitunter, meist aber klein wie Bettvorleger oder Fußabstreifer. Rundherum zieht sich die Silhouette grüner Hügel und schwarzer Vulkanberge hin.

Auf den Lavafeldern rupfen Schafe bedächtig am Moos, und auf den Weiden wehren sich Pferde und Kühe schweifwedelnd, kopfwerfend, die Hinterbeine zu den Flanken hochschlagend gegen die lästigen Mückenschwärme, die dem See seinen Namen gaben. Überall Geschwirr und Geflatter, Gezwitscher und Gekreisch, Gepfeif und Gequake, denn der Mückensee ist seit urdenklichen Zeiten ein Paradies für Enten, Sägetaucher, Seeschwalben, Möwen, Wassertreter und über dreihundert andere Vogelarten, die zum Teil sehr selten, woanders sogar schon ausgestorben sind und sich nur noch hier beobachten lassen. Als ich einmal durchs Ufergebiet streifte, stolperte ich fast über einen englischen Ornithologen, der, wohlgetarnt im grünen Wams, reglos hinter einem bemoosten Lavabrocken auf einem Stapel gelehrsamer Bücher hockte und durchs Ofenrohr seines Teleobjektivs seltene Vögel fotografieren wollte. Nachdem wir uns in aller Form bekannt gemacht hatten, klagte er mir im Flüsterton, aber mit unüberhörbarer Bitterkeit sein Leid über den Fremdenverkehr. Lärmende Wanderer, Exkursionsgruppen, Schwärme von Urlaubern, Autobusse, Autos, Straßen, Hotels, Würstchenbuden und Diskotheken – das ist die andere Seite des Mückensees. Der Fremdenverkehr hat das Gebiet voll im Griff. Doch noch gibt's mehr Mücken als Besucher, mehr Vulkane als Hotels, mehr Vogelnistplätze als Autoparkplätze, mehr Uferpfade als Straßen, mehr Heißquellenhöhlen als geheizte Schwimmhallen. Wer von der Großstadt kommt, empfindet den Mückensee als Wildnis; wer aber Islands wahre Wildnis kennt und liebt, fährt bald wieder weiter.

Griottunagard: Die Felsburg des Steinriesen

Vom Mückensee aus startete ich südwärts in menschenleere Felswildnis. Ich wollte dort beweisen, daß auch die sagenhafte Steinriesenwelt des germanischen Mythos zu finden ist, die Felsburg Griottunagard und der Kampfplatz, wo Thor den Riesen Hrungnir besiegte.

Hrungnir war nach Auffassung vieler Mythologen der populärste und am meisten gefürchtete Riese, an den die Germanen glaubten. Sein dreigespitztes Herz aus Fels, von dem im folgenden Text noch die Rede sein wird, galt den Menschen der Vorzeit offenbar als »eine magische Figur, die zum Abwehrzauber gebraucht wurde« (Hermann Schneider, »Die Geschichte vom Riesen Hrungnir«). Hrungnir gehört zum Geschlecht der Stein- oder Bergriesen, die als Felsbewohner in allen Sagen eine große Rolle spielen. Seine Felsburg Griottunagard erhebt sich in der Steinriesenwelt, einem mythischen Bezirk, einem genau begrenzten und in der Edda wiederholt als Schauplatz mythischer Abenteuer beschriebenen Fürstenreich. Hrungnir ist als personifizierter Fels aufzufassen, und deshalb wird der berühmte Kampf naturmythisch gedeutet: Der Gewittergott Thor, Beschützer der Ernte, bezwingt »mit der felsspaltenden Gewalt des Wetterstrahls ... die dem Anbau der Erde widerstrebende Steinwelt« (Ludwig Uhland, »Der Mythus von Thor«). Dieser symbolische Akt wird in der Prosa-Edda als abenteuerliche Story erzählt:

> Thor war nach Osten gezogen, Unholde zu töten. Odin ritt auf Sleipnir gen Jötunheim und kam zu dem Riesen, der Hrungnir hieß. Da fragte Hrungnir, welchen Mann er da sehe mit dem Goldhelm, der durch Luft und über Wasser reite? Hrungnir sagte auch, der Fremde reite ein sehr gutes Roß. Da sagte Odin, er wolle sein Haupt verwetten, daß kein so gutes Roß in Jötunheim sei.
> Hrungnir sagte, jenes Roß möge gut sein; aber sein eigenes Roß, das Gullfaxi heiße, mache viel weitere Sprünge. Und Hrungnir ward zornig, sprang auf sein Roß, um mit Odin ein Wettrennen zu veranstalten und ihm seine Prahlerei zu lohnen.
> Odin aber ritt so schnell, daß er eine gute Strecke voraus war; aber Hrungnir war in so großem Jotenzorn, daß er nicht merkte, wie er schon innerhalb der Asenmauer sei. Als er nun an das Tor der Halle kam, luden ihn die Asen zum Trinkgelage. Er trat in die Halle und begehrte einen Trunk. Sie gaben

Sleipnir: Odins Pferd
Jötunheim: Reich der Riesen

Gullfaxi: »Goldmähne«

Asenmauer: der Felswall Asgards

Halle: gemeint ist Walhall, ein Saal in Asgard, in dem

ihm die beiden Schalen, aus welchen Thor zu trinken pflegte, und Hrungnir leerte sie beide. Und als er trunken wurde, ließ er das Großsprechen nicht; er sagte, er wolle Walhall nehmen und nach Jötunheim bringen, Asgard versenken und alle Götter töten, außer Freyja und Sif, die wolle er mit sich heimführen. Darauf, als Freyja ihm einschenkte, drohte er, den Asen all ihr Ael auszutrinken.

die auf Schlachtfeldern gefallenen und zu neuem Leben erweckten Helden als Gäste des Göttervaters wohnen
Freyia: Liebesgöttin
Sif: Thors Gemahlin
Ael: Bier

Als aber die Asen sein Großsprechen verdroß, riefen sie nach Thor: alsbald kam Thor in die Halle und schwang den Hammer und fragte zornig, wer schuld sei, daß hundweise Jötune da trinken dürften und wer dem Hrungnir erlaubt habe, in Walhall zu sein, und warum ihm Freyja einschenke wie bei den Gelagen der Asen?
Da antwortete Hrungnir und sagte, indem er mit unfreundlichen Augen auf Thor blickte, Odin habe ihn zum Trinkgelage gebeten und er sei in dessen Frieden.
Da sagte Thor, der Einladung solle den Hrungnir gereuen, ehe er hinauskomme.
Hrungnir entgegnete, Thor werde wenig Ehre davon haben, wenn er ihn hier unbewaffnet töte; mehr Mut verrate er, wenn er es wage, an der Ländergrenze bei Griottunagard mit ihm zu kämpfen. »Es war große Unklugheit«, sagte er, »daß ich Schild und Schleifstein daheim ließ. Wenn ich meine Waffen hier hätte, wollten wir gleich einen Holmgang versuchen; da dies aber nicht der Fall ist, so beschuldige ich dich eines Neidingwerks, so du mich wehrlos töten willst.«

Griottunagard: wörtlich »Felsenburg«

Holmgang: Waffengang

Neidingwerk: üble Tat

Thor wollte sich dem Zweikampf keineswegs entziehen, da er dazu aufgefordert worden ward, was ihm nie zuvor begegnet war.

Da fuhr Hrungnir seines Weges und sputete sich aus aller Macht, bis er gen Jötunheim kam. Da machte seine Fahrt großes Aufsehen bei den Jötunen, wie auch, daß es zwischen ihm und Thor zur Verabredung des Zweikampfes gekommen war. Die Jötune hielten es für überaus wichtig, wer den Sieg erhielte. Da machten sie auf Griottunagard einen Mann von Lehm, der neun Rasten hoch war und drei breit unter den Armen. Sie fanden aber kein Herz, das so groß war, als sich für ihn ziemte, bis sie das einer Stute nahmen, welches sich ihm jedoch nicht haltbar erwies, als Thor kam. Hrungnir selbst hatte bekanntlich ein Herz von hartem Stein, scharfkantig und dreiseitig, wie man seitdem das Runenzeichen zu schneiden pflegt, das man Hrungnirs Herz nennt. Auch sein Haupt war von Stein, von Stein auch sein breiter, dicker Schild, und diesen Schild hielt er vor sich, als er Thors wartete. Seine Waffe war ein Schleifstein, den er über die Achsel nahm, und nicht mild war er anzuschauen.

Rasten: ungeklärtes Längenmaß

Ihm zur Seite stand der Lehmriese, der Mökkurkalfi hieß. Er war aber sehr furchtsam, und man sagt, daß er Wasser ließ, als er Thor sah.

Mökkurkalfi: »weiche Wade«

Thor fuhr zum Holmgang und mit ihm Thialfi.

Thialfi: Thors Diener

Da lief Thialfi voraus, dahin, wo Hrungnir stand, und sprach zu ihm: »Du stehst übel behütet, Jötun; zwar hast du den Schild vor dir; aber Thor hat dich gesehen, er fährt niederhalb in die Erde und wird von unten an dich kommen.«

Darauf warf sich Hrungnir den Schild unter die Füße und stand darauf; die Steinwaffe aber faßte er mit beiden Händen.

Darauf vernahm er Blitze und hörte starke Donnerschläge und sah nun Thor im Asenzorn, der gewaltig heranfuhr, den Hammer schwang und ihn aus der Ferne nach Hrungnir warf.

Hrungnir hob die Steinwaffe mit beiden Händen und hielt sie entgegen. Da traf sie der Hammer im Fluge, und der Schleifstein brach entzwei: der eine Teil fiel zur Erde, und davon sind alle Wetzsteinfelsen gekommen; der andere fuhr in Thors Haupt, so daß er vor sich auf die Erde stürzte. Der Hammer Miölnir aber traf den Hrungnir mitten auf das Haupt und zerschmetterte ihm den Schädel zu kleinen Stücken. Hrungnir fiel vorwärts über Thor, so daß sein Fuß auf Thors Halse lag.

Thialfi aber griff Mökkurkalfi an, der mit geringem Ruhme fiel.

Darauf ging Thialfi zu Thor und wollte Hrungnirs Fuß von ihm nehmen, hatte aber nicht die Macht dazu.

Da gingen die Asen all hinzu, als sie von Thors Fall hörten, und wollten den Fuß Hrungnirs von ihm nehmen, brachten es aber auch nicht zuwege.

Da kam Magni herbei, der Sohn Thors und Jarnsaxas, der erst drei Winter alt war, der warf Hrungnirs Fuß von Thor und sprach: »Schmach und Schaden, Vater, daß ich so spät kam. Ich glaube, ich hätte diesen

Jarnsaxa: eine schöne Riesin, Geliebte Thors

Riesen mit der Faust zur Hel gesandt, wär' ich mit ihm zusammengetroffen.«
Da stand Thor auf und empfing seinen Sohn wohl und sagte, er würde ein tüchtiger Mann werden; »auch will ich dir«, sagte er, »das Roß Gullfaxi geben, das Hrungnir besaß.«
Da hub Odin an und sagte, Thor habe übel getan, daß er dies gute Pferd dem Sohne einer Riesenfrau gegeben habe und nicht seinem Vater.

Der Strom, der nie zufrieren kann

Die Geschichte vom Kampf zwischen Thor und Hrungnir gehört zu den ältesten germanischen Sagen. Urfassungen sind schon aus früher Zeit erhalten, unter anderem in den Werken der norwegischen Skalden Bragi und Thiodolf. Die isländische Überlieferung, die unsere Vorstellung vom Hrungnir-Mythos bestimmt, unterscheidet sich von allen Vorläufern durch drei auffällige Ergänzungen. Sie sind so ungewöhnlich, so unvereinbar mit dem Archetypus der Sage, daß sie als verschlüsselte Beschreibungen landschaftlicher Eigenarten aufgefaßt werden können.
Da ist einmal von einem Schild die Rede, den Hrungnir auf den Erdboden wirft, um sich daraufzustellen. Für Island bietet sich die Überlegung an, daß am Kampfplatz von Thor und Hrungnir ein Schildvulkan zu finden sein muß, eine seltene Vulkanform, die entsteht, wenn Lava nach dem Ausbruch über dem Eruptionsschlot hügelartig zerfließt und wie ein auf den Boden gelegter Riesenschild aussieht. Daher der Name Schildvulkan.
Die zweite spezifisch isländische Abweichung vom Archetyp der Sage ist die unmittelbare Nachbarschaft von Asgard und Hrungnirs Felsburg Griottunagard.
Drittens ist nur in der Prosa-Edda die Rede vom Lehmriesen Mökkurkalfi, von dem »man sagt, daß er Wasser ließ, als er Thor sah«. Über dieses Ungeheuer aus Lehm haben sich maßgebliche Germanisten die Köpfe zerbrochen, doch »was in ihm und

hinter ihm steckt, hat noch niemand erkundet« (Hermann Schneider). Wenig hilfreich für die Entschlüsselung des Sagentextes erwies sich die Überlegung, daß der Unhold mit dem mythischen Harndrang »eigens erfunden zu sein scheint, um auf Thor und Hrungnir etwas Lächerlichkeit hinüberzuspritzen« (von der Leyen). Jedenfalls ist es aussichtslos, Mökkurkalfi als archetypische Symbolgestalt zu deuten, denn seine Rolle »widerspricht der sonstigen Sagenpsychologie, die zum Riesengeschlecht gehört« (Kurt Wais, »Ullikummi, Hrungnir, Armilus und Verwandte«). Es bleibt nur eine Lösung des Rätsels: Mökkurkalfi ist nichts anderes als das Zufallsprodukt des Vulkanismus, eine Unholdgestalt aus Lehm, die wahrhaftig dort liegt, wo die Mythendichter sich Griottunagard, die Felsburg im Reich der Steinriesen, vorgestellt haben.

Wo aber ist dieses Gebiet?

Einen Orientierungshinweis fand ich in der Lieder-Edda, im Lied von Wafthrudnir, in dem von einem Grenzfluß zwischen Asgard und dem Reich der Riesen berichtet wird:

> Ifing heißt der Strom, der den Söhnen der Riesen
> den Grund teilt und den Göttern.
> Durch alle Zeiten zieht er offen,
> nie wird Eis ihn engen.

Der Name Ifing läßt sich nicht übersetzen, allenfalls mit einigen etymologischen Klimmzügen als »der Ungestüme« oder »der Bittere« deuten. Wichtig aber schien mir die letzte Verszeile: »nie wird Eis ihn engen.« Das roch geradezu nach verschlüsseltem Hinweis.

Ein Strom, der nie vereist? Jeder Fluß kann zufrieren, besonders in der Polarkreisgegend; auch Abflüsse von Islands heißen Quellen erkalten schnell und werden von Eis bedeckt. Mithin kann ein Strom, der nie zufriert, kein Strom aus Wasser sein. Was dann? In Islands Vulkanzone gibt es Ströme, die kein Wasser führen, Ströme aus Lava, die auf verblüffende Weise wie erstarrte Flüsse aussehen. Lavaströme dieser Art, aus extrem gasarmer und dünnflüssiger Eruptionsmasse geformt, sind für Is-

land vergleichsweise selten und stammen aus den Kraterschlünden von Schildvulkanen! Meinte der Mythendichter einen solchen Lavastrom, als er schrieb, daß der Grenzfluß zwischen Asgard und dem Reich der Riesen nie vereist?
Die Lektüre von Geologiebüchern und ein Blick auf die Landkarte zeigten mir, daß meine Vermutung richtig sein könnte. Denn westlich und südwestlich des Tafelvulkans Herdubreid erstreckt sich einer der größten Lavaströme der Welt, der beschrieben wird als erstarrter Wellenschlag, als erstarrte Flut eines unermeßlichen, riesigen Stroms. Er wird Utbruni genannt. Utbruni läßt sich übersetzen mit »die weit dahinfließende Brunst«. Der südöstliche Teil dieses Lavastroms trennt gleichsam wie ein Grenzfluß den Tafelvulkan Herdubreid vom Dyngjufjalladalur, einem Felstal, das ich in Geologiebüchern geradezu schwärmerisch beschrieben fand als Landschaft von besonders bizarrer Form, fünfzehn Kilometer lang, teils zur Schlucht verengt, beschattet von Steilwänden aus Lava, vom Vulkanismus zersprengt und zerklüftet. Heute ist dieses Gebiet so gut wie vergessen. Früher aber hat ein vielbewanderter Reit- und Fußpfad durchs Dyngjufjalladalur in den Süden geführt.
Ich nahm das Tal unter die Lupe theoretischer Vorarbeiten und entdeckte erstaunliche Ortsbezüge zum Reich der Steinriesen: Das Dyngjufjalladalur liegt zwischen den Gebirgen Dyngjufjöll und Dyngjufjöll-ytri und wird in seinen südlichen Ausläufern begrenzt von den Vulkanen Trölladyngja und Dyngjuhals. Die auffällige Häufung des Wortstammes Dyngju paßt zur Sage vom Steinriesen Hrungnir, der auf einem zu Boden geworfenen Schild steht. Dyngju nämlich ist die isländische Bezeichnung für einen Schildvulkan. Und Schildvulkane sind sehr selten. Außer in Hawaii gibt es sie nur auf Island, und auf Island gibt es die meisten rund ums Dyngjufjalladalur.
Der oben erwähnte Tafelvulkan Trölladyngja drängt den Gedanken an Hrungnirs Schild geradezu auf. Denn in seinem Namen steckt das isländische Wort für Riese: *tröll*. Trölladyngja: der Schild des Riesen.
Das isländische Wort *tröll* findet sich noch einmal in einer Ortsbezeichnung dieses Gebietes: eine Scharte, eine Aufstiegsmög-

lichkeit zum Dyngjufjöllgebirge, dem östlichen Felswall des Dyngjufjalladalur, heißt Trölladyngjuskard: Riesenschildscharte. Damit nicht genug, das Dyngjufjalladalur, reich an Schildvulkanen und von zerklüfteten Felsengebirgen flankiert, fordert wie keine andere Landschaft Islands die Vorstellung eines Steinriesenreiches heraus. Geologen hatten solche Assoziationen empfunden und berichteten davon in wissenschaftlichen Werken, teils mit phantasievollen Beschreibungen, die ungewöhnlich wirken im sonstigen Text sachlicher Gelehrsamkeit. So schreibt zum Beispiel Heinrich Erkes aus Köln in seinem erdgeschichtlichen Forschungsbericht »Aus dem unbewohnten Innern Islands«: »Eigenartige Lichter gießt der Tag über das Gewirr aufragender Klippen. Wie grimmige Riesen ..., wie graue Göttergestalten der nordischen Vorwelt reckten sie dräuend die Gesteinsmassen; sie schienen sich zu verändern, zu bewegen, als ob sie mit wuchtigen Fäusten Streithämmer und Schilde erhöben; und dann standen sie wieder starr und leblos, wenn der Blick sie traf.«

Einen weiteren Hinweis auf mögliche Zusammenhänge zwischen dem Gebiet des Dyngjufjalladalur und der Steinriesenwelt gab mir Werner Schutzbach, den ich in der Schweiz besuchte. Werner Schutzbach – ausgezeichnet mit dem Falkenorden für seine Verdienste auf dem Gebiet der isländischen Geologie und Autor des Buches »Island, Feuerinsel am Polarkreis« – erzählte mir von merkwürdigen Felsfiguren, die wie Riesen oder andere Schreckensgestalten aussehen. Er hat sie in den südlichen Ausläufern des Dyngjufjalladalur gesehen und fotografiert. Eines dieser Fotos schenkte er mir für dieses Buch. Gesteinsgestalten dieser Art sind der Geologie wohlbekannt. Sie entstehen, wissenschaftlich gesprochen, durch äologische Tätigkeit am Lavagestein, dessen chemische Zusammensetzung unterschiedliche Härtegrade aufweist. Mit äologischer Tätigkeit, benannt nach dem griechischen Windgott Äolus, ist der Windschliff gemeint, gleichsam die Bildhauerkunst des Sturmes. Besonders der Sandsturm schmirgelt von freistehenden Lavaklippen oder Lavasäulen weiche Substanzen ab und modelliert harte Felskerne heraus, die häufig verblüffende Ähnlichkeit mit grimassenschneidenden, wunderlich verrenkten und verbuckelten Gespenstern, Riesen, Unholden oder anderen Finsterlingen gewinnen. Solche Schreckensgestalten gibt es auffallend häufig im Gebiet des Dyngjufjalladalur.

Das Ergebnis meiner theoretischen Vorarbeiten: Was immer ich an Material über den Hrungnir-Mythos entdecken konnte, alles deutete darauf hin, daß die Mythendichter der Vorzeit bei der Beschreibung des Steinriesenreiches das Dyngjufjalladalur vor Augen hatten. Beweise waren das bisher freilich noch nicht – wohl aber Hinweise, die mich ermunterten, ins Dyngjufjalladalur zu fahren und dort nach Beweisen zu suchen.

Der Unhold aus Lehm und Hrungnirs Schild

Früher wurde die Route durch das Dyngjufjalladalur viel bereist. Sie zieht sich vom Mückensee mit einem Umweg über den Einödhof Svartakot durch den westlichen Teil der Missetäterwüste nach Süden. Bis zu Beginn unseres Jahrhunderts haben Geologen diese Strecke gerne gewählt, allerdings nur, solange sie ihre Expeditionen zu Pferd unternahmen. Für Geländefahrer gilt der alte Weg als sehr beschwerlich, und selbst die Spezialversicherung für isländische Wildnisgebiete übernimmt bei Unfällen keine Haftung. Zweimal war ich dort, zweimal kam ich ohne Ärger durch. Beim erstenmal begleiteten mich meine Freunde Otto, Karl und Frank.
Wir erreichten bei starkem Nebel den Einödhof Svartakot – den letzten Stützpunkt der Zivilisation vor der Wildnis – und fuhren von dort aus südostwärts auf moosbewachsenen Hügeln, die allmählich in vegetationslose Lavafelder übergingen. Die Sicht war schlecht, vom Herdubreid nichts zu sehen. Das Lavafeld glitzerte grau im Nebel. Nach einer halben Stunde etwa verwandelte sich das Gelände vor uns in eine erstarrte Sintflut verflochtener Lavaströme mit Wellenbergen und Wellentälern, Wirbeln und Mahlströmen, teilweise zersplittert und zerborsten zu Spalten, Schluchten und Klüften. Wir waren, wie ein Blick auf die Landkarte zeigte, ins Randgebiet des riesigen Lavastromes Ut-

bruni gekommen, in die »weit dahinfließende Brunst«. Unser Geländewagen ächzte und quietschte, knarrte in den Achsen, setzte mitunter krachend auf, stieg gelegentlich steil empor wie ein Seenotkreuzer auf hohen Wellen, neigte sich dann wieder schräg bis an die äußerste Grenze der Balance. Wenn ich je die Einschränkungen einer Autoversicherung verstanden habe, dann dort auf den Wellenbergen des Lavastromes Utbruni. Immer wieder mußten wir aussteigen und ausschwärmen, um die weitere Fahrtstrecke zu erkunden. Mit zentimetergenauen Radeinschlägen, Hin- und Herrangieren und gefinkelten Geländefahrtechniken quälten wir den Wagen in südöstlicher Richtung über diese vernebelte Greuelstrecke. Fünf Stunden brauchten wir für dreißig Kilometer, ehe wir draußen waren und unser Weg endlich in eine leicht zu befahrende, flache Wüstenebene mündete. Der Lavastrom wälzte sich von uns fort nach Osten hin zwischen Herdubreid und Dyngjufjalladalur hinein. Wir hielten uns südlich, und nach ein paar Minuten schon tauchte das Dyngjufjalladalur im Nebel auf: graue, ins Violette übergehende Steinhalden und Felswände, durchrauscht von Flüssen und Bächen, bedeckt von Felstrümmern und Klippen – ein märchenhaftes Tal, ein Wunderland voller Überraschungen.

Da waren zunächst die gespenstischen Erosionsphänomene aus Lavagestein: Riesengestalten, Trollköpfe und dämonische Figuren, unerhört effektvoll von aufwallenden Nebelfetzen wie von Theatervorhängen enthüllt. Sie entsprachen tatsächlich der Beschreibung von Heinrich Erkes: »Wie grimmige Riesen ..., wie graue Göttergestalten der nordischen Vorwelt reckten sie dräuend die Gesteinsmassen, die schienen sich zu verändern, zu bewegen, als ob sie mit wuchtigen Fäusten Streithämmer und Schilde erhöben ...«

Heinrich Erkes muß sie – wie ich bei meiner ersten Reise – in Dämmerlicht und Nebel gesehen haben. Denn bei klarer Sicht, wie ich sie vier Jahre später wieder erlebte, wirken sie desillusionierend, entzaubert, eher kurios, wie Teufelsmasken im Völkerkundemuseum, wie Schreckgestalten aus der Geisterbahn. Aber vorstellbar ist schon, daß die Menschen der Vorzeit, von Urängsten, Zauberwahn und mythischen Visionen beeinflußt, solche

trollähnlichen Steinfiguren für Dämonen hielten, für Nachtmahre, die das Sonnenlicht zu Steingestalten verzaubert hatte. In den Sagen heißt es denn auch, daß die Riesen – wie die Zwerge – nur bei Nacht und Nebel lebendig werden, aber »zu Stein erstarren, wenn der erste Sonnenstrahl sie berührt. Jener Zug läßt sogar die Deutung zu, daß sie, bei Licht betrachtet, nichts seien als Felsen und Berge, und nur die Nacht, welche die Einbildungskraft entbindet, ihnen Leben und Bewegung verleiht.« (Karl Simrock, »Handbuch der deutschen Mythologie«)
Die nächste Überraschung war der Anblick von Felsschlössern und riesigen Burgruinen, die selbst bei besserer Sicht, unter den von Sturmböen hochgepeitschten Nebelschwaden so echt wirkten, daß ich dreimal hinschauen mußte, um festzustellen, daß sie nichts weiter waren als außergewöhnliche Lavaformationen. Nirgendwo anders, weder auf Island noch in den Alpen, wo die eine oder andere Felsbastion mitunter an eine Riesenburg erinnert, habe ich die Täuschung so frappant erlebt wie im Dyngjufjalladalur: Burgen wie aus einem Märchenbuch, mit Türmen, Zinnen, Erkern, auf Felskegeln gelegen oder an Felswände geschmiegt, von Flüssen, Wasserwällen, Basteien und Wehrmauern geschützt. Diese Felsschlösser sind, wie viele andere Erosionsphänomene auch, vom Sandstrahlgebläse des Wüstensturmes aus den Bergen herausmodelliert worden: »Der Flugsand ist ein mächtiger geologischer Faktor und hat eine stark denudierende Wirkung auf die Tuffberge (Berge aus verfestigten, vulkanischen Lockermassen), die durch den Angriff des Sandes im Lauf der Zeit zu Ruinen mit den merkwürdigsten Formen umgestaltet sind.« (Thorwaldur Thoroddsen, »Island, Grundriß der Geographie und Geologie«) Eine dieser Burgen oder Burgruinen mag dem Mythendichter als Vorbild für Hrungnirs Felsburg Griottunagard gedient haben. Aber welche Felsburg war's?
Ich drängte meine Freunde zur Weiterfahrt, denn ich hoffte damals, daß der einige Kilometer südlich des Dyngjufjalladalur sich wölbende Schildvulkan Trölladyngja (Schild des Riesen) identisch sei mit Hrungnirs sagenhaftem Riesenschild und daß sich dort die dazugehörige Felsburg befinden könnte, vielleicht

sogar auch eine topographische Entsprechung zu dem Lehmkoloß Mökkurkalfi. Doch die Überraschung kam schneller als erwartet.

Kaum hatten wir das Felstal des Dyngjufjalladalur verlassen, da war vor uns auf der Bühne einer brettebenen Lavawüste die Szenerie der Hrungnirsage zu sehen: Hrungnirs Burg, Hrungnirs Schild und das Ungeheuer aus Lehm, wie in der Edda beschrieben.

Hrungnirs schwarze Felsburg ragt auf einem graubraunen Bergkegel höher empor als alle anderen Burgen. Sie gleicht einer Raubritterfeste, von der aus die Ebene und der Eingang zum Dyngjufjalladalur beherrscht werden können.

Hrungnirs Schild, der neben der Felsburg liegt wie ein auf den Boden geworfener Riesenschild, ist in der Tat ein Schild aus Lava von der Farbe geschmiedeten Eisens, dunkel, blaugrau, etwa dreihundert Meter im Durchmesser und fünfzig Meter hoch. Das Verblüffendste: Auf diesem Schild steht – wie der Überrest des sagenhaften, vom Gewittergott zerschmetterten Steinriesen Hrungnir – ein massiver Felssockel, graubraun, am oberen Rand zersprengt und zerklüftet, augenscheinlich der Überrest eines riesigen, vom Blitz zerschmetterten Steingebildes, dessen Trümmer verstreut herumliegen.

Unweit davon ist, wie in der Sage beschrieben, Mökkurkalfi zu sehen, der künstliche Koloß aus Lehm, »neun Rasten hoch und drei breit unter den Armen«, der Hrungnir »zur Seite stand« und von Thialfi zu Boden gestreckt wurde: ein lehmfarbiger Bergrükken, neunhundert Meter lang, hingestreckt wie ein Untier – Geologen haben ihn Kattbekingur genannt: verbuckelte Katze – mit einer raubtierhaften Visage am Südabhang und einem etwa dreihundert Meter hohen Höcker, weich geformt und gelb gefärbt, so daß Laien an Lehm denken. Tatsächlich ist es extrem schnell erstarrte, unkristallisierte Lava, die in Farbe und Konsistenz täuschend aussieht wie gekneteter Lehm, ein ungewöhnliches Launenspiel des Vulkanismus, einzigartig in seiner Form.

Von allen Vulkangebieten Islands gefällt mir das Dyngjufjalladalur am besten. Wenn ich einmal mehr Muße habe für meine Is-

landreisen, wenn mich nicht mehr die Recherchen für dieses Buch, die Jagd nach Beweisen mythischer Schauplätze und die Neugier ruhelos von einem Ort zum anderen treiben, dann werde ich mich zwei Wochen lang ins Dyngjufjalladalur zurückziehen, mein Zelt an einem Bach aufbauen und in aller Ruhe das Gelände durchwandern, auf die Burgen hinaufsteigen, ins Tal schauen und mir vorstellen, wie früher die Reisenden dort geritten sind. Vielleicht gelingt es mir dann auch, die Burg des Riesenfürsten Thrym genau zu orten. Im Thrym-Lied habe ich keine Hinweise gefunden, die den Schauplatz der Thrym-Sage eindeutig belegt hätten. Eine Burg im Dyngjufjalladalur muß es wohl sein. Denn Thrym ist Fürst im Steinriesenreich, und das Steinriesenreich ist identisch mit dem Dyngjufjalladalur.
Die Geschichte von Thrym gilt als lustigste Sage der Edda. Deshalb will ich sie dem Leser nicht vorenthalten, mag auch nicht mehr genau feststellbar sein, welche Felsburg der Mythendichter vor Augen hatte, als er das Thrym-Lied schrieb.

Thryms Burg: Die Heimat der Stürme

Der Dichter erzählt in seinem Lied, wie Thor erwachte und sich seines blitzschleudernden Hammers Miölnir beraubt fand. Thor, begreiflicherweise beunruhigt – denn wer ist er schon ohne Hammer? –, »schüttelte den Bart, schlug das Haupt« und schickte den Feuergott Loki als Parlamentär nach Jötunheim. Der Riesenfürst Thrym bekannte sich als Räuber und bot die Waffe im Austausch gegen die Liebesgöttin Freyja. Wenn auch ansonsten erotischen Eskapaden nicht abgeneigt, lehnte Freyja ab, von Wut und Widerwillen dermaßen geschüttelt, daß »die ganze Halle der Götter erbebte« und ihr schimmernder Halsschmuck zur Erde »schoß«. Thor wurde nun von den anderen Asen überredet, sich als Liebesgöttin zu verkleiden und in Begleitung des als Magd maskierten Loki in die Burg Thryms zu fahren. Der gewaltige Donnergott leistete sich einige Schnitzer, blieb aber gegenüber dem bereits von Begehrlichkeit umnebelten Thrym glaubhaft. Als Thrym der vermeintlichen Braut als Hochzeitsgabe den Hammer in den Schoß legte, »da lachte dem Hlorridi das Herz im Leibe«. Hlorridi, der Glutschleuderer, ein Sondername Thors, ließ den Brautschleier fallen und bediente sich des Hammers in gewohnter Weise.

Natursymbolisch läßt sich die Sage so deuten: Thrym, sein Name bedeutet »Getöse« oder »der Lärmende«, ist als Archetyp des durchs Gebirge tosenden Herbststurms aufzufassen, der die Zeit sommerlicher Gewitter beendet, also dem Blitz und dem Donner die Macht raubt. Will Thor seine Gewitterkraft zurückgewinnen, so muß er den beträchtlichen Widerstand des jahreszeitlichen Rhythmus mit List überwinden und sich ins Gebirge, in die Welt der Steinriesen einschleichen, wo, dem Volksglauben nach, der Herbststurm seinen Ursprung hat. »Auf der rauhen, windumbrausten Gebirgshöhe kann auch wohl Thryms Herrschersitz, die Heimat der Stürme, gedeutet werden.« (Ludwig Uhland, »Der Mythus von Thor«)

Die Thrym-Sage ist in ihrer fragmentarisch erhaltenen Urstruktur archetypisch, und erst der unbekannte isländische Dichter hat die Geschichte in allen Einzelheiten ausfabuliert und für alle Zeiten populär gemacht. Sein Lied, das unsere Vorstellung vom germanischen Riesen Thrym bestimmt, wird literarisch als eines der bedeutendsten Werke mythischer Dichtung eingeschätzt. »Die Sprache ist ... wunderbar gelungen ... Mit einer unvergleichlichen Gewandtheit spielt das Lied zwischen dem scheinbar erhabenen Ernst des Göttermythus und dem scherzhaften Ton der Komödie.« (Jan de Vries, »Altnordische Literaturgeschichte«) Und das ist das Lied von Thrym:

1. Wild ward Wing-Thor, als er erwachte — *Wing-Thor: Thor*
und seinen Hammer vorhanden nicht sah.
Er schüttelte den Bart, er schlug das Haupt,
allwärts suchte der Erde Sohn.

2. Und es war sein Wort, welches er sprach
zuerst:
»Höre nun, Loki, und lausche der Rede: — *Loki: Feuergott*
Was noch auf Erden niemand ahnt,
noch hoch im Himmel: mein Hammer ist
geraubt.«

3. Sie gingen zum herrlichen Hause der Freyja,
und es war sein Wort, welches er sprach zuerst:
»Willst du mir, Freyja, dein Federhemd leihen,
ob meinen Miölnir ich finden möge?«

Freyja: Liebesgöttin. Sie besitzt ein Federhemd, das sie zum Fliegen befähigt

Freyja
4. »Ich wollt' es dir geben, und wär' es von Gold,
du solltest es haben, und wär' es von Silber.«

5. Flog da Loki, das Federhemd rauschte,
bis er hinter sich hatte der Asen Gehege
und jetzt erreichte der Joten Reich.

Joten Reich: Riesenreich

6. Auf dem Hügel saß Thrym, der Thursenfürst,
schmückte die Hunde mit goldnem Halsband
und strählte den Mähren die Mähnen zurecht.

Thursenfürst: Riesenfürst

Thrym
7. »Wie steht's mit den Asen? Wie steht's mit den Alfen?
Was reisest du einsam gen Riesenheim?«

Loki
»Schlecht steht's mit den Asen, mit den Alfen schlecht;
Hältst du Hlorridis Hammer verborgen?«

Hlorridi: Thor

Thrym
8. »Ich halte Hlorridis Hammer verborgen
acht Rasten unter der Erde tief,

und wiedererwerben fürwahr soll ihn
keiner,
er brächte denn Freyja zur Braut mir daher.«

9. Flog da Loki, das Federhemd rauschte,
bis er hinter sich hatte der Riesen Gehege
und endlich erreichte der Asen Reich.
Da traf er den Thor vor der Türe der Halle,
und es war sein Wort, welches er sprach
zuerst:

Thor

10. »Hast du den Auftrag vollbracht und die
Arbeit?
Laß hier von der Höhe mich hören die
Kunde.
Dem Sitzenden manchmal mangeln
Gedanken,
da leicht im Liegen die List sich ersinnt.«

Loki

11. »Ich habe den Auftrag vollbracht und die
Arbeit:
Thrym hat den Hammer, der Thursenfürst;
Und wiedererwerben fürwahr soll ihn
keiner,
er brächte denn Freyja zur Braut ihm
daher.«

12. Sie gingen, Freyja, die Schöne, zu finden,
und es war Thors Wort, welches er sprach
zuerst:
»Lege, Freyja, dir an das bräutliche Linnen;
wir beide, wir reisen gen Riesenheim.«

13. Wild ward Freyja, sie fauchte vor Wut,
die ganze Halle der Götter erbebte,

der schimmernde Halsschmuck schoß ihr zur Erde:
»Mich mannstoll meinen möchtest du wohl,
reisten wir beide gen Riesenheim.«

14. Bald eilten die Asen all zur Versammlung
und die Asinnen all zu der Sprache:
Darüber berieten die himmlischen Richter,
wie sie dem Hlorridi den Hammer lösten.

15. Da hub Heimdall an, der hellste der Asen,
der weise war den Wanen gleich:
»Das bräutliche Linnen legen dem Thor wir an,
ihn schmücke das schöne, schimmernde Halsband.

Heimdall: Wächter der Götterburg Asgard

16. Auch laß er erklingen Geklirr der Schlüssel,
und weiblich Gewand umwalle seine Knie;
es blinke die Brust ihm von blitzenden Steinen,
und doch umhülle der Schleier sein Haupt.«

17. Da sprach Thor also, der gestrenge Gott:
»Mich würden die Asen weibisch schelten,
legt ich das bräutliche Linnen mir an.«

18. Anhub da Loki, Laufeyas Sohn:
»Schweig nur, Thor, mit solchen Worten.
Bald werden die Riesen Asgard bewohnen,
holst du den Hammer nicht wieder heim.«

19. Das bräutliche Linnen legten dem Thor sie an,
dazu den schönen, schimmernden Halsschmuck.

Auch ließ er erklingen Geklirr der
Schlüssel,
und weiblich Gewand umhüllte sein Knie;
es blinkte die Brust ihm von blitzenden
Steinen,
und hoch umhüllte der Schleier sein Haupt.

20. Da sprach Loki, Laufeyas Sohn:
»Nun muß ich mit dir als deine Magd;
wir beide, wir reisen gen Riesenheim.«

21. Bald wurden die Böcke vom Berge
getrieben
und vor den gewölbten Wagen geschirrt.
Felsen brachen, Funken stoben,
da Odins Sohn reiste gen Riesenheim.

Böcke: sie ziehen den Wagen des Gewittergottes

22. Anhub da Thrym, der Thursenfürst:
»Auf steht, ihr Riesen, bestreut die Bänke
und bringt Freyja zur Braut mir daher,
die Tochter Niördrs aus Noatun.

Niördr: Gott der Wasserwelt und der Schiffahrt

23. Heim kehren mit goldnen Hörnern die
Kühe,
rabenschwarze Rinder, dem Riesen zur
Lust.
Viel schau ich der Schätze, des Schmuckes
viel;
fehlte nur Freyja zur Frau mir noch.«

24. Früh fanden Gäste zur Feier sich ein,
man reichte reichlich den Riesen das Ael.
Thor aß einen Ochsen, acht Lachse dazu,
alles süße Geschleck, den Frauen
bestimmt,
und drei Kufen Met trank Sifs Gemahl.

Sif: Gemahlin Thors

25. Anhub da Thrym, der Thursenfürst:

»Wer sah je Bräute gieriger schlingen?
Nie sah ich Bräute so gierig schlingen,
nie mehr des Mets ein Mädchen trinken.«

26. Da saß zur Seite die schlaue Magd,
bereit, dem Riesen Rede zu stehn:
»Nichts genoß Freyja acht Nächte lang,
so sehr nach Riesenheim sehnte sie sich.«

Die Magd: der verkleidete Loki

27. Kußlüstern lüftete das Linnen der Riese:
Doch weit wie der Saal schreckt' er zurück:
»Wir furchtbar flammen der Freyja die Augen!
Mich dünkt, es brenne ihr Blick wie Glut.«

28. Da saß zur Seite die schlaue Magd,
bereit, dem Riesen Rede zu stehn:
»Acht Nächte nicht genoß sie des Schlafes,
so sehr nach Riesenheim sehnte sie sich.«

29. Ein trat die traurige Schwester Thryms,
die sich ein Brautgeschenk zu erbitten wagte.
»Reiche die roten Ringe mir dar,
eh dich verlangt nach meiner Liebe,
nach meiner Liebe und lauterer Gunst.«

30. Da hob Thrym an, der Thursenfürst:
»Bringt mir den Hammer, die Braut zu weihen,
legt den Miölnir der Maid in den Schoß,
und gebt uns zusammen nach ehlicher Sitte.«

31. Da lachte dem Hlorridi das Herz im Leibe,
als der Hartgeherzte den Hammer erkannte.

Thrym traf er zuerst, den Thursenfürsten,
und zerschmetterte ganz der Riesen
Geschlecht.

32. Er schlug auch die alte Schwester des
Joten,
die sich das Brautgeschenk zu erbitten
gewagt.
Ihr schollen Schläge an der Schillinge Statt,
und Hammerhiebe erhielt sie für Ringe.
So kam Odins Sohn zu seinem Hammer.

Der See aus Sand

Vom mythischen Reich der Steinriesen aus – vom Dyngjufjalladalur – wollte ich mit meinen Freunden in eine andere Riesenwelt der Edda-Sagen fahren: in die Welt der Eisriesen.
Verschlüsselte Textstellen in der Edda enthalten Hinweise, daß die Eisriesenwelt identisch ist mit einem von Gletschern und Berggeklüft begrenzten, vom Vulkanismus verwüsteten Bergkessel an der Südküste. Die Strecke war als besonders gefahrvoll beschrieben und sollte durch flußreiches Wildnisgebiet führen: am Gletscher Vatnajökull vorbei über die Oase Gaesavötn zur verrufenen Sandwüste Sprengisandur und von dort durch Lavaschluchten zur Küste. Unser Vorstoß in diese Richtung wurde indes vereitelt. Und das kam so:
Gleich nach dem Dyngjufjalladalur bot eine kohlschwarze Sandebene die Gelegenheit, den während der letzten Stunden meist im Schrittempo dahingewürgten Wagen endlich richtig sausen zu lassen. Otto, der gerade am Steuer saß, pfiff vor Vergnügen – dann pfiff auch der linke Hinterreifen. Wir stiegen aus. Flach wie eine Flunder war der Reifen unterm Rad gequetscht. Ein Lavastein, aus dem Sand kaum sichtbar herausragend und scharf wie eine Pflugschar, hatte ihn handspannenlang aufgeschlitzt. Unsere Reise war geplatzt. Vorerst jedenfalls. Denn nach dem Reifenwechsel, mit nur vier intakten Reifen, war an eine Weiter-

Asgard, Götterburg des germanischen Mythos:
Der Tafelvulkan Herdubreid in Islands Missetäterwüste

Ifing, der sagenhafte Grenzfluß zwischen
Asgard und Riesenwelt: Der Lavastrom Utbruni zwischen Herdubreid und
Dyngjufjalladalur (folgende Doppelseite)

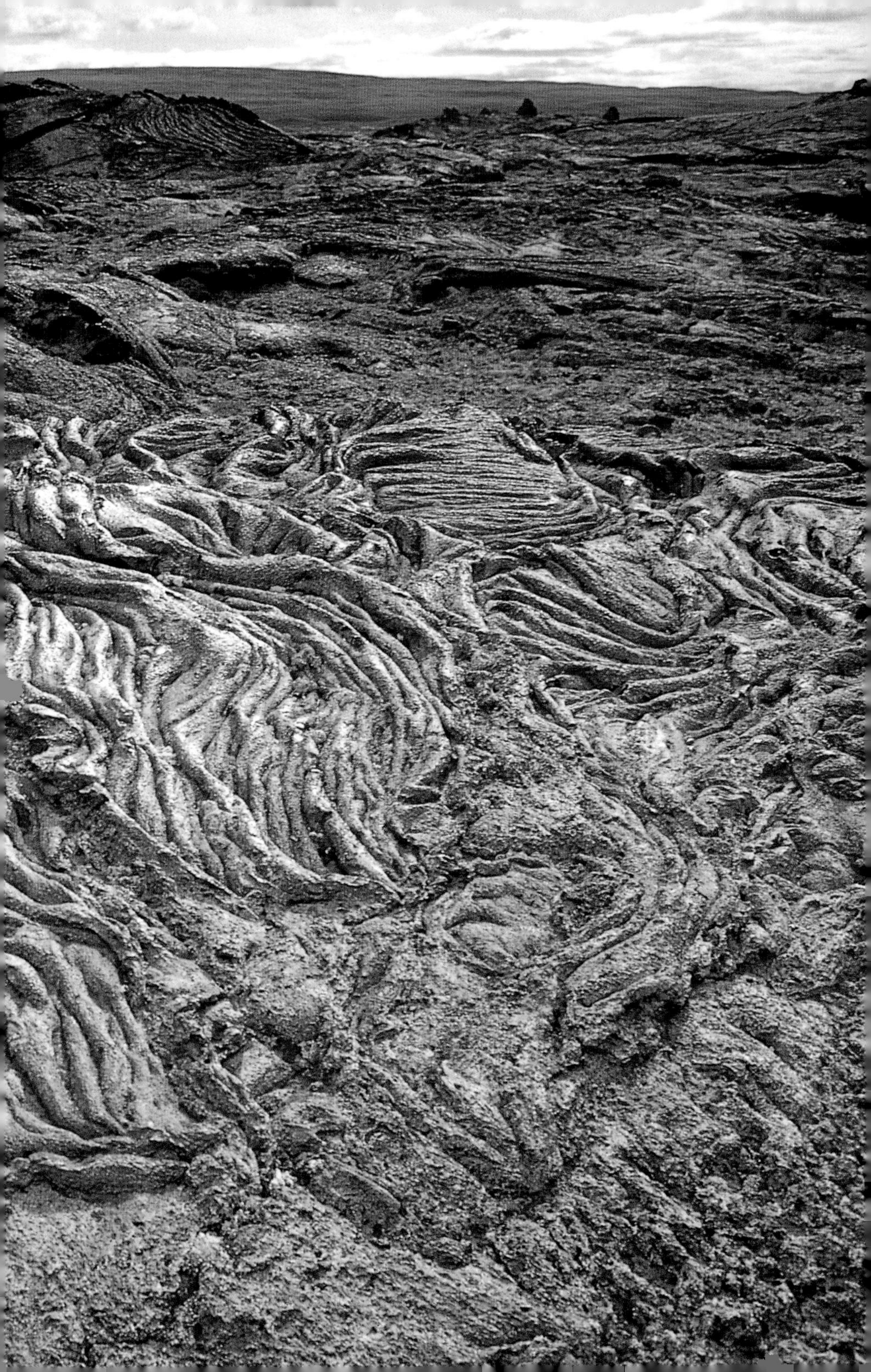

Steinerstarrte Riesen und Trolle:
Erosionsphänomene in
der Vulkanwildnis

Gestalten der Unterwelt:
Hornitos in den Schlackenfeldern
des Hekla-Vulkans

Hermodhrs Weg zur
Totengöttin Hel: Die dreißig Kilometer
lange Feuerspalte Eldgja

Die Gjöll-Brücke zur Unterwelt:
Naturbrücke am Ende der Feuerspalte

Das nebelverhüllte Reich der Totengöttin Hel:
Vulkanwildnis im Hekla-Massiv
(folgende Doppelseite)

Vision von Hölle und Unterwelt:
Lavafelder des Hekla-Vulkans

Die Eisriesenwelt:
Höhlen und Gletscher im Bergkessel Thorsmörk

Versteinerte Stadt vor Gerdas Flammenburg:
Dimmuborgir, die »dunkle Stadt«, am Fuß
des Ringwallvulkans Hverfjall (folgende Doppelseite)

Der Reitweg Skirnirs über »feuchte Berge«:
Schwefelschlammfelder auf der Bergkette
des Namafjall

Welt der Schwarzalfen? Obsidian,
goldfarbiger Bimsstein und bizarr verschmolzene Eruptionsmasse
im Askja-Kessel

Felsburg in der Steinriesenwelt:
Bergmassiv im Dyngjufjalladalur

fahrt über diese schwierige, menschenleere Strecke nicht mehr zu denken. Also: zurück zu einer Werkstatt am Mückensee.
Es war kalt. Wir mußten Reif von der Windschutzscheibe schaben, als wir den Wagen nach Norden lenkten und bei Nebel durch Dyngjufjalladalur zurück bis zum Randgebiet des Lavafeldes Utbruni fuhren. Wir rumpelten in die Greuelstrecke hinein und atmeten auf, als nach zwei Stunden etwa, nördlich abweichend von unserem Weg zum Svartakotbauern, ein flaches Wüstengebiet eine direkte, weitaus angenehmere Fahrt zum Südufer des Mückensees anbot. Sollten wir angesichts dieser Chance noch drei weitere Stunden unseren Wagen über die erstarrten Lavaströme prügeln? Das wollten wir ihm nicht antun. Und uns auch nicht. Die Direttissima galt zwar als unbekannt, sie wurde früher nicht beritten und wird auch heute nicht befahren, doch das focht uns nicht an. Nach sehr gescheiten Diskussionen kamen wir zu der Überzeugung, daß wir allen eventuellen Schwierigkeiten auf dieser Strecke gewachsen sein würden. Wir bogen von dem seit undenklichen Zeiten bewährten Weg ab, schlingerten aus den Lavaströmen hinaus und starteten nach Norden in unbekanntes Terrain.
Der Nebel hatte sich gehoben; sturmgepeitschte Wolken flogen tief und verschatteten das Land. Die Polarkreissonne, zu dieser Zeit noch knapp über dem Horizont, diente uns eine Weile als bequeme Orientierungshilfe für die Nordrichtung. Wir glaubten Glück gehabt zu haben mit der gewählten Route, denn sie führte über eine Sandwüste, die eben war wie die Oberfläche eines Sees. Der Wagen schwankte und schlingerte zwar merkwürdig, doch das war, wie wir dachten, nichts Besonderes bei diesem Sturm, der über ebenem Land seine Böen ungehemmt abfeuern konnte.
Gegen Mitternacht, knapp vor dem Ziel, etwa eine halbe Stunde vom Mückensee entfernt, verschwand die Sonne, und bei jäh hereinbrechender Düsternis, unter schwarzbewölktem Himmel, waren wir nun auf den Kompaß angewiesen. Zur Kompaßpeilung muß man zwölf Meter vom Auto weggehen, denn aus nächster Nähe würden Störfelder von Batterie, Motor und Karosserie die Kompaßnadel aus der Nordrichtung ablenken. Otto hielt

also an, ich stieg aus, ging einige Schritte – und spürte, daß die Erde unter meinen Tritten waberte und zitterte. Besorgt blieb ich stehen. Ich blickte aufs Auto und sah, was ich nicht für möglich gehalten hätte: Die Räder versanken langsam, aber deutlich erkennbar in den Boden. Sofort war ich im Wagen: »Fahr weiter, vorsichtig!« Irgendwas Alarmierendes muß meine Stimme gehabt haben, denn Otto, der sich nicht so leicht was sagen läßt, fuhr an, ohne lange zu fragen. – Und nun merkten alle, was los war. Die Räder drehten durch, der Wagen schwänzelte und kam nicht vom Fleck. Otto schaltete schnell, schaltete Differentialsperren ein, schaltete Vorwärts- und Rückwärtsgang wechselweise und wippte den Wagen so lange vorwärts und rückwärts, bis er genügend Schwung bekam und weiterfahren konnte. Nun durfte er nicht mehr stehenbleiben. Denn inzwischen war uns klargeworden, daß wir eine Todsünde der Geländefahrerei begangen hatten: Wir waren bei Frost über eine wasserspiegelebene Sandwüste gefahren. Und nun befanden wir uns mitten in einem Sumpf. In einem riesigen Lavasumpf, dessen feuchte Sandfläche – flach wie der Spiegel eines Sees – frostig verkrustet war bei dieser Kälte und festen Wüstenboden vortäuschte. Unter dem fahrenden Wagen, bei fortlaufender Gewichtsverteilung, behielt die Frostkruste gerade noch ihre Tragfähigkeit; doch unter stehendem Wagen, bei fortwährender Belastung auf gleicher Stelle, gab sie nach. Eine absurde Situation: Wir mußten fahren, immerzu fahren, um nicht zu versinken, wir mußten draußen sein aus dem Schlamassel, bevor die Sonne aufging und die rettende Frostdecke in ein Schlammbad verwandelte – wir wußten aber nicht, wie wir die Richtung nach Norden zum nahe gelegenen Festland des Mückensee-Ufers einhalten sollten. Denn im Auto, aus dem nun keiner mehr aussteigen konnte während der Fahrt, funktionierte der Kompaß nicht. Und wer ohne ständige Richtungskontrolle querfeldein fährt, der fährt nach rechts und nach links, Schlangenlinien oder im Kreis herum – nur geradeaus und in die gewünschte Richtung fährt er nicht. Wollten wir eine Irrfahrt vermeiden, so schien nur eines sinnvoll: Rückfahrt auf der eigenen Reifenspur – und hoffen, daß der Frost so lange anhielt, bis wir auf sicherem Terrain waren.

Otto war schon drauf und dran, das Steuer zu einer Kehrtvolte herumzudrehen, da machte Karl auf einen Lichtpunkt aufmerksam, auf eine Art Glühwürmchenlicht, das etwas abseits von unserer Fahrtrichtung fern in der Finsternis flackerte. Ein Hoffnungsschimmer, der uns gleichsam magisch anzog. Wir hielten darauf zu, ungewiß vorerst, ob wir ein Vabanquespiel eingingen, ob wir eine Chance nutzen oder wertvolle Zeit für die Rückfahrt verlieren würden.

Jetzt, da wir unsere Situation endlich begriffen hatten, vermochten wir das Schaukeln und Taumeln des Wagens richtig zu deuten. Es war nicht der Sturm, der den Wagen beutelte, sondern der tückische Untergrund, der den Wagen schlingern ließ. Wir lauerten nun auf jede Bewegung und spürten, wie die Frostkruste bröckelte und manchmal nachgab, wie die drehenden Räder sich immer wieder im letzten Augenblick den Saugnäpfen des Sumpfes entwanden.

Nur gelegentlich warf Otto das Scheinwerferlicht auf die Strecke, ansonsten fuhren wir im Dunkeln, damit wir den flakkernden Lichtpunkt vor uns sehen konnten.

Näher kommend stellten wir fest, daß dieses Licht in exaktem Rhythmus aufflammte und verlosch wie das Licht eines Leuchtturms. Nun durften wir hoffen, daß es ein Signal war, ein Signal für uns; daß irgend jemand, ein Ortskundiger, die Scheinwerfer des Autos im Sumpfgebiet gesehen hatte und uns herauslotsen wollte.

Nach zwanzig Minuten hatten wir endlich Gewißheit: es war in der Tat ein Signal für uns. Es kam aus einem Fenster, hinter dem das Licht fortwährend auf- und abgedreht wurde, und dieses Fenster blinkte im Schattenriß eines Bauernhofs, der sich auf einer in den Sumpf hineinragenden Landzunge windschlüpfrig zwischen zwei Hügel schmiegte. Erst ein paar Meter vor dem Haus verließen wir die Frostkruste des Morastes, das Gerutsche und Geschunkel hörte auf, die Räder griffen wieder ehrlichen Boden, ein Karrenweg auf spärlichem Gras zeichnete sich ab. Das Licht im Fenster erlosch, und die dunkle Gestalt eines alten Mannes bückte sich unter der tiefen Tür heraus. Wir stiegen aus dem Auto und sagten »thökk« – danke. Der Alte machte eine ab-

wehrende Handbewegung, blickte uns kopfschüttelnd an, tippte sich auf die Stirn und zog sich wieder zurück.
Als wir am nächsten Tag in Reykjahlid, dem größten Ort am Mückensee, auf den Hof einer Werkstatt fuhren, begrüßte uns der Meister mit den Worten: »Ah, here are the crazy boys – da sind die Verrückten.« Ein Mechaniker blickte von einem Autowrack auf und rief den anderen etwas zu. Alle ließen die Schraubenschlüssel zu Boden klirren und umkreisten uns in schweigender Betrachtung.
»Wieso, was ist denn los?« fragten wir.
»Na, ihr seid doch heute nacht übers Sandvatngebiet gefahren. Dort sind schon einige Autos versunken. Ihr habt Glück gehabt!«
Sandvatn heißt Sandsee oder Sandwasser.
»Wieso wissen Sie das?«
»Das weiß doch jeder.« Der Einödbauer nämlich, so erfuhren wir, hatte seit dem frühen Morgen alle möglichen Bekannten und Verwandten in der Gegend angerufen und von unserer nächtlichen Irrfahrt erzählt. Und nun waren wir – erkennbar am Münchner Nummernschild des Autos – allgemeines Gesprächsthema. Es sprach sich schnell herum, daß die vier Verrückten in der Werkstatt zu besichtigen seien, und alsbald hatten wir Zulauf wie Spaßmacher auf einem Jahrmarkt.
Der Reifen wurde vulkanisiert, aufs Rad montiert, und dann ging's ab in den Süden: zur Eisriesenwelt des germanischen Mythos.

Wie die Götter um den Bierkessel kämpften

Das Reich der Eisriesen ist sehr genau beschrieben im Edda-Lied Hymiskvidha: in der Geschichte vom Kampf zwischen dem Riesen Hymir und dem Gewittergott Thor. Hymir ist ein Hrimthurse, ein Frost-, Reif- oder Eisriese, der in der Eisriesenwelt haust und winterliche Kälte, Eis, eisbedeckte Felsen und Gletscher symbolisiert. Sein Gegenspieler Thor – Gewittergott, Beschützer der Menschen und der Ernte – könnte als »werdender Sommer in Jünglingsgestalt« (Ludwig Uhland) aufgefaßt werden, als Gott der sommerlichen Gewitter. Möglicherweise läßt sich der Kampf zwischen Thor und Hymir als Sieg des Sommers über den Winter deuten.

Auffällig in diesem auf Island gedichteten Edda-Lied, das unsere Vorstellung vom Eisriesen Hymir und seinem Reich bestimmt, ist die Vielzahl einzelner Episoden, die scheinbar wahllos, sprunghaft und zusammenhanglos aneinandergereiht sind, ganz im Gegensatz zum wohlgegliederten Aufbau sonstiger Edda-Sagen. Offensichtlich hat der Dichter einzelne, unabhängig voneinander entstandene Sagen von Thor und Hymir für sein Lied gesammelt, in der Absicht, ein zusammenfassendes Bild der Eisriesen und ihres Reiches zu zeichnen. Die als störend empfundene Aneinanderreihung einzelner Geschichten hat freilich einen Vorteil, vielleicht sogar einen Sinn: Sie bietet dem Dichter die Möglichkeit zu einer Verkettung gezielter Ortsbeschreibungen, die in einer einzigen Episode allein nicht unterzubringen gewesen wären.

Interessant ist übrigens, daß dieses Lied mehr als alle anderen Edda-Sagen sogenannte *Kenningar* oder *Heiti* enthält, mehrgliedrige und eingliedrige Umschreibungen, die mitunter schwer zu deuten sind.

Mit seinen vielen Metaphern und Bruchstellen zwischen zusammenhanglosen Episoden ist das Lied in voller Länge nur mühsam zu lesen und verwirrend, mögen auch die einzelnen Stories griffig und bildhaft erzählt sein. Deshalb ist es der Lesbarkeit dienlich, wenn ich nur die für den dramatischen Ablauf und für die Entschlüsselung der Ortshinweise wichtigen Verse herausgreife und sie mit erklärenden Einschüben ergänze.

Das Lied beginnt damit, daß der Meeresgott Aegir die Götter zu einem Gastmahl lädt und das Bier vergessen hat. Der Kriegsgott Tyr schlägt vor, einen Braukessel von seinem Vater, dem Riesen Hymir, zu holen und das Bier selbst zu brauen. Daß Tyr den Riesen als seinen Vater bezeichnet, ist hier allerdings verwirrend, denn in allen anderen Edda-Sagen gilt er als ein Sohn Odins. Tyr sagt:

1. »Im Osten wohnt beim Eliwagar
der hundweise Hymir an des Himmels Ende.
Einen Kessel hat mein kraftreicher Vater,
ein räumig Gefäß, einer Raste tief.«

Eliwagar: Sammelname für mythische Eisströme

2. »Meinst du, den Saftsieder sollten wir haben?« –
»Mit List gelingt es ihn zu erlangen.«
Sie fuhren schleunig denselben Tag
von Asgard hin zu des Übeln Haus.

3. Selbst stallt' er die Böcke, die stattlich gehörnten.
Sie eilten zur Halle, die Hymir bewohnte.
Der Sohn fand die Ahne, die er ungern sah.
Sie hatte der Häupter neunmal hundert.

Böcke: Thor besitzt als Reisegefährt einen Wagen, der von zwei Böcken gezogen wird

4. Eine andre kam allgolden hervor,
weißbrauig, und brachte das Bier dem Sohn.

In den nächsten, etwas undeutlich erzählten Strophen geschieht folgendes: Die Götter werden vor dem Zornausbruch des heimkehrenden Riesen gewarnt; sie verstecken sich deshalb unter einigen Kesseln, die auf einem Balken stehen; der heimkehrende Riese zersprengt den Balken mit seinem Blick, und aus den herabfallenden Kesseln purzeln die Götter heraus.

5. »Verwandte der Riesen, ich will euch beide,
ihr kühnen Männer, unter Kesseln bergen.
Manches Mal ist mein Geselle
Gästen gram und grimmen Mutes.«

6. Der übel Gesinnte spätabends kam,
der hartmut'ge Hymir, heim von der Jagd.
Er ging in den Saal, die Gletscher dröhnten,
ihm war, als er kam, der Kinnwald gefroren.

Kinnwald: Bart

7. »Heil dir, Hymir, sei hohen Muts,
der Sohn ist gekommen in deinen Saal,
den wir erwartet von langem Wege.
Ihm folgt hierher der Freund der Menschen,
unser Widersacher, Weor genannt.« Weor: Thor

8. »Du siehst sie sitzen an des Saales Ende:
Hinter der Säule verbergen sie sich.«
Die Säule zersprang von des Riesen
Scharfblick,
und entzweigebrochen sah man den
Balken.

9. Acht Kessel fielen, und einer nur,
ein hart gehämmerter, kam heil herab.
Vor gingen die Gäste; der graue Riese
faßt' ins Auge den Feind sich scharf.

10. Wenig Gutes sagte der Geist ihm voraus,
als der Troldenbetrüber in den Vorsaal trat. Troldenbetrüber: Thor
Da wurden Stiere drei geschlachtet,
die baldigst zu braten gebot der Riese.

Thor verzehrt zwei Rinder auf einmal und wird von Hymir aufgefordert, anderentags seine Mahlzeit bei einem Fischzug selbst zu erbeuten. Als Köder holt Thor sich zwei Stierköpfe:

11. Bereit war Weor, ins Wasser zu rudern,
wenn der kühne Jote den Köder gäbe.
»Geh hin zur Herde, wenn du das Herz hast,
Zerschmetterer des Berggeschlechts, und
suche den Köder.

Zerschmetterer: Thor. Anspielung auf den Kampf mit dem Bergriesen Hrungnir

12. Ich weiß gewiß, dir wird nicht schwer,
die Lockspeise vom Stier zu erlangen.«
Zum Walde wandte sich Weor alsbald:
Da fand er stehen allschwarzen Stier.

13. Der Thursentöter, ab brach er dem Tiere
der beiden Hörner erhab'nen Sitz.
»Im Schaffen scheinst du schlimmer um vieles,
Lenker der Kiele, als in bequemer Ruh.«

Thursentöter: Thor
Der beiden Hörner erhab'nen Sitz: den Stierkopf
Lenker der Kiele: Thor, Lenker der Wolkenschiffe

14. Da bat der Böcke Gebieter den Affensproß,
fern in die Flut das Seeroß zu führen.
Aber der Jötun gab ihm zur Antwort,
ihn lüste wenig, noch länger zu rudern.

Der Böcke Gebieter: Thor
Seeroß: Schiff

15. Da hob am Hamen Hymir, der Starke,
zwei Walfische aus den Wellen allein.
Am Steuer inzwischen, Odins Erzeugter,
festigte listig ein Fischseil Weor.

Hamen: Fangschnur

Thor versucht den Aufenthalt auf dem Meer zu nutzen und seine Todfeindin zu fangen: die Midgardschlange, ein dämonisches Ungeheuer, das die Erde umgürtet und als Personifizierung aller Gefahren aufzufassen ist, die von sturmgepeitschter See drohen. Übrigens läßt sich die germanische Schreckensvorstellung von der Midgardschlange als optische Täuschung erklären. Die kanadischen Wissenschaftler Waldemar Lehn und Irmgard Schröder, Professoren an der University of Manitoba, haben jüngst festgestellt, daß sich die übliche Lagerung der Luftschichten – knapp über dem Wasser wärmer, darüber kälter – im Nordmeer gelegentlich umdreht und einen Fata-Morgana-Effekt hervorzaubert, der auftauchende Wale und sonstige Fische scheinbar ins Riesenhafte verzerrt. Eine solche Vision mag der Dichter vor Augen gehabt haben, als er die Episode von Thors Kampf mit der Midgardschlange beschrieb:

16. An die Angel steckte der Irdischen Gönner
den Wurm, zu bekämpfen als Köder den Stierkopf.
Gähnend haschte der gottverhaßte
Erdumgürter nach solcher Atzung.

Der Irdischen Gönner: Thor
Wurm: Midgardschlange

17. Tapfer zog Thor, der Gewaltige,
den schimmernden Giftwurm zum Schiffsrand auf.
Das häßliche Haupt mit dem Hammer traf er,
das felsenfeste, dem Freunde des Wolfs.

Freund des Wolfes: Midgardschlange

18. Felsen krachten, Klüfte heulten,
die alte Erde fuhr ächzend zusammen.
Da senkte in die See sich der Fisch.

19. Nicht geheuer war's auf der Heimkehr dem Riesen:
Der starke Hymir verstummte ganz.
Wider den Wind nur wandt' er das Ruder:

20. »Willst du die Hälfte haben der Arbeit:
Entweder die Walfische zur Wohnung tragen
oder das Boot festbinden am Ufer?«

21. Hlorridi ging und ergriff am Steven,
ohn' erst auszuschöpfen, das Schiff erfaßt' er
allein mit Rudern und Schöpfegerät.
Trug auch die Fische des Thursen heim
in des Bergkessels holzbewachsne Halden.

Jetzt kommt zusammenhanglos das archetypische Sagenmotiv der Becherprobe ins Spiel: Thor soll einen Kelch zerschmettern. Er versucht, ihn an Felsen zu zertrümmern. Vergeblich. Der Fels bricht – der Kelch bleibt ganz. Die Becherprobe scheint zu scheitern – doch knapp vor einer göttlichen Blamage bekommt Thor sinnreichen Rat:

22. Aber die freundliche Frille lehrt' ihn
wohl wichtigen Rat; sie wußt' ihn allein:
»Wirf ihn an Hymirs Haupt: härter ist das

Frille: Geliebte Hymirs

dem kostmüden Jötun, als ein Kelch mag
sein.«

23. Der Böcke Gebieter bog die Knie,
mit aller Asenkraft angetan:
Heil dem Hünen blieb der Helmsitz,
doch brach alsbald der Becher entzwei.

Böcke Gebieter: Thor
Helmsitz: Kopf

24. »Die liebste Lust verloren weiß ich,
da mir der Kelch vor den Knien liegt.
Oft sagt' ich ein Wort; nicht wieder sag' ich's
von heut an je: zu heiß ist der Trank!«

Eine weitere Kraftprobe fordert Hymir von den Göttern: Sie sollen den Braukessel heben und davontragen. Tyr schafft es nicht, wohl aber Thor:

25. »Noch mögt ihr versuchen, ob ihr Macht
habt,
aus der Halle hinaus zu heben die Kufe.«
Zweimal ihn zu rücken, mühte sich Tyr:
Des Kessels Wucht stand unbewegt.

26. Aber Modis Vater erfaßt' ihn am Rand,
stieg vom Estrich in den untern Saal.
Aufs Haupt den Hafen hob sich Sifs
Gemahl.
An den Knöcheln klirrten ihm die
Kesselringe.

Modis Vater: Thor
Sifs Gemahl: Thor

Mit dem Kessel entfernen sich die Götter. Als sie sich umsehen, stellen sie fest: Die Riesen sind ihnen auf den Fersen.

27. Sie fuhren lange, eh lüstern ward
Odins Sohn, sich umzuschaun:
Da sah er aus Höhlen mit Hymir von Osten
Volk ihm folgen vielgehauptet.

28. Da harrt' er und hob den Hafen von den
Schultern,
schwang den mordlichen Miölnir entgegen
und fällte sie all, die Felsungetüme,
die ihn anliefen in Hymirs Geleit.

Miölnir: Thors blitzeschleudernder Hammer

Gletscher, Birken, Felsen, Wiesen

Der Mythendichter hat in das Hymir-Lied zahlreiche Ortsbeschreibungen eingearbeitet, die folgende Rückschlüsse zulassen: Hymirs Reich muß nahe der Küste liegen, denn Thor und Hymir ziehen von dort zum Fischfang aus. Der Fischzug kann, weil er als unmotivierter Einschub den Handlungsablauf stört, als gezielte Ortsbeschreibung verstanden werden.
In Hymirs Reich gibt es Gletscher. Denn »die Gletscher dröhnten«, als Hymir mit gefrorenem Kinnwald heimkehrte. Zudem läßt sich die Säule, die unter dem Scharfblick des Riesen zerspringt, als Gletscherzunge deuten. Gletscherzungen reichen von Islands Bergen tief in die Täler herab und zerbersten häufig unter donnerähnlichem Krachen. Uhland hat Hymirs Scharfblick als »zersprengende Gewalt des Frostes« aufgefaßt.
Hymirs Reich ist ein Bergkessel, dessen Halden mit Birkengehölz bewachsen sind. Denn in Strophe 21 schreibt der Dichter von »des Bergkessels holzbewachsne Halden«. »Holzbewachsen« kann auf Island nur bedeuten: mit Birkenholz bewachsen. Anderes Gehölz gab es zur Edda-Zeit auf Island nicht. Auch der »Wald« in Strophe 10 ist nur als Birkengehölz aufzufassen. Und Birkengehölz ist selten auf Island.
In Hymirs Reich gibt es möglicherweise auch Weiden. Denn der Riese läßt zu Ehren des Götterbesuches drei Stiere schlachten, und Thor nimmt einen Stierkopf als Köder zum Fischzug mit. Wo Rinder grasen, müßte es Weideland geben. Verläßlich ist dieser Rückschluß allerdings nicht. Stiere können in Sagen auch als archetypische Symbole für Kraft, Angriffslust und Zerstörungswut gedeutet werden.
In Hymirs Reich gibt es viele Höhlen, denn die Riesen kamen aus Höhlen, als sie Thor und Tyr verfolgten.

Hymirs Reich – und damit der Bergkessel – ist nach Westen hin geöffnet. Denn auf ihrer Flucht werden Thor und Tyr von Osten her verfolgt. Am westlichen Ausgang dieses Bergkessels müssen auffallend viele und große Felstrümmer herumliegen. Denn dort, beim Kampf, »fällt (Thor) sie all, die Felsungetüme, die ihn anliefen in Hymirs Geleit«.
Fassen wir zusammen: Hymirs Reich, nahe der Küste gelegen, ist ein nach Westen hin geöffneter, höhlenreicher Bergkessel mit Gletschern und Birkengehölz, Weiden und Felstrümmern am westlichen Eingang. Eine höchst widersprüchliche Beschreibung. Gletscher lassen sich – besonders auf Island – mit Birkengehölz und Weideland kaum vereinbaren. Und doch gibt es einen Bergkessel auf Island, einen einzigen Bergkessel, auf den alle diese Ortsbeschreibungen ausnahmslos zutreffen: Thorsmörk.
Der Name des Gewittergottes Thor steckt in diesem Namen, der sich heute noch auf jeder Landkarte finden läßt. *Mörk* bedeutet Grenzmark. Thorsmörk ist also die Grenzmark des Gewittergottes Thor. Ich war gespannt, wie es dort aussieht.

Thors Reich

Wir trafen gegen Abend in Thorsmörk ein. Gleich beim Eingang, an der südlichen Steilwand des Bergkessels, stürzen zwei riesige Gletscherzungen aus 1 660 Meter Höhe von der Gletscherkuppe des Eyjafjallajökull bis ins Tal herab, wie erstarrte Wasserfälle, schneeweiß und blausträhnig, durchrieselt und durchrauscht von Sturzbächen, die zwei Seen bilden, auf deren schmutzigbraunem Wasser blauschillernde Eisberge schwimmen.
Östlich wölben sich die wuchtigen Schneefelder des Gletschers Myrdalsjökull, 1 493 Meter hoch, 700 Quadratkilometer Ausdehnung, mit zwei bis auf halbe Höhe in den Talkessel herabhängenden Gletscherzungen, die Godalandsjökull und Merkurjökull genannt werden. Nördlich glitzert die Gletscherfläche des Tindfjallajökull in der Abendsonne.
Unter diesen Gletschern ticken die Zeitbomben tätiger Vulkane.

Besonders gefürchtet ist die Katla im Myrdalsjökull, ein Vulkan von fataler Verläßlichkeit, der in jedem Jahrhundert zweimal auszubrechen pflegt. Die Katla hat zuletzt im Jahre 1918 den etwa dreihundert Meter dicken Eispanzer über ihrem Krater gesprengt, Eruptionsgestein kilometerweit geschleudert, Lavasche in 30 000 Meter Höhe gepulvert, Gletscherläufe, glühende Lava und Schmelzwasserfluten zu Tal gegossen und besonders an der Südküste auf Jahre hinaus Verheerungen angerichtet, Straßen vernichtet und Brücken ins Meer geschwemmt.

Von allen Gletschern rauschen Ströme und Bäche in den Bergkessel von Thorsmörk, milchfarbige Fluten, in einer solchen Vielzahl, daß es jedem Geländefahrer davor graust, in die Grenzmark des Gewittergottes einzudringen. Die ersten, schwer zu bewältigenden Flüsse brechen aus den Seen unterhalb der beiden Gletscherzungen hervor.

Wir durchfuhren sie mit einigem Glück und kamen zu einer Geröllebene am westlichen Eingang von Thorsmörk. Hier sieht es in der Tat aus, als hätte der Gewittergott Thor, wie in der Edda beschrieben, sie alle gefällt, »die Felsungetüme, die ihn anliefen in Hymirs Geleit«: Zu Hunderten liegen Riesentrümmer aus Gestein herum, eng beieinander, teils ineinander verkeilt, auf breiter Fläche verstreut, unwirklich wie die Szenerie eines Science-fiction-Films. Die Assoziation zu einem Riesenkampfplatz, zu einer sagenhaften Stätte, zu einem mythischen Ort drängt sich spontan auf, zumal auf den ersten Blick für ein solches Ausmaß an Verwüstung keine natürliche Erklärung erkennbar ist. Moränenblöcke sehen anders aus, Auswurfgestein von Eruptionen, sogenannte Vulkanbomben, können nicht so nah beieinanderliegen, und für eine Steinlawine üblicher Art ist das Trümmerfeld zu weit entfernt von Steilhängen. Ungewöhnlich ist denn auch die Erklärung, die Geologen inzwischen herausgefunden haben. Südlich lehnt sich ein steiles Bergmassiv namens Insti Haus (Innerer Kopf) gegen einen dort tief herabreichenden Gletscher, der seit undenklichen Zeiten immer mehr schwindet und dem Fels gleichsam die Rückenlehne wegzieht. Die oberen Teile des Berges Insti Haus – ihrer Stütze immer mehr beraubt, vom Wechsel zwischen Frost und Feuchtigkeit im Innern des Felsge-

füges zermürbt – kippen gelegentlich bei heftigem Tauwetter rücklings ins Schmelzwasser des Gletschers, und dann entsteht ein Naturphänomen, das Geologen mit einer »Art Hovercrafteffekt« erklären: Die rücklings stürzenden Felstrümmer nämlich erzeugen Preßluft und werden nun auf einer gleichsam von Luftkissen unterwanderten Flutwelle aus Schmelzwasser und Eisschollen nach vorne, über die eigene Bruchstelle hinweg, weit über die Distanz eines normalen Felssturzes hinaus ins Tal transportiert. Mehrere Steinlawinen dieser Art haben seit Rückgang der Eiszeit das Trümmerfeld gebildet. Der letzte Felssturz nach Hovercraftsystem geschah am 15. Januar 1967 und verstärkte mit einigen imposanten Gesteinstrümmern noch beträchtlich den Eindruck des Riesenkampfplatzes, der sich am westlichen Eingang von Thorsmörk seit jeher bietet.
Auf allen Hängen von Thorsmörk – unterhalb der Gletscherzonen – flirren im Wind die Blätter kleiner Birken und Birkengestrüpps. Die Talsohle ist bewachsen von Wiesen, Farnen und rotblühendem Heidekraut, bedeckt von kleineren Gesteinstrümmern, umstellt von Felsgeklüft und Klippen, durchwimmelt von Flüssen und Bächen, die wir mit aller gebotenen Vorsicht durchquerten. Imposant die Vielzahl der Höhlen, die sich in den Felswänden und Steilhängen von Thorsmörk gebildet haben, Hunderte von Höhlen, neben- und übereinander, die unheimlich aussehen, wie leere, schwarze Augenhöhlen mit schlapp herabhängenden Lidern. Eine dieser Höhlen heißt Sottarhellir, Höhle der Pestkranken. Sie war Quarantänestation und schließlich Grabkammer für siebzehn Menschen, die, wie man sich erzählt, in Thorsmörk einen Riesen verspottet hatten und aus Rache zum Pesttod verflucht wurden.
Die ersten Bewohner sind gleich nach der Landnahme nach Thorsmörk gekommen, wo sie für isländische Verhältnisse günstige Lebensbedingungen vorfanden: Wiesen boten Futter fürs Vieh, Birkengehölz bot Nahrung für wärmende Feuer und der Weg zum Meer war nicht weit. Zudem galt Thorsmörk, beschützt von den Wetterscheiden der Gletscher und bewachsenen Berghalden, als Schönwettergebiet, als trockene Insel im regenreichen Süden Islands. Vulkanausbrüche im 15. Jahrhundert ha-

ben die Bewohner dann wieder vertrieben. Heute gibt es dort keine Höfe mehr.
Dafür gibt es heute in der Nordostecke von Thorsmörk, ziemlich versteckt und kaum störend, zwei Campingplätze und Schutzhütten mit Anschlüssen für kaltes und warmes Wasser, mit Kochgelegenheiten und ähnlichen Segnungen der Zivilisation. Thorsmörk ist eine Attraktion für den Fremdenverkehr geworden. Besonders an Wochenenden pflügen sich durch die Flüsse und Bäche vollbesetzte Geländebusse, seltsame Fahrzeuge mit ungewöhnlich großen Rädern, hoher Bodenfreiheit und kurzen, rückwärts schräg emporgezogenen Fahrgastzellen, die mich irgendwie an Känguruhs erinnern, genaugenommen an den mißglückten Versuch, Känguruhs mit Traktoren zu kreuzen.
Thorsmörk ist groß genug, um den Fremdenverkehr zu verkraften. Obwohl wir an einem Samstag dorthin kamen, trotz Wochenendbetrieb also, bot sich der Bergkessel als gleichsam sagenhaft verzauberte, zeitlose, von Menschenhand unberührte Urlandschaft mit Gletschern, Felsgewirr, Gesteinstrümmern, Wiesen, Höhlen und holzbewachsenen Halden – wie in der Edda beschrieben. Als wir ein Stück gefahren waren, stiegen Nebelschwaden wie windzerzauste Spinngewebe aus den Flüssen empor, als wollte die Natur den nahen Campingplatz verhüllen und uns das Mythisch-Mystische der Landschaft besonders eindrucksvoll darbieten. In Nebelschleiern verloren sich Farben und Konturen. Grau wurden Gletscherschnee und Gletscherzungen, grau die Blätter der bewachsenen Berghalden, die Wiesen, die Flüsse und das Lavagestein. Die silhouettenhaften Gestalten naher Felsklippen, vom Nebel umwirbelt, schienen sich aus ihren Erstarrungen zu lösen und langsam Leben zu gewinnen. Aus der Schlucht links von uns wälzten sich Nebelwolken wie Dampfschwaden einer verborgenen Hexenküche. Es roch nach Kälte, Frost, Reif und Schnee. Die Eisriesen schienen nahe zu sein. Es fehlte nur noch Thor.

Der Donnergott in seinem Zorn

Vier Jahre später, bei meiner letzten Islandreise vor Erscheinen dieses Buches, erlebte ich auch Thor in Thorsmörk.

Mit von der Partie war diesmal Eberhard Grames, ein bekannter Landschaftsfotograf, der im Auftrag des Chefredakteurs der Zeitschrift GEO für einen Bericht über meine Entdeckung mythischer Stätten die Bilder machen sollte.* Eine Auswahl seiner Bilder ist auch in diesem Buch veröffentlicht.

Letzte Etappe unserer Islandtour war Thorsmörk. Wir trafen dort am Spätnachmittag des 26. Juli 1984 ein. Es hatte am Tag vorher geregnet, der Nebel hing tief, die Gletscherzungen waren in ihrer imposanten Höhe nicht zu sehen und schienen unter grauem Gewölk hervorzuquellen.

Schon der erste Fluß am Eingang von Thorsmörk war eine dumpf dröhnende Sturzflut vom Gletscher herab, milchfarben, voller Gischt, Strudel und Stromschnellen. Ein Fluß wie im Alptraum. Da mußten wir nun durch.

Wir gingen fast baden. Der Geländewagen, von Stromschnellen dreimal aus der Spur gerissen, drohte in die Gischtbrühe zu kippen und robbte nur mit Gewürge und Motorgewinsel über zerberstendes Ufergeröll an Land.

Von Respekt erfüllt, standen wir kurz darauf vor dem zweiten Fluß: noch reißender, noch breiter und allem Anschein nach noch tiefer. Nichts zu machen. Glücklicherweise kam hinter uns ein Geländebus dahergerumpelt.

Geländebusse, wenn auch an Wendigkeit einem allradgetriebenen Personenwagen weit unterlegen, erweisen sich bei Flußdurchfahrten als unübertrefflich: Schwer wie sie sind, auf Traktorrädern, mit ungewöhnlich hoch gelegenen Motoren, lassen sich mit ihnen extreme Wassertiefen und heftige Strömungen überwinden.

Wir stoppten den Fahrer und baten, über den Fluß gesetzt zu werden.

Am anderen Ufer machte Eberhard einige Fotos. Und nun standen wir da. Es ging gegen Abend zu. Mit der Rückfahrt eines

* Der Bericht erschien in der Juni-Nummer 1985 von GEO unter dem Titel »Und hier ist Asgard«.

Busses war nicht zu rechnen. Der nächste Tag war ein Freitag. Möglich, daß vor dem Wochenende gar keiner mehr aus Thorsmörk hinausfuhr. Es begann leicht zu regnen.
Die Regenponchos hatten wir vergessen. Sie lagen im Wagen, der jenseits des Flusses stand wie eine freundliche Hütte. Zurück konnten wir nicht, denn der Fluß ließ sich nur schwimmend durchqueren, und wir hatten die wasserempfindliche Kameraausrüstung Eberhards auf zwei Rucksäcke verteilt. Der Regen wurde stärker. Verdrossen faßten wir den Entschluß, zu den etwa zehn Kilometer entfernten Schutzhütten zu gehen und dort einen Busfahrer für die Rückfahrt zu engagieren. Dabei mußten wir viele Flüsse durchwaten, die allerdings etwas friedlicher waren als die Stromschnellen vorhin.
Auf halber Strecke hörten wir Donnerschläge hinter uns. Wir fuhren herum. Blitze in schwarzem Gewölk. Ein Gewitter rollte in den Bergkessel herein. Thor in Thorsmörk! Eindrucksvoll, aber auch nicht ungefährlich, denn Wasser zieht den Blitz an. Und für uns regennasse Gestalten war die Gelegenheit, vom Blitz erschlagen zu werden, einmalig günstig: auf feuchten Wiesen, umzingelt vom Schlangengezücht der Flüsse und Bäche, umgeben von den Steilwänden eines langgestreckten Bergkessels, den das Gewitter wie eine Schleuse passieren mußte.
Den germanischen Religionsvorstellungen nach fährt Thor mit hochgeschwungenem, blitzeschleuderndem Hammer Miölnir auf einem von zwei galoppierenden Böcken gezogenen Wagen übers Firmament. Solch mythischer Vision vermochte ich mich nicht so recht hinzugeben damals in der Gewitterfalle von Thorsmörk. Die Blitzschläge waren als Blitze im herkömmlichen Sinne nicht mehr wahrnehmbar, sondern wie Lichtexplosionen, grell und gellend, blendend und betäubend: »Felsen brachen, Funken stoben«, »Felsen krachten, Klüfte heulten, die alte Erde fuhr ächzend zusammen.« Sie hatten es schon richtig beschrieben, die Edda-Dichter. Genauso war's damals, am 26. Juli 1984, als Thor durch Thorsmörk donnerte.
Nachdem die Gefahr vorbei war, empfanden wir das Gewitter in Thorsmörk als Glück, als Gunst des Zufalls, als besondere Attraktion, als interessante Erinnerung. Thor hatte seinen Zorn

von uns gewandt und fuhr weiter gen Osten, hämmerte funkensprühend in der Gegend des Gletschers Myrdalsjökull herum und rollte schließlich auf seinem von galoppierenden Böcken gezogenen Wagen davon.

Übrig blieb dunkles Gewölk, aus dem nun Wolkenbrüche herabstürzten, gar nicht zu vergleichen mit dem Regen von vorhin. Neue Gefahr war im Verzug. Denn Gletscherflüsse reagieren schnell auf Wolkenbrüche: Der Regen fließt auf den Gletscherkuppen und Berghängen zusammen, bildet Wasserfälle und Sturzfluten, die ins Tal rauschen und im Nu die Flüsse und Bäche rabiat werden lassen.

Jetzt galt es, die östlich auf einem trockenen Landstrich Thorsmörks gelegenen Schutzhütten schnellstens zu erreichen, bevor das Hochwasser uns den Weg versperrte, denn die Eiskälte nach dem Gewitter wurde für uns, regennaß wie wir waren, allmählich zur Bedrohung. Der Wolkenbruch zeigte schon seine Wirkung: Wir kamen aus grasbewachsener Ebene in ein breites Stromgebiet mit Sandbänken und Wasserläufen, die wir durchwaten mußten – und diese Sandbänke, die eben noch aus dem Wasser ragten, wurden, je näher wir kamen, immer mehr von braunen, gelben Fluten überschwappt und überspült.

Die Flucht zur Schutzhütte wurde zum Wettlauf mit dem Hochwasser, zum Wettkampf mit den Strömungen, die immer mehr an Wucht gewannen und uns beim Durchwaten umzureißen drohten. Regen, Sturm, leichter Nebel, schwarzes Gewölk, Bäche und Flüsse – und dann noch Vögel, die das alles recht interessant zu finden schienen und mit Gekreisch an unseren Köpfen vorbeiflitzten.

Irgendwann tauchte in der Ferne eine Schutzhütte mit beleuchteten Fenstern auf. Irgendwann war dann auch der letzte Fluß vor uns: schmutzigbraune Stromschnellen, aufgestrudelt, voller Gischt am Uferrand. Der letzte Fluß! Deutlich sehe ich ihn heute noch vor mir, deutlicher als die anderen Flüsse. Wir stiegen ins Flußbett hinein und tasteten mit den Füßen nach dem Geröll des Flußbetts. Die Wasserflut, voll Druck und Sog, reichte uns bis zum Gürtel. Wenn wir nur da noch durchkamen! Ich erinnere mich noch genau, wie ich mich mit meinem Blick an einen Stein am gegenüberliegenden Ufer klammerte und, Schritt für Schritt gegen die Strömung gestemmt, den Fluß durchquerte – wie ich dann drüben ankam, wie ich die Hände aufs Ufer stützte, das Geröll streichelte und hinauskletterte. Gleich darauf kam auch Eberhard an Land. Wir setzten uns hin und lachten, gingen dann weiter zur Schutzhütte und öffneten die Tür. Kerzenlicht, Holztäfelung, zwei Frauen und zwei Männer an einem Tisch: Der Hüttenwart Bergthor Karason, seine Frau und ein befreundetes Ehepaar, wie sich später herausstellte. In einem Kanonenofen waberte das Feuer, es roch nach verbranntem Birkenholz. Alle vier blickten verblüfft auf uns, auf die beiden blaugefrorenen Gestalten, die aus dem Unwetter in die Hütte hereintroffen. Bergthor Karason, den wir später als Mann von freundlicher Einsilbigkeit kennenlernen sollten, löste den Blick von uns, wandte sich seiner Frau zu und sagte nur ein einziges Wort: »Kaffi!«

Das Reich der Zwerge

Hausten die Zwerge in einer Schachtel?

Einst begab es sich, daß vier Zwerge das schöne Halsband Brisingamen schufen und der Liebesgöttin Freyja zu einer impertinenten Bedingung anboten: Sie sollte mit jedem von ihnen eine Nacht verbringen. Freyja lehnte voll Entrüstung ab, mochte andererseits aber auf das Halsband nicht verzichten und versuchte, es mit Gold zu kaufen. Vergeblich. Die Zwerge blieben hart, Freyja wurde weich. Das Halsband mußte her, Freyja gab sich hin.

Der Erwerb des Halsbandes Brisingamen scheint nicht die einzige erotische Eskapade der schönen Liebesgöttin gewesen zu sein. Einzelheiten verschweigt die Überlieferung zwar diskret, doch finden sich in der Edda genügend anspielungsreiche Verse.

So wirft ihr beispielsweise der Feuergott Loki bei einem Streitgespräch vor:

> Schweig du, Freyja, dich vollends kenn' ich:
> keines Makels mangelst du.
> Der Asen und Alfen, die hier inne sind,
> bist du jedes Buhlerin.

Und die Riesentochter Hyndla sagt voller Hohn zu der Liebesgöttin:

> Du liefst bis zur Wut nach Männern verlangend.
> Mancher schon schlüpfte dir unter die Schürze.
> Lauf in Liebesglut Nächte lang,
> wie zwischen Böcken die Ziege rennt!

Doch nicht Freyjas Liebesleben soll uns hier beschäftigen, sondern die Suche nach dem Ort, wo die Zwerge nach Meinung der Mythendichter hausten.

Ich will es gleich vorwegnehmen: Eine ganze Verkettung von Hinweisen spricht dafür, daß die mythische Welt der Zwerge identisch ist mit dem in der Missetäterwüste emporragenden Dyngjufjöll-Gebirge, Islands größtem Vulkan – doch beweisen läßt es sich mit letzter Sicherheit nicht. Denn im Jahre 1875 hat eine Eruption ungeheuren Ausmaßes dieses 1510 Meter hohe, runde Vulkanmassiv mit fünfundzwanzig Kilometern Durchmesser an einigen Stellen verwüstet und verändert, und niemand weiß genau, wie es früher, als die Edda entstand, dort ausgesehen hat. Westlich vom Dyngjufjöll-Gebirge, unberührt vom Vulkanausbruch des Jahres 1875, zieht sich das Dyngjujalladalur hin; die Steinriesenwelt des germanischen Mythos.
Das Dyngjufjöll-Massiv entstand während der Eiszeit, unter dem Gletscher, beim Kampf zwischen Feuer und Eis. Es wurde aufgeworfen und aufgetürmt von unzähligen Eruptionen aus Feuerspalten und Kratern, die sich heute nicht mehr finden lassen, die versunken und verschwunden sind, verschüttet unter dem Gebirge des eigenen Ausbruchmaterials. Nach Rückgang der Eiszeit tobte der Vulkan von Zeit zu Zeit aufs neue. Die Laven flossen an vier Stellen von dem Gebirge herab und schliffen sogenannte Erosionsrinnen in die Bastei steil aufragender Felsen. Diese vier Erosionsrinnen – sie heißen Jonskard, Trölladyngjuskard, Sudurskörd und Öskjoup – boten seit jeher günstige Aufstiegsmöglichkeiten zum Massiv. Zur Jahrhundertwende und später zogen Geologen mit ganzen Pferdekarawanen dort hinauf.
Irgendwann zur Vorzeit brach im Zentrum des Felsmassivs der Boden durch, und es bildete sich mitten im Gebirge zwischen hochragenden Steilwänden eine schachtelförmige Einsenkung von acht Kilometern Seitenlänge. Seither gleicht das Dyngjufjöll-Gebirge einem überdimensionalen, wuchtig geformten Aschenbecher. Geologen bezeichnen eine solche Einsenkung als Caldera, nach der berühmten Caldera de Taburiente auf der Kanareninsel La Palma. Die Caldera im Dyngjufjöll-Gebirge trägt den Namen Askja: das isländische Wort für Schachtel. Die Askja liegt etwas mehr als 1000 Meter hoch und bestimmt das Bild des Felsmassivs. Im heutigen Sprachgebrauch wird der

griffige Name Askja allgemein für das schwer auszusprechende Dyngjufjöll-Gebirge verwendet. Wer Askja sagt, meint Dyngjufjöll.

Zur Zeit, als die Edda entstand, hat es diese Caldera längst gegeben. Doch später, nach einer längeren Eruptionspause, veränderte der verheerende und berüchtigte Vulkanausbruch von 1875 die Askja-Landschaft. Im südöstlichen Teil der Caldera versank der Boden zum zweitenmal. Ein neuer, kleinerer Einsturzkessel bildete sich, wurde tiefer, breiter, 170 Meter tief schließlich, fünf Kilometer im Durchmesser, und füllte sich mit Wasser. Heute ist die »Caldera in der Caldera« ein See. Erdbeben und Eruptionen im Dyngjufjöll-Massiv waren damals so heftig, daß nah im besiedelten Mödrudalur – 95 Kilometer nordöstlich – sechzehn Häuser einstürzten und im fernen Ostland der Insel viele Bauern ihre Höfe verlassen mußten, weil Bimsstein und Vulkanasche die Weiden und Wiesen vernichtet hatten.

Nach der Katastrophe von 1875 entstanden im Dyngjufjöll-Gebirge weitere, wenn auch vergleichsweise geringere Verwüstungen bei Vulkanausbrüchen in den Jahren 1921, 1922, 1923, 1924 und 1929. Im Oktober 1961 tat sich eine Feuerspalte von 750 Meter Länge auf. Lavafontänen schossen bis zu 400 Meter in die Höhe, Geysire schleuderten Schlamm und Wasser bis zu hundert Meter hoch empor. Zwei Monate dauerten Feuerzauber, Schlamm- und Wasserspiele, dann war der Spuk vorbei.

Aufgrund solcher Verwüstungen – besonders der von 1875 – ist heute eine Beweisführung für Zusammenhänge zwischen Mythos und Geologie nicht mehr möglich. Doch alles, was wir aus den Überlieferungen wissen, deutet darauf hin, daß die Zwerge nach Auffassung der Edda-Dichter in der Askja hausten, in der Schachtel des Dyngjufjöll-Gebirges.

Dickwanst, Meisterdieb und Mutsäufer

Die Zwerge der Edda-Sagen heißen Schwarzalfen oder Dunkelalfen. Unsere Wörter Alb, Alptraum oder Alpdrücken (eigentlich Albtraum und Albdrücken) lassen sich etymologisch davon herleiten. Namensvetter der Schwarzalfen sind die Lichtalfen; die mythischen Urahnen der Elfen, Feen und vieler guter Hausgeister. Sie leben gleichsam als Untermieter in der leuchtenden Götterburg Asgard. »Aber die Schwarzalfen«, heißt es in der Edda, »wohnen unter der Erde und sind jenen Lichtalfen ungleich von Angesicht und noch viel ungleicher in ihren Verrichtungen. Die Lichtalfen sind schöner als die Sonne von Angesicht, die Schwarzalfen hingegen schwärzer als Pech« und zudem unförmig, verwachsen, eitel, rechthaberisch, anmaßend, heimtückisch, habgierig, leicht beleidigt, rachelüstern und versessen auf schöne Frauen – aber auch weise, zauberkundig und überaus geschickt. Archetypische Überlieferung beschreibt die Zwerge als Juwelendiebe, Menschenräuber, Erpresser und Geizhälse, als Goldsucher, Schatzgräber und Schatzsammler, als ordnungsliebende Pedanten und zauberkundige Schmiede. Alle Wunderwaffen der germanischen Götter- und Heldengestalten, Thors Hammer etwa oder Siegfrieds Schwert, stammen aus ihren Werkstätten. Viele ihrer Schmuckstücke und Schätze sind fluchbeladen und bringen Verhängnis über die Besitzer, so zum Beispiel der mythische Ring Andwaranaut oder der Nibelungenhort. Auch für kosmische Ordnungsprinzipien scheinen die Schwarzalfen – germanischer Vorstellung nach – zuständig zu sein. Denn zwei Zwerge heißen Nyi und Nidi, Mondzunahme und Mondabnahme. Und vier Schwarzalfen tragen die Namen Norden, Süden, Osten, Westen. Weitere Zwergnamen aus der Edda, soweit sie sich übersetzen lassen, geben recht gut Aufschluß über Aussehen, Wesen und Talente der Schwarzalfen, so zum Beispiel: Dickwanst, Krummer, Schrumpfhaut, Leichenblasser und Todähnlicher; Meisterdieb, Betrüger, Schadenbringer, Schweinekerl und Hurenbock; Geschickter, Feiler, Hornbohrer, Allweiser und Zauberkundiger. Der mächtigste Zwerg wird Motsognir genannt: Mutsäufer.

Das Reich der Zwerge heißt Svartalfaheimr, Schwarzalfenheim. Es liegt »unter der Erde und im Gestein«. Kein Sonnenstrahl darf dort eindringen. Denn die Sonne, die Todfeindin der Schwarzalfen, verwandelt jeden Zwerg, den sie mit ihren Strahlen trifft, stracks in eine Steingestalt. Deshalb heißt es in manchen Überlieferungen, daß die Zwerge das Sonnenlicht meiden, nur nachts aus ihrem dunklen Reich hervorkommen und vor dem ersten Hahnenschrei und dem ersten Sonnenstrahl in ihre Schlupfwinkel flitzen. Tagsüber arbeiten sie in ihren unterirdischen Werkstätten, und gelegentlich, so steht in vielen Sagen geschrieben, läßt sich das Klopfen, Hämmern und Blasebalgzischen aus dem Erdinnern vernehmen. »Ihre schmiede liegt in höhlen und bergen: Svartalfaheimr ist also in eine gebirgige gegend zu setzen.« (Jacob Grimm, »Deutsche Mythologie«)*

Eine vulkanische Werkstatt großen Stils

Vielfach wurde schon die Vermutung geäußert, daß die in Sagen beschriebenen Geräusche einer unterirdischen Werkstatt – Hämmern, Klopfen, Blasebalgzischen – mit akustischen Phänomenen des Vulkanismus in Zusammenhang stehen. Gehämmer und Geklopfe dröhnt manchmal im Berginnern einiger Vulkane, wo auch während der Eruptionspausen gelegentlich ganze Serien unterirdischer Explosionen geschehen, die zwar zu gering sind, um einen Ausbruch zu initiieren, aber doch so laut, daß sie sich oben vernehmen lassen. Der deutsche Geologe Hans Reck aus Berlin hat solche Geräusche als »Tiefenlaute vulkanischer Kräfte« bezeichnet und als typische Besonderheit des Askja-Kessels beschrieben. Tatsächlich ist im Gebirge der Askja das Gehämmer und Geklopfe vulkanischer Kräfte besonders deutlich und besonders häufig zu hören. Besonders deutlich, weil das Felsmassiv mit einem Durchmesser von fünfundzwanzig Kilometern wie eine Membran die Eruptionsgeräusche verstärkt; besonders häufig, weil es unter Islands größtem Vulkan außer den sichtbaren Eruptionszentren noch eine nicht annähernd abschätzbare Vielzahl verschütteter Krater und Feuerspalten gibt, die phasenweise – nicht immer – unterirdisch toben und rumoren. Auch Blasebalgzischen läßt sich dort vernehmen. Denn überall im Askja-Massiv zischen weit verstreut Dampfsäulen aus den Düsen von Solfatarenfeldern, »unter denen es dumpf hämmerte und pochte« (Hans Reck). Andere Geologen

* Jacob Grimm bediente sich der Kleinschreibung.

berichten ebenfalls auffallend oft und übereinstimmend von solchen Phänomenen – von Hämmern, Klopfen, Fauchen und Zischen – in diesem Gebiet. Von »unterirdischem Gestöhne, Gebrause, Getöse, Gekreisch« und »von Schlägen, die immer wieder dröhnten«, schreibt einer der ersten Askja-Besucher, der Engländer William L. Watts, in seinem 1876 erschienenen und heute als Rarität gehandelten Buch »Across the Vatnajökull or Scenes in Iceland«. Und die erste Frau, die in der Neuzeit die Askja betrat, Ina von Grumbkow – von ihr wird gleich noch die Rede sein –, formulierte sogar assoziativ: »... unter uns eine vulkanische Werkstatt großen Stils.«
Naheliegend, daß die Mythendichter der Vorzeit – dämonengläubisch, wie sie waren – solche »Tiefenlaute vulkanischer Kräfte« mit den unterirdischen Schmieden der Zwerge in Verbindung brachten. Möglich, daß sie Schwarzalfenheim dort vermuteten, wo die unterirdische Vulkantätigkeit deutlicher und häufiger zu hören ist als anderswo. Mithin wäre denkbar, daß sich die folgende Geschichte aus der Prosa-Edda nach Auffassung der Mythendichter »im Erdinnern und im Gestein« der Askja abgespielt hat.

Loki, Laufeyjas Sohn, hatte der Sif hinterlistigerweise alles Haar abgeschoren. Als Thor das gewahrte, ergriff er Loki und würde ihm alle Knochen zerschlagen haben, wenn dieser nicht geschworen hätte, von den Schwarzalfen zu erlangen, daß sie der Sif Haare von Gold machten, die wie anderes Haar wachsen sollten. Darauf fuhr Loki zu den Zwergen, die Iwaldis Söhne heißen. Diese machten das Haar und zugleich Skidbladnir und den Spieß Odins, der Gungnir heißt. Da traf Loki einen Zwerg, der Brock heißt und dessen Bruder Sindri als bester Schmied gilt. Loki verwettete seinen Kopf an Brock, daß Sindri nicht drei so große

Sif: Thors Gemahlin

Skidbladnir: Schiff des Gottes Freyr

Kunstwerke schaffen könne wie Sifs Haar, Skidbladnir und Gungnir. Brock wettete seinen Kopf dagegen.
Und als sie zu der Schmiede kamen, legte Sindri eine Schweinshaut in die Esse und gebot dem Brock, zu blasen und nicht eher aufzuhören, bis er aus der Esse nähme, was er hineingelegt.
Aber sobald Sindri aus der Schmiede gegangen war und Brock blies, setzte sich eine Fliege auf seine Hand und stach ihn. Dennoch hörte er nicht auf mit Blasen, bis der Schmied das Werk aus der Esse nahm. Da war es ein Eber mit goldenen Borsten. Darauf legte er Gold ins Feuer und gebot ihm, zu blasen und nicht eher mit Blasen abzulassen, bis er zurückkäme. Er ging hinaus; aber die Fliege kam wieder, setzte sich jenem auf den Hals und stach nun noch einmal so stark; doch fuhr er fort zu blasen, bis der Schmied aus der Esse einen Goldring zog, der Draupnir heißt.

Die Fliege war Loki in verwandelter Gestalt

Darauf legte er Eisen in die Esse und hieß ihn blasen und sagte, alles sei vergebens, wenn er mit Blasen innehalte. Da setzte sich ihm eine Fliege zwischen die Augen und stach ihm in die Augenlider, und als das Blut ihm in die Augen troff, daß er nichts mehr sah, griff er schnell mit der Hand zu, während der Blasbalg ruhte, und jagte die Fliege fort.
Da kam der Schmied zurück und sagte, beinahe wäre das nun völlig verdorben, was in der Esse läge. Darauf zog er einen Hammer aus der Esse.
Alle diese Kleinode legte er darauf seinem Bruder Brock in die Hände und hieß ihn

damit gen Asgard fahren, die Wette zu lösen.
Als nun er und Loki ihre Kleinode brachten, setzten sich die Götter auf ihre Richterstühle, und sollte das Urteil gelten, das Odin, Thor und Freyr sprächen. Da gab Loki dem Odin den Spieß Gungnir, dem Thor das Haar für die Sif und dem Freyr den Skidbladnir und nannte die Eigenschaften dieser Kleinode: daß der Spieß nie sein Ziel verfehle, das Haar wachse, sobald es auf Sifs Haupt komme, und Skidbladnir immer Fahrwind habe, sobald die Segel aufgezogen würden, wohin man auch fahren wollte; und zugleich könne man das Schiff nach Belieben zusammenfalten wie ein Tuch und in der Tasche tragen.
Darauf brachte Brock seine Kleinode hervor und gab dem Odin den Ring und sagte, in jeder neunten Nacht würden acht ebenso kostbare Ringe von ihm niederträufeln.
Dem Freyr gab er den Eber und sagte, er renne durch Luft und Wasser Tag und Nacht schneller als irgendein Pferd und nie wäre es so finster in der Nacht oder im Schwarzwald, daß es nicht hell genug würde, wohin er auch führe, so leuchteten seine Borsten.
Dem Thor gab er den Hammer und sagte, er möge so stark damit schlagen, als er wolle, was ihm auch vorkäme, ohne daß der Hammer Schaden nähme; und wohin er ihn auch werfe, so solle er ihn doch nicht verlieren, und nie solle er so weit fliegen, daß er nicht in seine Hand zurückkehre,

und wenn es ihm beliebe, solle er so klein werden, daß er ihn verbergen könne. Er habe nur den Fehler, daß sein Stiel zu kurz geraten sei.
Da urteilten die Götter, der Hammer sei das beste von allen Kleinoden und die beste Wehr wider die Hrimthursen, und entschieden sie die Wette dahin, daß der Zwerg gewonnen habe.
Da erbot sich Loki, sein Haupt zu schonen; aber der Zwerg antwortete, darauf dürfe er nicht hoffen.
»So nimm mich denn«, sagte Loki; aber als jener ihn fassen wollte, war er schon weit fort, denn Loki hatte Schuhe, die ihn durch Luft und Wasser trugen.
Da bat der Zwerg den Thor, ihn zu ergreifen, und dieser tat es. Da wollte der Zwerg Lokis Haupt abhauen, aber Loki sagte, nur das Haupt sei sein, nicht der Hals. Da nahm der Zwerg einen Riemen und ein Messer und wollte Löcher in Lokis Lippen schneiden und ihm den Mund zusammennähen; aber das Messer schnitt nicht. Da sagte er, besser wäre es, wenn er seines Bruders Ahle hätte, und in dem Augenblick, als er sie nannte, war sie bei ihm und durchbohrte jenem die Lippen. Da nähte er ihm den Mund zusammen und riß den Riemen am Ende der Naht ab. Der Riemen, womit er dem Loki den Mund zusammennähte, heißt Wartari.

Das unterirdische Labyrinth

Wohnungen und Werkstätten der Zwerge sind laut Überlieferung in Höhlen und unterirdischen Gängen verborgen. Das deutet ebenfalls aufs Askja-Massiv. Denn dort gibt es ein weitverzweigtes Labyrinth unterirdischer Höhlen und Gänge, das auf zweierlei Weise entstanden ist:

Zum einen spien einige Krater und Feuerspalten des Askja-Gebietes ungewöhnlich dünnflüssige Laven aus, die an den Oberflächen verkrusteten, darunter abflossen und ein ganzes System von Höhlen und Gängen entstehen ließen.

Zum anderen lag's daran, daß der bei Ausbrüchen in großen Mengen eruptierte Bimsstein – ein besonders poröses und deshalb leichtes Lockerprodukt des Vulkanismus – über das Felsmassiv geweht wurde und im Winter über verschneiten Schluchten, Klüften und Kesseln zu Flächen verklumpte. Als dann der Schnee abschmolz, wölbten sich die Bimssteinflächen wie Gewölbedecken über Hohlräume.

Durch einige Öffnungen kann man Höhlen und Gänge sehen und gelegentlich sogar betreten. »Der Wanderer (vernimmt)... auf weiten Flächen hin in der Tiefe einen dumpfen Widerhall seiner Schritte..., wie wenn er über hohle Kellergewölbe hinwegginge.« (Hans Spethmann, »Islands größter Vulkan«) Ungefährlich sind diese unterirdischen Hohlräume nicht. Mehrmals sind Geologen – wie sie in ihren Büchern schrieben – bei früheren Expeditionen mit ihren Pferden eingebrochen. Auch heute wird davor gewarnt, im Felsmassiv der Askja die eingetretenen Pfade zu verlassen und querfeldein die Gewölbe der Lavafelder zu betreten. Wer unbeobachtet über einstürzende Lava- oder Bimssteindecken ins Labyrinth der teils recht tiefen Höhlen und Gänge hinabsaust, wird möglicherweise nie mehr gefunden. Er wäre nicht der erste, der im Askja-Gebiet verschwunden ist.

Im Jahre 1907 verschwanden dort zwei Mitglieder einer Geologenexpedition unter rätselhaften Umständen. Was sich damals begab, wird heute als Askja-Tragödie bezeichnet:

Die Expedition, finanziert von der Königlich Preußischen Akademie der Wissenschaften zu Berlin, traf am 1. Juli 1907 mit einer Karawane von siebenundzwanzig Pferden im Askja-Kessel ein. Teilnehmer waren der Privatdozent für Geologie Walther von Knebel, 27 Jahre alt, der Geologiestudent Hans Spethmann, 22, und der Maler Max Rudloff, 23.

Ögmundur Sigurdsson, ein erfahrener isländischer Scout, hatte die Karawane zur Askja geführt. Noch am Ankunftstag brach er wieder auf, um die Pferde zu den Weiden des nächstgelegenen Einödhofes Svartakot zurückzutreiben. Nach vierzehn Tagen sollte er die Expeditionsteilnehmer wieder abholen.
Die drei Männer aus Berlin hatten ein Faltboot mitgebracht, das sie zur Erkundung des Askja-Sees einsetzen wollten. Am 9. Juli schleppten Walther von Knebel und Max Rudloff das Boot über die Steilwände des Ufers zum Wasser hinunter. Ob sie das Boot am nächsten Tag bestiegen, ist ungewiß. Spethmann hat sie dabei nicht beobachtet, denn er hielt sich seit dem frühen Morgen des 10. Juli im nordöstlichen Teil des Vulkanmassivs auf.
Als er gegen 22 Uhr zum Zeltplatz zurückkehrte, waren Walther von Knebel und Max Rudloff verschwunden – war vom Boot nichts zu sehen. Spethmann begann zu suchen, schrie die Namen seiner Freunde, kletterte am Seeufer entlang, lief über Lavafelder und Bimssteinebenen, schaute in Höhlen, Vulkankrater und Feuerspalten. Fünf Tage und Nächte schlief er keine Stunde, stets auf der Suche nach den Freunden, die irgendwo sein mußten, möglicherweise ganz in der Nähe, hilflos vielleicht, vielleicht noch zu retten – vielleicht aber auch schon tot. »Es war«, so wird er später schreiben, »eine Zeit höchster Aufregungen, die mit zu dem Schrecklichsten und Ergreifendsten gehörten, die ich erlebt habe ... in jener Gegend, die bar jeglichen animalischen Lebens und frei von jedweder Vegetation ist.«
Am 15. Juli kehrte Ögmundur Sigurdsson mit der Pferdekarawane zurück. Er ahnte Böses, als der von Sorge, Schlaflosigkeit und Einsamkeit zerschundene Spethmann auf ihn zutaumelte. Spethmann über die Begegnung: »Schon von weitem rief er mir zu: ›Are you all living, Sir? – Sind Sie alle am Leben?‹ Ich antwortete nichts. Er sah mein verstörtes Gesicht, kam schnell auf mich zugesprungen und fragte erregt noch einmal: ›Are you all living?‹ – ›No‹, das war das einzige Wort, das ich über die Lippen brachte.«
Ögmundur Sigurdsson ritt aus der Askja hinaus und zur Missetäterwüste hinunter, trommelte in Tag- und Nachtritten die Einödbauern zu einer Suchaktion zusammen, ließ vom Mückensee

mit einer neuen Pferdekarawane unter unvorstellbaren Strapazen ein Holzboot zur Askja schaffen, doch alle Nachforschungen verliefen ergebnislos. Walther von Knebel und Max Rudloff blieben verschollen. Wie sie verschwanden, weiß niemand.
Spethmann kehrte nach der Suchaktion in besiedeltes Gebiet zurück und verständigte telegrafisch die Königlich Preußische Akademie der Wissenschaften in Berlin. Er ließ keinen Zweifel offen, daß die beiden Vermißten tot seien – wahrscheinlich ertrunken im See. Geheimrat Wilhelm von Branca, Universitätsprofessor und berühmter Geologe seiner Zeit, überbrachte die Trauernachricht den Angehörigen, unter ihnen der jungen Ina von Grumbkow, die mit Walther von Knebel verlobt war.
Und nun ereignete sich Seltsames: Nach den Trauerfeierlichkeiten in Berlin, als niemand mehr am Tode der beiden Forscher zweifelte und sich alle mit dem Unglück abgefunden hatten, erhielt Ina von Grumbkow ein Paket aus Reykjavik mit fotografischen Platten und dem handschriftlichen Vermerk: »23. und 24. Juli«. Die Handschrift stammte nach Ansicht Ina von Grumbkows einwandfrei von ihrem Verlobten. Demnach konnte Walther von Knebel nicht, wie telegrafisch gemeldet, am 10. Juli gestorben sein. Alle glaubten an ein Wunder. Doch Walther von Knebel traf in Berlin nicht ein. Rätselraten, Zweifel, Unruhe, Besorgnis. Rückfragen in Reykjavik ergaben, daß weder er noch Max Rudloff dort angekommen waren. Ögmundur Sigurdsson teilte telegrafisch mit, er könne als Augenzeuge bestätigen, daß Walther von Knebel die fotografischen Platten im Juni versehentlich mit Juli datiert hatte. Hans Spethmann, inzwischen aus Island zurückgekehrt, gab eine andere Erklärung: Er, Spethmann, hätte die Platten am 23. und 24. Juli beschriftet; seine Handschrift sei der Walther von Knebels ähnlich. Irrtümlicherweise seien die Platten auch an Ina von Grumbkow adressiert worden.
Ina von Grumbkow indes, vom Wechsel zwischen Schreckensnachricht, Freudenbotschaft und Enttäuschung geschockt, wollte den Tod ihres Verlobten nicht mehr wahrhaben und startete im nächsten Jahr zusammen mit Walther von Knebels bestem Freund, dem Berliner Geologen Dr. Hans Reck, zu einer

von der Königlich Preußischen Akademie der Wissenschaften großzügig unterstützten Suchaktion, die freilich auch geologischen Forschungsarbeiten dienen sollte. In Reykjavik war sie noch, wie der zufälligerweise gleichzeitig dort weilende Germanist Paul Herrmann berichtete, voll guten Mutes. Sie glaubte, den Verlobten lebend zu finden. Doch ihre Hoffnung schwand immer mehr, von Tag zu Tag, von Woche zu Woche, je tiefer sie mit Hans Reck und dem isländischen Scout Sigurdur Sumarlidason in die Toteneinsamkeit der Vulkanzone vordrang. Als sie dann endlich das Ziel erreicht hatte, den Schauplatz der Tragödie, das Seeufer im Askja-Kessel – da war ihre Zuversicht erloschen. Zusammen mit Hans Reck errichtete sie am Seeufer eine Steinpyramide zum Gedenken an die beiden Verunglückten. Hans Reck meißelte in eine Platte aus Doloritlava diese Inschrift:

> † 1907
> Walther von Knebel
> Max Rudloff

In ihrem Buch »Isafold« schrieb Ina von Grumbkow später, was sie damals in der Askja empfunden hatten: »Wohl wenigen Sterblichen wird ein solch königliches Grab zuteil wie diesen beiden, denen dieser majestätische, leuchtende Alpensee zur Gruft wurde.«

Für Ina von Grumbkow brachte die Reise zur Askja dann doch noch eine glückliche Zukunft. Sie heiratete den Mann, der sie auf der Suche nach dem Verlobten begleitet hatte: Hans Reck.

Aurwangs Tiefen

Die Steinpyramide steht heute noch da, wo Hans Reck und Ina von Grumbkow sie errichtet haben. Die Tafel aus Doloritlava wurde im Jahre 1979 durch eine Metalltafel mit derselben Inschrift ersetzt.

Als ich im August 1980 mit meinen Freunden Karl, Otto und Frank zum erstenmal davorstand, zerrte ein Schneesturm an unseren Ponchos. Der Wind sauste in die Kapuzen, die Landschaft war von weißen Wirbeln vernebelt. Vom Askja-See war unterhalb der steilen Uferwände nur ein kleiner Fleck aufgeschäumter Gischt zu erkennen. Unweit der Steinpyramide stieg aus dem Schlund des Explosionskraters »Viti« der schwefelriechende Dampf einer lauwarmen Brühe, die sich dort seit Jahrzehnten angesammelt hat.

Erst bei meinen späteren Reisen zeigte sich die Askja im Sonnenlicht als Panorama mit dunkler Felsbegrenzung, glitzernder Ebene, schwarzen Kratern, tiefblauem See und vereinzelten, gelben Solfatarenfeldern, aus denen Dampfsäulen zischten. Die poesielose Übersetzung »Schachtel« für Askja schien mir auf den ersten Blick so gar nicht zu dieser farbenfrohen Mondlandschaft zu passen, und erst bei näherer, nüchterner Betrachtung war der Einsturzkessel als etwa acht mal acht Kilometer große, vergleichsweise flache Schachtel im Felsmassiv zu erkennen. Die Sonne brachte auch ein Phänomen an den Tag, das ich schon früher in fast allen Geologiebüchern beschrieben gefunden hatte: »Goldiggelber Bimsstein« (Werner Schutzbach, »Island, Feuerinsel am Polarkreis«) bedeckt auf weite Flächen den Boden der Askja, glänzend und glitzernd, als sei die Schachtel mit Goldklumpen übersät. Von der »im Askja-Kessel allgemein goldigen Bimssteinüberdeckung« schreibt auch Ina von Grumbkow in ihrem Buch »Isafold«. Bimsstein ist ein bei Vulkanausbrüchen noch im Kraterschlot gebildeter und sogleich zu kleineren und größeren Brocken erstarrter Lavaschaum, porös und leichter als Wasser, hellgrau, dunkelgrau, ockerfarben, manchmal auch wie Gold und Silber glänzend.

Im Askja-Gebiet wurde überwiegend goldfarbiger Bimsstein in unverhältnismäßig großen Mengen eruptiert. Schnee und Schmelzwasser haben das leichte Material auf weiten Flächen verklumpt und verkittet, und was an lockerem Bimsstein herumliegt, kann vom Sturm aus den Felswänden der »Schachtel« kaum hinausgeweht werden. Deshalb ist dort der Boden zu großen Teilen mit dem goldglänzenden Material bedeckt. Besonders von der Höhe umliegender Felsen aus betrachtet, auf die ich hinaufgeklettert war, wirkte der Askja-Kessel im Sonnenlicht wie eine goldglänzende Tiefebene, wie eine überdimensionale

Schmuckschachtel – unwirklich wie mythisches Land. Wie mythisches Land? Der Bezug zwischen goldglänzender Tiefebene und Zwergenreich der Göttersagen drängt sich geradezu auf. Denn im Völuspa-Lied heißt es:

Zeit ist's, die Zwerge von Dwalins Zunft
den Leuten zu leiten bis Lofar hinauf,
die aus Gestein und Klüften strebten
von Aurwangs Tiefen zum Erdenfeld.

Dwalin und Lofar sind die Namen von Zwergen. Entscheidend ist das Wort Aurwang – original: *aurrwangr* – das sich in zwei Varianten deuten läßt. *aurr* heißt Feuchtigkeit oder Goldglanz (die Etymologie zum lateinischen *aurum*, Gold, ist nicht zu übersehen); *vangr* bedeutet Ebene und Flur. Aurwangs Tiefen – aus denen die Zwerge zum Erdenfeld strebten – sind demnach auszulegen als feuchte Tiefebene oder goldglänzende Tiefebene. Die mythologische Forschung neigte bisher eher zur ersten Deutung – feuchte Tiefebene –, weil selbst bei viel Phantasie und bereitwilligem Verständnis für sagenhafte Stätten eine »goldglänzende Tiefebene« zwischen »Gestein und Klüften« so gut wie unvorstellbar ist. Doch hier, von der Anhöhe des Felsabsturzes aus betrachtet, lag das schier Unvorstellbare vor mir: die goldglänzende Tiefebene zwischen Gestein und Klüften. Besser als der Mythendichter könnte man den Askja-Kessel gar nicht beschreiben. Schöner als Schachtel klingt es allemal.
Die goldglänzende Bimssteinbedeckung, die heute zu sehen ist, stammt überwiegend vom Vulkanausbruch aus dem Jahre 1875, und es ergibt sich die berechtigte Frage, ob die Askja zur Zeit der Edda-Entstehung ebenfalls den Eindruck einer goldglänzenden Tiefebene hervorgerufen hat. Ich habe darüber mit Geologen gesprochen. Sie meinen: aller Wahrscheinlichkeit nach ja. Denn die Eruptionszentren eines bestimmten Vulkangebietes schleudern erfahrungsgemäß fast immer das gleiche Eruptionsmaterial aus, und mithin dürfte die Askja auch früher schon mit goldgelbem Bimsstein bedeckt gewesen sein. Ein Beweis dafür kann allerdings nicht erbracht werden.

Kehren wir noch einmal zum Edda-Vers zurück: »Aus Gestein und Klüften« strebten die Zwerge von »Aurwangs Tiefen« zum »Erdenfeld«. Dieses Erdenfeld, von Karl Simrock in seiner mythischen Bedeutung sicherlich richtig übersetzt, heißt im Originaltext: *Jöruvalla*. Das Wort läßt sich mit *jörvi*, Sander, in Beziehung bringen. *Jöruvalla* bedeutet demnach wörtlich: Sandfeld oder Sandwüste. Da das Wort *Jöruvalla* auffallenderweise groß geschrieben wird, handelt es sich zweifellos um einen Eigennamen. Der Mythendichter muß also eine ganz bestimmte Wüste gemeint haben, eine besondere Wüste, die jeder kennt oder von der zumindest jeder gehört hat. So paßt das Wort *Jöruvalla* als weiterer Mosaikstein exakt in die verschlüsselte Landschaftsbeschreibung des Askja-Gebietes. Denn das Vulkanmassiv aus »Gestein und Klüften« mit der darin verborgenen »goldglänzenden Tiefebene« liegt in einer der größten und am meisten verrufenen Wüsten Islands: in der Missetäterwüste!
Es gibt noch weitere Anzeichen, die darauf hindeuten, daß die Mythendichter sich den Askja-Kessel als Schatzkammer der Zwerge vorgestellt haben.

Der Hügel aus Halbedelstein

Im Askja-Kessel findet sich nicht nur Bimsstein, der wie Gold aussieht, sondern auch Obsidian in Hülle und Fülle. Obsidian, ein stark glänzender Halbedelstein, entsteht bei Vulkanausbrüchen durch jähe Abkühlung kieselsäurehaltiger Lava. Isländischer Obsidian ist fast immer tiefschwarz.
Schon die Steinzeitmenschen haben scharfkantige Bruchstücke von Obsidian zu Äxten, Pfeilspitzen, Messern und anderen Waffen oder Werkzeugen verarbeitet. Später war der Obsidian bei den Germanen ein begehrter Schmuckstein. Er diente auch als Orakelstein und war mit allerlei abergläubischen Vorstellungen behaftet. Sein heutiger materieller Wert ist im Vergleich zu anderen Edelsteinen gering. Die Isländer nennen ihn *Hrafntinna*, Rabenstein, wohl nach seiner schwarzen Farbe.
Obsidian ist in der Vulkanzone nicht selten. Diesen schwarzen Stein gibt es überall in Gebieten mit stark kieselsäurehaltigen

Eruptionsmaterialien, meist in Form schwarzer Splitter und Steine, hin und wieder sogar als zusammenhängende Felder. Solche Obsidianfelder sind Attraktionen für den Fremdenverkehr. So werden Islandbesucher nördlich des Mückensees mit Bussen scharenweise zu einem größeren Obsidianfeld gekarrt und eindringlich ermahnt, keine Erinnerungsstücke mitzunehmen.

Insofern ist also das häufige Vorkommen von Obsidian im Askja-Gebiet nichts Besonderes, mag auch der Halbedelstein dort zusammen mit den goldglänzenden Bimssteinklumpen die Vision von einer »Schatzkammer« herausfordern.

Mein Interesse für den Obsidian wurde erst geweckt, als ich in Schriften des isländischen Geologen Thorwaldur Thoroddsen (1855–1921) einen Obsidianfelsen erwähnt fand, einen Felsabsturz in einem kleinen Berg aus Halbedelstein, der sich irgendwo im Askja-Massiv befinden soll.

Ein Berg – oder auch nur ein Hügel – aus Halbedelstein! Das klingt eher nach Mythos als nach Geologie. So etwas wäre einzigartig auf der Welt.

Merkwürdigerweise hat Thorwaldur Thoroddsen die Fundstelle so ungenau beschrieben, daß sie nicht zu finden ist – gerade so, als wollte er den allgemeinen Zugang vereiteln. Hans Reck und Ina von Grumbkow, die Thorwaldur Thoroddsen persönlich gekannt hatten und von ihm wohl kollegial über die Fundstelle informiert worden waren, suchten und fanden diesen Obsidianfelsen. Aber auch in ihren Aufzeichnungen ist er so allgemein beschrieben, daß kein Leser hinfinden kann.

In neueren Geologiebüchern fand ich überhaupt nichts mehr geschrieben von diesem geologisch doch hochinteressanten Phänomen. Die Rede ist immer nur von Obsidiansteinen, die im Askja-Kessel herumliegen, aber keiner der Autoren verliert ein Wort über den Berg aus Obsidian, nirgendwo findet sich eine noch so beiläufige Erwähnung. Entweder wußten die Geologen nichts davon, oder sie verschwiegen ihre Kenntnisse, um Suche und allgemeine Ausbeutung zu verhindern. Heute wäre eine solche Gefahr durchaus gegeben, denn die Askja wird ziemlich oft besucht. Auf einer schon früher als Pferdeweg benutzten Ero-

sionsrinne, dem sogenannten Öskjoup, kann man im Hochsommer, wenn der Schnee geschmolzen ist, den Geländewagen im Schneckentempo bis zum Kessel hinaufschinden. Bei schönem Wetter streifen ganze Rudel sogenannter Abenteuerreisender herum, nicht ahnend, daß Gestein und Klüfte irgendwo einen Berg aus Halbedelstein verbergen!
Ich erkundigte mich nach diesem rätselhaften Obsidianvorkommen und mußte feststellen, daß es heute so gut wie unbekannt ist. Nur gelegentlich erinnerten sich ältere Leute, davon gehört zu haben, daß sich in der Askja ein »Berg mit einem Steinbruch aus Obsidian« erhebt. Doch merkwürdig genug: Sie glaubten eher an eine Sage als an Wirklichkeit. Immer wieder tauchte das Wort »Steinbruch« auf, als ob dort Obsidian durch Tagebau gezielt abgebaut worden wäre. Von wem? Und wann? Und wo soll der Steinbruch sein? War überhaupt was dran an dieser ganzen Geschichte, die immer sagenhafter wurde?
Schließlich bekam ich doch einen Tip, allerdings nur unter der Bedingung, daß ich in meinem Buch den Weg zum Berg aus Obsidian nicht beschreiben würde. Über die Fundstelle berichten dürfte ich schon. Der Tip klang recht geheimnisvoll. Es gäbe, so hieß es, eine mehr als hundert Jahre alte handgezeichnete Landkarte vom Askja-Kessel, unbedeutend, ungenau und deshalb heutzutage völlig unbekannt, die aber einen Wegweiser zum Berg aus Obsidian enthalte. Wie ich die Karte finden könnte, wurde mir ebenfalls gesagt.
Monate später hatte ich die Karte aufgestöbert. Handgezeichnet und mit Flecken übersät, wirkte sie wahrhaftig, der Leser möge mir den Vergleich gönnen, wie eine Schatzgräberkarte. Sie war nur drei mal vier Zentimeter groß, offensichtlich nach Augenmaß gezeichnet, mit völlig falschen Konturen und Dimensionen des Askja-Kessels und des Sees. Aber immerhin: Ein Pfeil mit der Aufschrift »Obsidian« wies auf eine Stelle, die ich, soweit ich die Askja inzwischen kannte, wohl finden würde.
Bei meiner letzten Islandreise mit Eberhard Grames packte ich dann am Ufer des Askja-Sees die Fotokopie der Karte aus dem Rucksack. Eberhard grinste ungläubig und amüsiert, als ich ihm die Geschichte erzählte und das Versprechen abnahm, daß

er, um meine Verpflichtung mit zu tragen, den Weg zur Fundstelle nicht publizieren würde.
Wir verglichen die Landkarte mit dem Gelände und marschierten querfeldein in einen völlig unberührten Teil des Massivs. Weit und breit kein Pfad, kein Schuhabdruck, keine Spur von Menschen. Nebelschwaden verhingen die Fernsicht. Deshalb waren wir um so mehr überrascht, als, nach zweistündigem Marsch etwa, aus grauen Schleiern eine schwarzlackfarbige Felswand heraustauchte: Der sagenumwobene Obsidianfelsen! Der Hügel aus Halbedelstein. Ein einzigartiges Phänomen des Vulkanismus.
Der etwa fünfzehn Meter hohe und sechzig Meter lange Felsabsturz sah in der Tat so aus wie ein Steinbruch, als hätten dort Menschen im Tagebau den Halbedelstein gewonnen. Doch gab es keinen Zweifel daran, daß es ein natürlicher Felsabsturz war, ein Felsabbruch im Hügel. Darunter dehnte sich ein Trümmerfeld aus Halbedelstein: Splitter, Scherben, Schollen, Platten und Klumpen verschiedenen Formats, von Kieselgröße bis zu tonnenschweren Brocken. Alles aus Obsidian. Wir wateten in Halbedelsteinen, die unter den Schuhen seltsam klackten und klirrten. Einige Stücke waren von Bimsstein durchschossen wie von goldfarbigen Blitzen, andere wieder mit Eisen verschmolzen, so daß die lackähnliche Schwärze in schillerndes Rot überging. Wir fanden auch einige Stücke, in die das Vulkanfeuer gleichsam surrealistische Reliefs eingebrannt hatte und die wie von der Hand eines Künstlers geformt schienen. Zwischen den schwarzglänzenden Obsidianen lagen goldfarbene Bimssteine herum, und als später die Sonne aufging, als alles zu glitzern und zu leuchten anfing, sah es wahrhaftig so aus, als hätten wir den Schatz der Zwerge gefunden, den sagenhaften Hort, von dem es heißt, daß ein Drache ihn bewacht.
»Und wo«, fragte Eberhard, »ist jetzt der Drache?«
Ich zeigte ihm die Stelle auf der Landkarte. Den Drachen gibt's nämlich auch im Felsmassiv des Dyngjufjöll.

Die Drachenschlucht

Drachen sind mythische Ungeheuer, die in Sagen verschiedene Rollen spielen. Vor allem als Verkörperung vulkanischer Kräfte, als Geiselnehmer jungfräulicher Königstöchter und als Schatzwächter. »Die Drachen liegen auf Gold und schädigen bei ihrer Ausfahrt Land und Leute. Vornehmste Aufgabe der Helden ist die Bekämpfung der Ungetüme, Erlösung von der Landplage, Hebung des Hortes... Ein großer Schatz (ist)... damit erkämpft.« (Wolfgang Golther, »Handbuch der germanischen Mythologie«)

Zu den bekanntesten Sagen von Zwergenschatz und Drachenkampf gehört die Sigurdsage, die, in einigen Heldenliedern der Edda überliefert, von Snorri Sturluson später in seinen Göttersagen der Prosa-Edda verarbeitet wurde. Zudem ist die Sigurdsage eine der Quellen des Nibelungenliedes, das ein unbekannter Dichter vermutlich in der Passauer Gegend um 1200 geschrieben hat.

Zweifellos war die Sigurdsage schon um die Jahrtausendwende in Skandinavien bekannt. Denn zwei Felsritzungen in Södermanland – hundert Kilometer westlich von Stockholm – zeigen Darstellungen des Drachenkampfes und lassen sich anhand von Runeninschriften ins Jahr 1020 datieren. Und aus dem Jahre 1200 etwa stammen die hölzernen Türpfosten der Kirche von Nylestad in Norwegen mit eingeschnitzten Zeichnungen ähnlicher Art. Wann die Drachenkampfgeschichte der Nibelungensage entstand, läßt sich nicht klären. Es ist denkbar, daß Snorri in seiner Prosa-Edda eine archetypische Drachenkampfgeschichte auf die isländische Landschaft bezogen hat. Denn im Askja-Gebiet gibt es einen Drachen – und dazu auch noch die Szenerie der Sigurdsage: Zwergenreich, Zwergenschatz, Fluß und Wasserfall.

Der Drache liegt am Eingang einer flußdurchtosten Schlucht, die sich in Schlangenwindungen von Nordosten aus ins Dyngjufjöll-Massiv hineinzieht – genau in Richtung auf den Askja-Kessel. Am Ende der Schlucht kaskiert ein etwa fünfundzwanzig bis dreißig Meter hoher Wasserfall zwischen schwarzen Felsen

in die Tiefe. Der Drache am Eingang der Schlucht – den Kopf ins Wasser gesenkt, die Rückenschuppen gesträubt, den Schweif emporgereckt – ist ein jahrtausendealtes Erosionsphänomen, dessen Entstehung sich so erklären läßt: Der Fluß führt Sand und Klumpen aus Bimsstein, die leichter als Wasser sind und schwimmen und jedem die Haut aufreißen, der sich dort arglos zu waschen versucht. Bei Hochwasser schmirgeln und schleifen die sand- und steinhaltigen Stromschnellen aus dem Fels allerlei bizarre Formen heraus – so zum Beispiel die Drachengestalt, die zwar erst nach zweimaligem Hinschauen erkennbar ist, die aber doch so deutlich wirkt, daß die Schlucht davon ihren Namen hat: Drekagil – Drachenschlucht.
Möglich, daß diese landschaftliche Szenerie eine isländische Variante der Drachenkampfsage herausgefordert hat.
Snorri beginnt seine Erzählung damit, daß Göttervater Odin, Feuergott Loki und Odins Bruder Hönir einen Otter erschlagen, der, wie sich herausstellt, ein verwandelter Sohn des Bauern Hreidmar war. Hreidmar überwältigt mit Hilfe seiner zwei anderen, zwergenhaften Söhne namens Fafnir und Regin die Götter und fordert Lösegeld: Sie sollen den Balg des erschlagenen Otters mit Gold füllen und zudem mit Gold so bedecken, daß kein Haar mehr zu sehen ist. Der nun folgende wörtliche Teil aus Snorris Überlieferung könnte sich auf die Drachenschlucht beim Askja-Kessel beziehen:

> Da sandte Odin den Loki nach Schwarzalfenheim, und der kam zum Zwerg, der Andwari hieß und ein Fisch im Wasser war. Loki griff ihn mit den Händen und heischte von ihm zum Lösegeld alles Gold, das er in seinem Felsen hatte.
> Und als sie in den Felsen kamen, trug der Zwerg alles Gold hervor, das er hatte, und das war ein großes Gut.
> Da verbarg der Zwerg unter seiner Hand einen kleinen Goldring: Loki sah's und gebot ihm, den Ring herzugeben.

Der Zwerg bat, ihm den Ring nicht abzunehmen, weil er mit dem Ringe, wenn er ihn behielte, sein Gold wieder vermehren könne.
Aber Loki sagte, er solle nicht einen Pfennig übrigbehalten, nahm ihm den Ring und ging hinaus.
Da sagte der Zwerg, der Ring solle jedem, der ihn besäße, das Leben kosten. Loki versetzte, das sei ihm ganz recht und es solle gehalten werden nach seiner Voraussage; er werde es aber den schon wissen lassen, der ihn künftig besitzen solle.
Da fuhr er zurück nach Hreidmars Hause und zeigte Odin das Gold, und als er den Ring sah, schien er ihm schön; er nahm ihn vom Haufen und gab das übrige Gold dem Hreidmar.
Da füllte er den Otterbalg, so dicht er konnte, und richtete ihn auf, als er voll war.
Da ging Odin hinzu und sollte ihn mit dem Golde hüllen. Als er das getan hatte, sprach er zu Hreidmar, er solle zusehen, ob der Balg gehörig gefüllt sei.
Hreidmar ging hin und sah genau zu und fand ein einziges Barthaar und gebot auch das zu verdecken, denn sonst wäre ihr Vertrag gebrochen.
Da zog Odin den Ring hervor, verdeckte das Barthaar und sagte, hiermit habe er sich nun der Otterbuße entledigt.
Und als Odin seinen Speer genommen hatte und Loki seine Schuhe, daß sie sich nicht mehr fürchten mußten, da sprach Loki, es sollte dabei bleiben, was Andwari gesagt hatte, daß der Ring und das Gold

dem Besitzer das Leben kosten solle, und so geschah es seitdem. Darum heißt das Gold »Ottersbuße« und »der Asen Notgeld«.
Als Hreidmar das Gold zur Sohnesbuße empfangen hatte, verlangten Fafnir und Regin ihren Teil davon zur Brudersbuße; aber Hreidmar gönnte ihnen nichts davon. Da kamen die Brüder überein, ihren Vater des Goldes wegen zu töten. Als Fafnir dies allein getan hatte, verlangte Regin, daß Fafnir das Gold zur Hälfte mit ihm teilen sollte. Fafnir antwortete, es sei wenig Hoffnung, daß er das Gold mit seinem Bruder teilen werde, da er seinen Vater um das Gold erschlagen habe, und gebot ihm, sich fortzumachen, denn sonst würde es ihm ergehen wie dem Hreidmar.
Fafnir hatte das Schwert Hrotti und den Helm, den Hreidmar besessen hatte, genommen und den auf sein Haupt gesetzt. Dieser Helm hieß Ögirshelm und war allen Lebendigen ein Schrecken zu schauen. Regin hatte das Schwert, das Refil hieß; damit entfloh er.
Fafnir fuhr mit dem Goldschatz auf die Gnitaheide, machte sich da ein Bett, nahm Schlangengestalt an und lag auf dem Golde.
Da fuhr Regin zu Hialprek, König in Thiodi, und ward dessen Schmied; auch übernahm er die Pflege Sigurds, des Sohnes Sigmunds, des Sohnes Wölsungs. Sigurds Mutter war Hjordis, König Eilimis Tochter. Sigurd war der gewaltigste aller Heerkönige nach Geschlecht, Kraft und Sinn.

Schlangengestalt: gemeint ist Drache, Lindwurm.

Hialprek: ein König, der die schöne Walküre Hjordis raubte, als sie von ihrem Verlobten Sigmund Wölsungsohn ein Kind – Sigurd – erwartete

Regin sagte ihm davon, daß Fafnir dort auf dem Golde läge, und reizte ihn, sich des Goldes zu bemächtigen.
Da schmiedete Regin ein Schwert, das Gram hieß und so scharf war, daß, als Sigurd es in fließendes Wasser hielt, es eine Wollflocke zerschnitt, die der Strom gegen seine Schärfe trieb; danach schlug Sigurd mit dem Schwert Regins Amboß bis auf den Untersatz entzwei.
Darauf fuhr Sigurd mit Regin zur Gnitaheide. Da grub Sigurd eine Grube auf Fafnirs Wege und setzte sich hinein. Als nun Fafnir zum Wasser kroch und über die Grube kam, da durchbohrte ihn Sigurd mit dem Schwerte, und das war sein Tod.
Da ging Regin hinzu und sagte, er hätte seinen Bruder getötet, und verlangte zur Sühne, daß er Fafnirs Herz nähme und am Feuer briete. Dann kniete Regin nieder, trank Fafnirs Blut und legte sich schlafen.
Als aber Sigurd das Herz briet und dachte, es wäre gar, und mit dem Finger versuchte, ob es weich genug wäre, und das Fett aus dem Herzen ihm an den Finger kam, verbrannte er sich und steckte den Finger in den Mund.
Und als das Herzblut ihm auf die Zunge kam, verstand er die Sprache der Vögel und wußte, was die Adlerinnen sagten, die auf den Bäumen saßen. Da sprach eine:
»Dort sitzt Sigurd blutbespritzt
und brät am Feuer Fafnirs Herz.
Klug deuchte mich der Ringverderber,
wenn er das leuchtende Lebensfleisch
äße.«
Eine andere sagte:

»Da liegt nun Regin und geht zu Rat,
wie er betrüge den Mann, der ihm vertraut.
Sinnt in der Bosheit auf falsche
Beschuldigung;
Der Unheilschmied brütet dem Bruder
Rache.«

Da ging Sigurd zu Regin und erschlug ihn, und dann stieg er auf sein Roß, das Grani hieß, und ritt, bis er zu Fafnirs Versteck kam, nahm das Gold heraus und band es in zwei Bündeln auf Granis Rücken und ritt seines Weges.
Darum heißt das Gold Gnitaheides Staub und Granis Bürde.

Die Gnitaheide, wo Fafnir in Gestalt eines Drachen zum Wasser kroch, läßt sich wörtlich mit Geröllfeld übersetzen. Tatsächlich ist die ansonsten von Sand und erstarrten Lavafluten bedeckte Missetäterwüste im Nordosten des Dyngjufjöll-Gebirges vor dem Eingang zur Drachenschlucht ein Geröllfeld. Und auf diesem Geröllfeld wie auch auf dem Wüstenboden in nächster Umgebung des Felsmassivs liegt noch heute goldfarbiger Bimsstein von Vulkanausbrüchen. Gnitaheides Staub?
Die Entsprechung zwischen Landschaft und Sage wird noch deutlicher, wenn man die Sigurdlieder der Edda liest. Dort heißt es, daß der Zwerg Andwari, der seinen Schatz im Felsen hatte, an einem Wasserfall saß: an »Andwaris Wasserfall«. Damit könnte der Wasserfall am Ende der Drachenschlucht gemeint sein, vor den Felsen des Askja-Kessels. Und über den Drachenkampf wird berichtet, daß »Fafnir Gift von sich blies, und dieses Gift fiel Sigurd aufs Haupt«. Das ließe sich als verschlüsselte Beschreibung eines Vulkanausbruchs deuten. Der Drache Fafnir wäre also nicht nur Hüter des Zwergenschatzes, sondern auch Verkörperung vulkanischer Kräfte – und entspräche damit in zweifacher Hinsicht der Landschaftsbeschreibung des Askja-Massivs.

Der Mord am Sonnengott

Symbol des moralischen Niedergangs

Baldur ist der Gott der Sonne, des Lichtes, der Reinheit, vielleicht auch des Friedens. In der Prosa-Edda wird er so beschrieben:

> Von ihm ist nur Gutes zu sagen. Er ist der Beste und wird von allen gelobt. Er ist so schön von Antlitz und so glänzend, daß ein Schein von ihm ausgeht. Eine Blume ist so licht, daß sie mit Baldurs Augenbrauen verglichen wird; sie ist die lichteste aller Blumen: davon magst du auf die Schönheit seines Haares sowohl als seines Leibes schließen. Er ist der weiseste, beredteste und mildeste von allen Asen. Er hat die Eigenschaft, daß niemand sein Urteil schelten kann. Er bewohnt im Himmel die Stätte, die Breidablik heißt. Da wird nichts Unreines geduldet.

Baldurs Augenbrauen: Gemeint ist die weißstrahlige Kamille, die im Isländischen als »Baldrsbra« bezeichnet wird

Seine Ermordung ist laut Prosa-Edda »das ... größte Unglück, das Menschen und Götter betraf«: Symbol des moralischen Niedergangs und Vorzeichen der Götterdämmerung, des Weltbrandes, der Apokalypse. Die Frage, warum es zu Baldurs Ermordung und der anschließenden Verkettung von Unheil kam, die Frage nach dem mythischen Motiv, nach dem Sündenfall in der germanischen Götterlehre hat Forscher viel beschäftigt. Sigurdur Nordal erblickt den »Sündenfall« der Götter im Eidbruch, den sie sich gegenüber dem Baumeister der Götterburg geleistet haben. Ein Riese erbot sich, wie erinnerlich, den Göttern in drei Wintern eine Burg zu bauen, »aber er bedingte sich das zum Lohn, daß er (die Liebesgöttin) Freyja haben sollte und dazu Sonne und Mond«. Die Götter willigten ein. Doch als sich zeigte, daß der Riese mit Hilfe des mythischen Pferdes Swadilfari termingerecht fertig zu werden drohte, »da setzten sich die Götter auf ihre Richterstühle und hielten Rat«. Ihre Absicht: Lohnverweigerung. Das Konferenzergebnis: »Sie gingen zu Loki und sagten, er sollte eines übeln Todes sein, wenn er nicht Rat fände, den Baumeister um seinen Lohn zu bringen.« Loki, der listige Feuergott, verwandelte sich daraufhin in eine Stute und lockte den Hengst Swadilfari in einen Wald. Ohne Swadilfari, der inzwischen mit Loki Odins achtbeiniges Pferd Sleipnir zeugte, brachte der Riesenbaumeister die Burg nicht fertig. Als er, solchermaßen bestohlen und betrogen, in begreiflichen »Riesenzorn« geriet, ließen ihn die Götter von Thor kalt um die Ecke bringen. Sieht man von Lokis mythischer Sodomie ab, dann ist der Sachverhalt qualifizierbar als Betrug, Eidbruch, Pferdediebstahl, Mord und Verstoß gegen das heilige Gastrecht, das dem Baumeister zustand in Asgard. Die Götter wären nach germanischer Rechtstradition reif gewesen fürs Todesurteil oder fürs Verdikt der Verbannung in die Missetäterwüste (wo sich übrigens der Tafelvulkan Herdubreid – die Götterburg Asgard des germanischen Mythos – leuchtend über schwarzes Lavaland erhebt). Götter freilich konnten sich irdischer Gerichtsbarkeit entziehen – nicht aber dem Schicksal. Und so nahm das Unheil seinen Lauf. Es begann – laut Prosa-Edda – damit, daß ...

> ... Baldur, der Gute, schwere Träume
> träumte, die seinem Leben Gefahr dräuten.
> Und als er den Asen seine Träume sagte,
> pflogen sie Rat zusammen und
> beschlossen, dem Baldur Sicherheit von
> allen Gefahren auszuwirken.

Odin tat noch ein übriges. Er ritt verkleidet zur toten Seherin Wala, die am östlichen Tor der Unterwelt in ihrem Grab lag, weckte sie mit Zaubergesang und Beschwörungsformel, gab sich als Wegtam (wegkundiger Wanderer) aus und verlangte eine Deutung von Baldurs Träumen. Die Antwort: Baldur wird ermordet – die Götter werden verderben. Odins Ritt zur Seherin und ihre Prophezeiung werden in einem Lied besungen, das den Titel »Baldurs draumar« trägt: Baldurs Träume. Das Lied ist in Bruchstücken erhalten – möglicherweise als Nachdichtung einer alten Vorlage – und wird von Edda-Dichtern zur leichteren Lesbarkeit gelegentlich mit Texten einer ähnlichen Überlieferung ergänzt.

1. Die Asen eilten all zur Versammlung
und die Asinnen all zum Gespräch:
Darüber berieten die himmlischen Richter
sich,
warum den Baldur so böse Träume
schreckten.

2. Auf stand Odin der Allerschaffer
und schwang den Sattel auf Sleipnirs
Rücken.
Nach Niflhel hernieder ritt er;
da kam aus Hels Haus ein Hund ihm
entgegen.

Sleipnir: Odins achtbeiniger Hengst
Niflhel: Totenreich, anderer Name für Helheim
Hel: Totengöttin

3. Blutbefleckt vorn an der Brust,
Kiefer und Rachen klaffend zum Biß,
so ging er entgegen mit gähnendem
Schlund
dem Vater der Lieder und bellte laut.
Fort ritt Odin, die Erde dröhnte,
zu dem hohen Hause kam er der Hel.

4. Da ritt aber Odin ans östliche Tor,
wo er der Wala Grabhügel wußte.
Das Wecklied begann er der Weisen zu
singen,
nach Norden schauend, schlug er mit dem
Stabe,
sprach die Beschwörung, Bescheid
erheischend,

bis gezwungen sie aufstand, Unheil
verkündend.

Wala
5. »Welcher der Männer, mir unbewußter,
schafft die Beschwerde mir solchen
Gangs?
Schnee beschneite mich, Regen beschlug
mich,
Tau beträufte mich, tot war ich lange.«

Odin
6. »Ich heiße Wegtam, bin Waltams Sohn.
Wie ich von der Oberwelt, sprich von der
Unterwelt:
Wem sind die Bänke mit Baugen bestreut,
die glänzenden Betten mit Gold bedeckt?«

Baugen: Ringe

Wala
7. »Hier steht dem Baldur der Becher
eingeschenkt,
der schimmernde Trank, vom Schild
bedeckt.
Die Asen alle sind ohne Hoffnung.
Genötigt sprach ich, nun will ich
schweigen.«

Hier: im Totenreich

Wegtam
8. »Schweige nicht, Wala, ich will dich fragen,
bis alles ich weiß. Noch wüßt' ich gern:
Welcher der Männer ermordet Baldurn,
wird Odins Erben das Ende fügen?«

Odins Erbe: Baldur

Wala
9. »Hieher bringt Hödur den hohen
berühmten,
er wird der Mörder werden Baldurs,

Hieher: ins Totenreich
Hödur: blinder Gott der Finster-

wird Odins Erben das Ende fügen.
Genötigt sprach ich, nun will ich schweigen.«

nis, Baldurs Bruder

Wegtam

10. »Schweige nicht, Wala, ich will dich fragen,
bis alles ich weiß. Noch wüßt' ich gern:
Wer wird uns Rache gewinnen an Hödur
und zum Holzstoß bringen Baldurs Mörder?«

Zum Holzstoß bringen: zum Scheiterhaufen bringen

Wala

11. »Rinda im Westen gewinnt den Sohn,
der einnächtig, Odins Erbe, zum Kampf geht.
Er wäscht die Hand nicht, das Haar nicht kämmt er,
bis er zum Holzstoß brachte Baldurs Mörder.
Genötigt sprach ich, nun will ich schweigen!«

Sohn: Wali, der eine Nacht nach seiner Geburt schon so stark ist, daß er Baldurs Mörder töten kann

Wegtam

12. »Schweige nicht, Wala, ich will dich fragen,
bis alles ich weiß. Noch wüßt' ich gern:
Wie heißt das Weib, das nicht weinen will
und himmelan werfen des Hauptes Schleier?
Sage das eine noch, nicht eher schläfst du.«

Wala

13. »Du bist nicht Wegtam, wie erst ich wähnte.
Odin bist du, der Allerschaffer.«

Odin

14. »Du bist keine Wala, kein wissendes Weib.
Vielmehr bist du dreier Thursen Mutter.«

Wala
15. »Heim reit nun, Odin, und rühme dich:
Kein Mann kommt mehr, mich zu besuchen,
bis los und ledig Loki der Bande wird
und der Götter Dämmerung verderbend einbricht.«

Bande: Loki wird nach dem Mord an Baldur in Bande gelegt; er zerreißt sie bei Anbruch der Götterdämmerung

Das Grab der Seherin

Dem Edda-Text lassen sich einige topographische Hinweise entnehmen:
Das Originalwort für das Grab der Wala – *leidi* – bedeutet Begräbnisstätte im Sinne von Grab-Hügel oder Hügelgrab. Die Hügelform des Grabes läßt sich damit erklären, daß jede Wala – jede Seherin also – den Germanen als hochverehrte Persönlichkeit galt, die Anspruch auf eine würdevolle Grabstätte hatte. Solche Gräber der Germanen waren aber fast ausschließlich Hügel mit Grabkammern. »Denn die Vorstellung ist uralt, daß der Hügel als Kraftzentrum der Erde Verehrung genoß.« (Jan de Vries, »Altgermanische Religionsgeschichte«) Könige, Helden und auch die Ahnherren bedeutender Bauerngeschlechter wurden unter Hügeln bestattet, und zwar in Grabgewölben, die mit starken Balken vor dem Einsturz gesichert waren. Als topographische Entsprechung für das Grab der Wala kommt mithin nur ein Hügel mit Gewölbe – eine Höhle also – in Betracht.
Der Ort, an dem Hügel und Höhle sich befinden, geht eindeutig aus der Edda hervor: Odin ritt »nach Niflhel hernieder« bis zum »hohen Hause der Hel«, bis zur Unterwelt des germanischen Mythos, bis ins Totenreich der Göttersagen. »Da aber ritt Odin ans östliche Tor, wo er der Wala Grabhügel wußte.«
Hügel und Höhle der Wala liegen also am östlichen Tor der Unterwelt und sind mit dem Kompaß leicht zu entdecken, vorausgesetzt, man weiß, wo die Unterwelt sich befindet. Jetzt muß ich den Leser um Kredit bitten. Denn die Entschlüsselung der Textstellen, die den Zugang zur Unterwelt des germanischen Mythos eröffnen, bietet sich in logischem Zusammenhang erst

später, nach Baldurs Ermordung an. Der Leser möge mir vorerst glauben: Das Grab der Wala kann nur identisch sein mit Landmannahellir, der einzigen Höhle, die an den östlichen Ausläufern eines von den Mythendichtern als Unterwelt beschriebenen Vulkans liegt. Die Höhle Landmannahellir gilt heute als Attraktion der Fremdenverkehrsindustrie.

Der Berg, in dem die Höhle sich wölbt, heißt Hellisfjall, Höhlenberg. Ein benachbarter Fluß heißt Helliskvisl, »Nebenfluß der Höhle«. Landmannahellir liegt unter einem pyramidenartigen Vorbau, der in seiner geometrischen Form den Eindruck einer von Menschenhand errichteten Grabstätte herausfordert. Vor der Höhle wölbt sich leuchtend grünes Moos. Am Höhleneingang scheppert ein Stahlgatter mit quietschenden Scharnieren, hüfthoch, verrostet, schäbig und ohne Schloß, eine Konstruktion von beträchtlicher Sinnlosigkeit.

Das Gewölbe der Höhle ist dreizehn Meter tief, acht Meter breit und drei Meter hoch, feucht und schwarz mit weißen Flecken von verschimmeltem Moos.

Wer vor der Höhle steht und in sie hineinblickt – blickt nach Norden. Diese Blickrichtung ist ein weiterer Hinweis dafür, daß die Höhle Landmannahellir im pyramidenförmigen Hügel identisch ist mit dem sagenhaften Grab der Wala. Denn in der Überlieferung heißt es, daß Odin, »nach Norden schauend«, mit Beschwörungen die Wala weckte.

Wo Baldur starb, weinten die Götter

Die Wala hat es prophezeit. Der Mord war unausweichlich. Trotzdem versuchte Baldurs Mutter Frigg, das Verhängnis zu bannen. Vergeblich, wie wir aus der Prosa-Edda erfahren:

> Da nahm Frigg Eide von Feuer und Wasser,
> Eisen und allen Erzen, Steinen und Erden,
> von Bäumen, Krankheiten und Giften, dazu
> von allen vierfüßigen Tieren, Vögeln und
> Würmern, daß sie Baldurs schonen wollten.
> Als das geschehen und allen bekannt war,

da kurzweilten die Asen mit Baldur, indem er sich mitten in den Kreis stellte und einige nach ihm schossen, andere nach ihm hieben und noch andere mit Steinen warfen. Und was sie auch taten, es schadete ihm nicht, denn alle Waffen waren durch ihre Eide wirkungslos geworden gegen Baldur.

Aber als Loki, Laufeyjas Sohn, das sah, da gefiel es ihm übel, daß den Baldur nichts verletzen sollte. Da ging er zu Frigg nach Fensal in Gestalt eines alten Weibes.

Fensal: Palast der Göttermutter Frigg

Er fragte Frigg, die ihn in Gestalt des alten Weibes nicht erkannte, ob sie wüßte, daß die Asen alle auf Baldur schießen, ohne ihn zu verletzen.

Da sprach Frigg: »Weder Waffen noch Bäume mögen Baldur schaden: ich habe von allen Eide genommen, daß sie ihn nicht verletzen.«

Da fragte Loki: »Haben alle Dinge Eide geschworen, Baldur zu schonen?«

Frigg antwortete: »Östlich von Walhall wächst eine Staude, Mistiltein genannt, die schien mir zu jung, sie in Eid zu nehmen.«

Mistiltein: Mistel, eine Schmarotzerpflanze

Darauf ging Loki fort. Er verwandelte sich aus der Gestalt der alten Frau zurück in sein wahres Aussehen, reiste gen Osten, nahm den Mistiltein, riß ihn aus und ging zur Versammlung, wo die Asen auf Baldur schossen. Hödur stand zuäußerst im Kreise der Männer, denn er war blind.

Hödur: blinder Gott der Finsternis

Da sprach Loki zu ihm: »Warum schießest du nicht nach Baldur?«

Er antwortete: »Weil ich nicht sehe, wo Baldur steht; zum andern hab' ich auch keine Waffe.«

Da sprach Loki: »Tu doch wie andere Männer und biete Baldur die Ehre, wie alle tun. Ich will dich dahin weisen, wo er steht: so schieße nach ihm mit diesem Reis.« Hödur nahm den Mistelzweig und schoß nach Baldur nach Lokis Anweisung.
Der Schuß flog und durchbohrte Baldur, daß er tot zur Erde fiel, und das war das größte Unglück, das Menschen und Götter betraf.
Als Baldur gefallen war, standen die Asen alle wie sprachlos und gedachten nicht einmal, ihn aufzuheben. Einer sah den andern an; ihr aller Gedanke war wider den gerichtet, der diese Tat vollbracht hätte; aber sie durften es nicht rächen, denn es war an einer heiligen Freistätte.
Als aber die Asen die Sprache wiedererlangten, da war das erste, daß sie so heftig zu weinen anfingen, daß keiner mit Worten dem anderen seinen Harm sagen mochte.
Und Odin nahm sich den Schaden um so mehr zu Herzen, als niemand so gut wußte wie er, zu wie großem Verlust und Verfall den Asen Baldurs Ende gereiche.

Baldurs Ermordung, ein archetypisches Motiv, wurde von der mythologischen Forschung vielfältig gedeutet: als Sieg der Nacht über den Tag, der Finsternis übers Licht, der Dunkelheit über die Sonne, des Krieges über den Frieden.
Auffallend sind gewisse Parallelen zu Siegfrieds Tod im Nibelungenlied: Baldur ist – wie Siegfried – der geliebte, allseits geachtete, glanzvolle Held. Baldurs Ermordung wird – wie Siegfrieds Tod – durch böse Träume angekündigt. Beide Helden sind unverletzbar – bis auf eine Ausnahme: Baldur kann nur mit dem Mistelzweig getötet werden, Siegfried nur zwischen den Schul-

terblättern. Die Mörder von Baldur und von Siegfried sind Vertraute ihrer Opfer. Deshalb erfahren sie das Geheimnis der Verwundbarkeit von besorgten Frauen. Im Baldur-Mythos ist es die Mutter, die den Mörder arglos informiert, im Nibelungenlied die Gemahlin.
Nach Auffassung der mythologischen Forschung haben wir es hier mit dem Phänomen der Sagenwanderung zu tun. Unklar ist nur die Quelle. Hat der Baldur-Mythos die Siegfried-Sage beeinflußt oder die Siegfried-Sage den Baldur-Mythos? Beide Sagen sind älter als die uns bekannten schriftlichen Überlieferungen. Die einzige Überlieferung, die unsere Vorstellung vom Mord am Sonnengott bestimmt, wurde von Snorri Sturluson in der Prosa-Edda aufgezeichnet. Snorri hat den Tatort nicht näher benannt, aber einen Hinweis gegeben, und zwar in dem Satz:

> »Aber sie (die Götter) durften es nicht rächen,
> denn es war an einer heiligen Freistätte.«

Heilige Freistätte: Das kann nur ein Thingplatz gewesen sein, der nach altgermanischer Rechtstradition gesetzlichen Schutz bot vor Urteilsvollstreckung und Blutrache.
Islands berühmte Thingstelle ist das Thingfeld, fünfzig Kilometer nordöstlich von Reykjavik gelegen, ein schluchtenreiches und moosbewachsenes Lavagebiet am Thingfeldsee, wo im Jahre 930 der alte isländische Freistaat gegründet wurde. Zur Zeit der Edda-Entstehung trafen dort jeden Sommer für zwei Wochen die führenden Persönlichkeiten der Insel – unter ihnen Snorri Sturluson – zur gemeinsamen Volksversammlung des sogenannten Allthings zusammen. Sie führten die Staatsgeschäfte und sprachen Recht, verurteilten zum Tode oder zur Verbannung und erklärten den einen oder anderen Verbrecher für vogelfrei. Urteile und Blutrache durften jedoch erst außerhalb des genau abgegrenzten Thingfriedens vollstreckt werden. Das Volk reiste von weither an und vergnügte sich bei Wettkämpfen, Kampfspielen und Ringerturnieren oder scharte sich um Dichter, die von Felsen herab aus ihren Werken vorlasen. Handwerker schlugen für die Dauer des Allthings ihre Werkstätten auf, ar-

beiteten vor aller Augen und verkauften die Produkte gleich nach Fertigstellung. Heute ist der historische Thingplatz ein Nationalpark mit entsprechendem Fremdenverkehrsbetrieb. Dort wird auch der Felsen gezeigt, auf dem Snorri stand, als er Recht sprach oder dem Volke vorlas.

War das offizielle Thingfeld die mythische Mordstelle der Göttersagen? – Unwahrscheinlich!

Weitaus wahrscheinlicher ist, daß die Menschen der Vorzeit und die Mythendichter sich als Schauplatz von Baldurs Ermordung ein mythisches Thingfeld vorgestellt haben, das dem weltlichen Thingfeld genau entsprach. Hier drängt sich der Gedanke an das Idafeld auf, an die Hofwiese der Götter, die am Fuße der Götterburg Asgard liegt. Denn zwischen dem Idafeld und Islands Thingfeld gibt es erstaunliche Bezüge.

Auf dem Idafeld setzte Odin, wie wir bereits aus der Edda wissen, zwölf Richter ein, die »über das Schicksal der Leute entscheiden und die Einrichtungen in der Burg bewahren sollten«. Das Idafeld war mithin, dem offiziellen Thingfeld entsprechend, ein mythisches Thingfeld im Sinne von Versammlung, Führung der Staatsgeschäfte und Rechtsprechung.

Auf dem Idafeld, so heißt es in der Edda weiter, trafen die Götter zu geselligem Spiel zusammen – wie auch die Menschen auf dem Thingfeld sich bei Wettkämpfen, Kampfspielen und Ringerturnieren vergnügten. Das paßt zum Tatort von Baldurs Ermordung. Der Mord geschah beim Kampfspiel der Götter.

Auf dem Idafeld schufen die Götter – laut Edda – wie in einer Freilichtwerkstatt ihre Schmiedeöfen, Hämmer, Zangen, Ambosse und damit alles andere Werkgerät. Das entspricht dem Freilichtbetrieb der Handwerker, die auf dem Thingfeld für jeden sichtbar ihre Produkte schufen.

Und noch etwas: Nach der Götterdämmerung werden die Asen – auch Hödur und Baldur, wie in der Edda ausdrücklich und namentlich erwähnt – auf dem Idafeld wieder zusammentreffen. Das deutet ebenfalls auf die Identität von Idafeld und der mythischen Mordstelle hin. Denn eine solche Begegnung entspricht dem archetypischen Motiv, daß Mörder und Ermordeter sich am Schauplatz der Tat wiedersehen.

Mit Gewißheit läßt sich freilich nicht beweisen, daß der Tatort von Baldurs Ermordung identisch ist mit dem Idafeld. Sollte aber die naheliegende Überlegung zutreffen, dann wäre der Tatort von Baldurs Ermordung gefunden. Das Idafeld nämlich ist identisch mit der Oase Herdubreidalindir, die im schwarzen Ödland der Missetäterwüste am Fuße des Tafelvulkans Herdubreid liegt: am Fuße der Götterburg Asgard.
Dort, wo das Grasland wie eine Schutzzone vor den Gefahren der Lavawildnis wirkt, wo Bäche fließen und Vögel zwitschern, wo heute Geländeautos und Zelte stehen, dort mögen die Mythendichter der Vorzeit sich den Mord am Sonnengott vorgestellt haben.

Der Weg zur Unterwelt

Baldurs Ermordung war eine Tragödie von ganz besonderer Problematik. Um sie zu verstehen, muß man wissen, daß der germanische Jenseitsglaube zwei Reiche kannte: Walhall und Helheim. Ein Zwei-Klassen-System.*
Walhall galt als herrlicher Palast in Asgard, als glückliche Vision vom Leben nach dem Tode. Doch Walhall stand nur den Einheriern offen, den im Zweikampf gefallenen Helden. Nur die Einherier wurden auf den Schlachtfeldern von Walküren wachgeküßt und auf windschnellen Rossen nach Walhall gebracht, wo sie als Gäste des Göttervaters Bier und Met aus dem Euter der Ziege Heidrun tranken, das Fleisch des Ebers Sährimnir schmausten und täglich zum Waffentraining auszogen, um sich auf den letzten Kampf vorzubereiten, auf die Götterdämmerung, wenn es gilt, Seite an Seite mit den Göttern ruhmvoll die Dämonen des Feuers, der Vernichtung und der Finsternis abzuwehren. Mit solch glanzvoller Vorstellung vom Leben nach dem Tode u. a. läßt sich die Kampflust der Germanen erklären, ihr Draufgängertum, ihr Bestreben, im Kampf zu fallen. Denn: Wer nicht im Kampf fiel, wer an Alter, Krankheit oder kampflos als Opfer

* Die Vorstellungen vom Meerespalast der Göttin Ran als Totenreich ertrunkener Seeleute war auf einige Gebiete beschränkt und zeitlich begrenzt, mithin von geringer Bedeutung für den germanischen Jenseitsglauben.

eines Mordes starb, der kam ins Jenseits zweiter Klasse, nach Helheim, nach Niflhel, ins Reich der Totengöttin Hel. Wie es dort aussieht, wird in der Prosa-Edda beschrieben:

> Das Gehege umher ist außerordentlich hoch und mit Gittern verwahrt. Hels Sal heißt Elend, Hunger ihre Schüssel, Gier ihr Messer, Träg ihr Knecht, Langsam ihre Magd, Einsturz ihre Schwelle, ihr Bett Kümmernis und ihr Vorhang dräuendes Unheil. Sie (die Hel) ist halb schwarz, halb menschenfarbig, also kenntlich genug durch grimmiges, furchtbares Aussehen.

Baldur also – kampflos ermordet – war nicht der gewissermaßen standesgemäße Aufenthalt in Walhall vergönnt. Er wurde schmachvoll verbannt ins Totenreich der Hel. Von dort galt es ihn zu befreien, zumindest nach Walhall zu holen oder ihn gar zum Leben wiederzuerwecken. Zu diesem Zweck mußte jemand gefunden werden, der mutig genug war, den Helweg zu reiten – den Weg in die Unterwelt:

> Als nun die Asen sich erholt hatten, da sprach Frigg und fragte, wer unter den Asen ihre Gunst und Huld gewinnen und den Helweg reiten wolle, um zu versuchen, ob er Baldur fände, und der Hel Lösegeld zu bieten, daß sie Baldur heimfahren ließe gen Asgard. Und er hieß Hermodhr, der Schnelle, Odins Sohn, der diese Fahrt übernahm. Da ward Sleipnir, Odins Hengst, genommen und vorgeführt, Hermodhr bestieg ihn und stob davon …
> Von Hermodhr aber ist zu sagen, daß er neun Nächte durch tiefe dunkle Täler ritt, so daß er nichts sah, bis er zum Gjöll-Flusse kam und über die Gjöll-Brücke ritt,

Hermodhr: »Herrmutig«, Götterbote, Bruder Baldurs

> die mit glänzendem Golde belegt ist.
> Modgudr heißt die Jungfrau, welche die Brücke bewacht: die fragte ihn nach Namen und Geschlecht und sagte, gestern seien fünf Haufen toter Männer über die Brücke geritten, »und nicht donnert sie jetzt minder unter dir allein, und nicht hast du die Farbe toter Männer: warum reitest du den Helweg?«
> Er antwortete: »Ich soll zu Hel reiten, Baldur zu suchen. Hast du vielleicht Baldur auf dem Helwege gesehen?«
> Da sagte sie, Baldur sei über die Gjöll-Brücke geritten; »aber nördlich geht der Weg hinab zu Hel«.

Vom Weg zur Unterwelt haben sich die Menschen der Vorzeit auffallend übereinstimmende Vorstellungen gemacht, unabhängig von den einzelnen Sagenkreisen. In fast allen mythischen Überlieferungen und Dichtungen ist die Rede von dunklen Schluchten und vom Fluß, der die Grenze bildet zwischen dem Reich der Lebenden und dem der Toten. Archetypisch ist auch die Gestalt des Fährmanns, der die Toten über diesen Fluß übersetzt. Der Fährmann Charon des griechischen Mythos läßt sich auch in ägyptischen und römischen Sagen nachweisen.
In der Edda indes wird von einem Fährmann nicht berichtet, wohl aber von einem Totenfluß und den »tiefen, dunklen Tälern« einer Schlucht. Und von einer Brücke. Über diese Brücke ritten die Toten zur Unterwelt. Die Brücke machte den Fährmann entbehrlich. Warum, so fragt sich, ersetzt die germanische Gjöll-Brücke den archetypischen Fährmann? Was mag zu dieser auffallenden Variante der Edda-Dichtung geführt haben? Der Gedanke liegt nahe, daß hier – wie so oft, wenn die isländische Überlieferung vom Archetyp der Sage abweicht – eine Besonderheit der Vulkanlandschaft mythenbildend gewirkt hat und daß es die sagenumwobene Brücke wahrhaftig gibt: die Brücke, den Fluß und die Schlucht.

Tatsächlich gibt es in Islands Vulkanzone auf engstem Raum zusammengedrängt eine landschaftliche Szenerie, die der Gjöll-Brücke, dem Totenfluß und der dunklen Schlucht entspricht.
Die Schlucht heißt Eldgja, Feuerspalte. Sie ist die gewaltigste Vulkanspalte der Erde, dreißig Kilometer lang, an ihren abgründigsten Stellen bis zu 150 Meter tief, schwarz wie eine Kohlenhalde, streckenweise schmal und steilwandig, dann wieder bis zu sechshundert Meter breit. Vor etwa zweitausend Jahren entstand sie durch einen Vulkanausbruch ohnegleichen. Geologen haben rekonstruiert, was damals geschah. Vom Gletscher Myrdalsjökull an der Südküste aus ereignete sich eine dreißig Kilometer lange Spalteneruption auf nordöstlicher Linie. Der Erdboden zerbarst und versank; Berge, Sümpfe, Lavafelder und Wüstenplateaus klafften auseinander; Glut und Flammen schleuderten aus dem Schlund; Sintfluten von Lava ergossen sich weit übers Land; Aschenwolken pulverten bis in die Stratosphäre, wochenlang, monatelang. Irgendwann erlosch die Eruption, erstarrte die Lava, erkaltete die Schlucht.
Im Jahre 940 spie die Eldgja plötzlich wieder Feuer, Rauch und Flammen. Dieser zweite, vergleichsweise geringfügige Ausbruch – beschrieben in alten isländischen Schriften, von Geologen der Gegenwart bestätigt – gab der Eldgja ihre heutige Form. Besonders imposant ist die Feuerspalte an ihrem Ende im Nordosten, wo sie sich fünf Kilometer lang als Schlund von 150 Meter Tiefe hinzieht, nur fleckenweise von grünem Moos bewachsen. Dort wölbt sich in halber Höhe der Nordwestwand eine Felsbrücke, gleichmäßig gebogen, herausmodelliert aus dem Lavagestein von einem Wasserfall, der in zwei etwa gleichgroßen Kaskaden zu Tal stürzt. Die erste Kaskade wirbelt in einen dunklen Felskessel hinein; die zweite Kaskade bricht aus diesem Kessel unter der Naturbrücke hervor und fällt weißgeschäumt in die »tiefen, dunklen Täler« der Schlucht, wo das Wasser in seinem Flußbett aus schwarzem Lavagestein seltsam dunkel gefärbt dahinfließt. Bei Bewölkung, wenn kein Sonnenstrahl sich spiegelt, wirkt der Fluß wie eine Flut von Tusche, verblüffend für jeden, der mit dem Geländewagen zum erstenmal in die Eldgja kommt.

An- und Abfahrtwege gibt es von Süden und Norden. Der südliche Weg, etwa achtzig Kilometer lang, der die Feuerspalte mit der Südküste verbindet, ist relativ einfach zu bewältigen. Der nördlich aus dem Schlund der Eldgja hinausführende Weg – reich an Flüssen und Klammen, eine Herausforderung für jeden Geländefahrer – folgt einem Tal, das nach einiger Zeit westwärts abbiegt. Versteht man die Edda als Baedeker, so muß dieser Weg ins Gebiet führen, das die Mythendichter als Unterwelt des germanischen Mythos beschrieben haben. Denn in der Edda heißt es, daß Hermodhr auf der Brücke den Orientierungshinweis erhielt: »Nördlich geht der Weg hinab zur Hel.«

Keine Gnade für den Sonnengott

Hermodhr folgte dem Weg, und was er dann erlebte, ist in der Prosa-Edda so überliefert:

> Da ritt Hermodhr dahin, bis er an das
> Helgitter kam; da sprang er vom Pferde
> und gürtete ihm den Sattel fester, stieg
> wieder auf und gab ihm die Sporen: da
> setzte der Hengst so mächtig über das
> Gitter, daß er es nirgends berührte.
> Da ritt Hermodhr auf die Halle zu, stieg
> vom Pferde und trat in die Halle.
> Da sah er seinen Bruder Baldur auf dem
> Ehrenplatze sitzen.
> Hermodhr blieb dort die Nacht über.
> Aber am Morgen verlangte Hermodhr von
> Hel, daß Baldur mit ihm heimreiten sollte,
> und sagte auch, welche Trauer um ihn bei
> den Asen sei.
> Aber Hel sagte, das solle sich nun erproben,
> ob Baldur so allgemein geliebt werde, wie
> man sage: »Wenn alle Dinge in der Welt,
> lebendige sowohl als tote, ihn beweinen, so
> soll er zurück zu den Asen fahren, er soll

aber bei Hel bleiben, wenn eins
widerspricht und nicht weinen will.« ...
Da ritt Hermodhr seines Weges zurück und
kam nach Asgard und sagte alle Zeitungen,
die er da gehört und gesehen hatte.
Danach sandten die Asen Boten in alle Welt
und geboten, Baldur aus Hels Gewalt zu
weinen.
Alle taten das, Menschen und Tiere, Erde,
Steine, Bäume und alle Erze; wie du schon
gesehen haben wirst, daß diese Dinge
weinen, wenn sie aus dem Frost in die
Wärme kommen.
Als die Gesandten heimfuhren und ihr
Gewerbe wohl vollbracht hatten, fanden sie
in einer Höhle ein Riesenweib sitzen, das
Thökk genannt war. Die baten sie auch, den
Baldur aus Hels Gewalt zu weinen.
Sie aber antwortete:
»Thökk muß weinen mit trockenen Augen
über Baldurs Ende.
Nicht im Leben noch im Tod
hatt' ich Nutzen von ihm:
Behalte Hel, was sie hat.«
Wir aber glauben, daß dieses Riesenweib
Thökk, das den Asen so viel Leid gebracht
hat, in Wirklichkeit Loki in verwandelter
Gestalt war.

Thökk: der Name bedeutet »Dank«

In diesem Bericht Snorri Sturlusons konnte ich keine Ortsbeschreibungen entdecken, die mir bei meiner Suche nach der Unterwelt weitergeholfen hätten. Doch ich war fest davon überzeugt: Irgendwo in den Edda-Texten mußten sich Hinweise finden lassen.

Die Unterwelt

Das Reich der Totengöttin ist nebelverhüllt

Ortsbeschreibungen der Unterwelt versuchte ich zunächst aus den mythischen Namen der Totengöttin Hel und des Totenreiches – Helheim oder Niflhel – herauszuschlüsseln. *Hel* bedeutet: die Verhüllte oder Verhehlte. *Helheim*: die verhüllte Welt. *Niflhel*: nebelverhüllt. Damit konnte ich vorerst nichts anfangen.
Den ersten erfolgversprechenden Hinweis fand ich in der Schilderung vom Weltbrand, von der Götterdämmerung, die, wie später noch zu beweisen sein wird, eine phantastisch verfremdete Beschreibung von Vulkankatastrophen ist. Beim Ausbruch des Weltbrands – so steht im Edda-Lied Völuspa geschrieben – beginnen rote Hähne zu singen:

> Unter der Erde singt ein anderer,
> der schwarzrote Hahn in den Sälen Hels.

Der »rote Hahn« ist bekanntermaßen eine Metapher für Feuersbrunst. Der schwarzrote Hahn im mythischen Totenreich – schwarz wie Lava, rot wie Feuer – läßt sich unschwer als Symbol für die aus dem Erdinnern hervorquellende Feuersbrunst glühenden Eruptionsmaterials begreifen und fordert deshalb den Rückschluß heraus: Das Totenreich der Göttersagen ist ein Vulkan!
Einen ähnlichen Hinweis entdeckte ich in dem bereits auf den Seiten 143 ff. zitierten Edda-Lied Baldurs draumar: Göttervater Odin reitet auf seiner Reise zum Grab der Wala ins Totenreich und...

> da kam aus Hels Haus ein Hund ihm entgegen.
> Blutbefleckt vorn an der Brust,
> Kiefer und Rachen klaffend zum Biß,
> so ging er entgegen mit gähnendem Schlund
> dem Vater der Lieder und bellte laut.

Mit dem Hund vor dem Totenreich – vergleichbar dem Cerberos des griechischen Mythos – ist hier der in anderen Edda-Texten wiederholt erwähnte Höllenhund Garm gemeint. Er kann – wie die Grauhunde vor Gerdas Flammenburg, wie feuerspeiende Drachen, Lindwürmer und dergleichen – als natursymbolische Verklausulierung vulkanischer Kräfte gedeutet werden und bietet mithin ein weiteres Indiz für die Zusammenhänge zwischen Totenreich und Vulkanismus.
Garm, der Höllenhund, spielt auch in der Götterdämmerung eine Rolle:

> Gräßlich heult Garm vor der Gnipahöhle,
> die Fessel bricht und Freki rennt,

... heißt es im Edda-Lied Völuspa. Dieser Zweizeiler birgt gleich zwei Hinweise auf die Identität zwischen Garms Revier – dem Totenreich – und einem Vulkan. Erstens ist das Wort *freki*, wie später noch genauer erläutert wird, im Altnordischen die poetische Umschreibung für zerstörendes Feuer und mithin vorstellbar als Sinnbild für vulkanisches Feuer, das nach einer Eruptionspause jählings entfesselt ausbricht: »Die Fessel bricht und Freki rennt.« Und zweitens ist die Gnipahöhle, vor der Garm heult, als Wortspiel aufzufassen, als rätselvolle Umschreibung für Gipfelkrater, denn Gnipa bedeutet Gipfel. Gnipahöhle: Gipfelhöhle. Eine Höhle also, die oben auf dem Gipfelpunkt eines Berges nirgendwo anders hinführen kann als abwärts in den Fels hinein. Und das kann in einem Vulkangebiet schwerlich etwas anderes sein als eine Kraterhöhlung – ein Gipfelkrater.
Nun hatte ich schon vier Hinweise auf Vulkanismus im Totenreich, aber noch immer keinen Hinweis auf einen ganz bestimmten Vulkan, nicht einen, der zumindest auf einen speziellen Vulkantyp hingedeutet hätte.
Eine Spur entdeckte ich dann im Edda-Lied Alvismal, das zur sogenannten Wissensdichtung gehört und Kenntnisse der germanischen Götterlehre überliefert. Die Informationen sind in diesem Lied in ein Frage- und Antwortspiel zwischen dem Gewittergott Thor und dem allwissenden Zwerg Alwis gekleidet. Es

geht dabei um mythisches Vokabular, um sprachpoetische Umschreibungen, die in den verschiedenen Welten germanischer Religionsvorstellung verwendet werden: in der Welt der Menschen, der Götter, der Riesen, der Alfen und der Toten in Helheim. Im folgenden Antwortvers habe ich das für eine Entschlüsselung entscheidende Wort in der Originalschreibweise stehenlassen:

Thor fragt:
Sage mir, Alwis, da alle Wesen,
kluger Zwerg, du erkennst:
Wie heißt der Wald, der ewig wachsen soll,
in den einzelnen Welten?

Alwis antwortet:
Wald heißt er den Menschen, den Göttern Haar der Berge,
bei Hel hlidthang,
bei Riesen In-die-Glut, bei Alfen Schönverzweigt,
Wanen heißt er Heister.

hlidthang also nennt man den Wald in Helheim. *hlid* bedeutet: Öffnung oder Hügel und Halde. *thang*: dichte, verfilzte Masse (Jan de Vries, »Altnordisches etymologisches Wörterbuch«). Unser Wort Tang läßt sich davon herleiten. *hlidthang* ist also zu übersetzen als »dichte, verfilzte Masse, ähnlich wie Tang, die aus Öffnungen hervorgequollen ist oder sich auf Hügeln und Halden abgelagert hat«.
Das ist unverkennbar die Beschreibung von Schlackenlava, einer Lava besonderer Art, die nur dann entsteht, wenn ungewöhnlich zähflüssiges Magmagemisch aus Basalt und Andesit beim Ausbruch langsam wie auf Panzerketten vorwärtsrollt und unter starker Entgasung blasig zu Schlacken erstarrt. Schlakkenlava wird in Island nach einiger Zeit – im Gegensatz zu vielen anderen Eruptionsmaterialien – von graugrünem Moos und grauen, bei Feuchtigkeit mitunter blauschimmernden Flechten überwuchert und wirkt dann ganz besonders augenfällig wie »dichte, verfilzte Masse, ähnlich wie Tang«.

Das Grab der Seherin am östlichen
Tor der Unterwelt: Die Höhle Landmannahellir
in den östlichen Ausläufern des Hekla-Vulkans

Steinerstarrter Dämon in der Riesenwelt: Erosionsphänomen im Dyngjufjalladalur (oben links)

Hrungnirs Schild: Schildförmige Lavaformation mit dem Rest eines blitzzerschmetterten Felsgebildes (unten)

Hrungnirs Felsburg Griottunagard:
Felsbastion in der Nähe von Hrungnirs
Schild (oben rechts)

Riesengestalten und Riesenköpfe:
Erosionsprodukte des Sandsturms.
Bild links von Werner Schutzbach

Die Gjöll-Brücke (links) und die
versteinerte Stadt am Fuß der mythischen Flammenburg:
Launenspiele des Vulkanismus

Vision der Seherin: Die erste Pflanze auf der Feuerinsel Surtsey, fotografiert von Sigurdur Thorarinsson (oben)

Ifing, der Fluß, der nie vereist: Stricklava im Lavastrom Utbruni (unten)

Das mythische Wort hlidthang, auf diese Weise entschlüsselt, brachte mich beträchtlich weiter bei meiner Suche nach der Unterwelt. Denn Schlackenfelder sind in Island vor allem charakteristisch für einen Spaltenvulkan oder vulkanischen Rücken, der von mehreren Schulterkratern gebildet wird. Ragt einer dieser Krater auffallend hoch empor, so sprechen Geologen von einem Gipfelkrater.

Gipfelkrater! Da haben wir die Übersetzung von Gnipahöhle. Jetzt wird offenbar: Die Gnipahöhle des Totenreiches ist als höchster Krater in der Kraterreihe eines vulkanischen Rückens zu verstehen.

Ich konnte also den Kreis der Verdächtigen einengen. Als Totenreich der Göttersagen kam nur ein vulkanischer Rücken in Betracht. Aber welcher?

Im Edda-Lied Alvismal steckte des Rätsels Lösung:

> Thor fragt:
> Sage mir, Alwis, da alle Wesen,
> kluger Zwerg, du erkennst:
> Wie nennt man die Wolken, die nebelfeuchten,
> in den einzelnen Welten?
>
> Alwis antwortet:
> Menschen sagen Wolken, Schauerer Götter,
> Windschiff die Wanen,
> Riesen Regenbringer, Alfen Raschwetter,
> bei Hel heißen sie hjalm huleds.

hjalm huleds: ein Musterbeispiel literarischer Verschlüsselung. *hjalm* bedeutet: Helm oder auch »schwere Wolke über dem Gipfel eines Berges«. *huleds* ist ein Zusatz, der dem Helm die Bedeutung einer Tarnkappe gibt. *hjalm huleds* wird von den beiden bedeutendsten Edda-Übersetzern als Nebelhelm (Simrock) oder als Hehlehelm (Genzmer) verstanden. Der versteckte Ortshinweis des Mythendichters ist unverkennbar: Wo Wolken oder Nebelschwaden den Gipfel eines Berges verhüllen, dort ist die Unterwelt des germanischen Mythos zu finden.

Und in der Tat: Es gibt einen Berg auf Island, einen einzigen Berg, dessen Gipfel selbst bei klarem Wetter und guter Fernsicht auffallend oft von Wolken oder Nebelschwaden verhüllt wird. Dieser Berg ist ein vulkanischer Rücken, seine Lava erstarrt zu Schlackenfeldern, sein Gipfel ist der höchste Krater in einer Reihe von Schulterkratern. Und das Überraschendste: Schon zur Edda-Zeit haben Isländer diesen Vulkan nach seiner typischen Wolkenhaube benannt: Hekla. *Hekla* bedeutet Haube, Kapuze oder Umhang im Sinne von Wolkenhaube oder Nebelumhang, der einen Gipfelkrater verhüllt.
Nun bekommen die rätselvollen Namen des Totenreiches überraschend einen Sinn. Helheim: die verhüllte Welt. Niflhel: nebelverhüllt. Und Hel, die Verhüllte, heißt die Göttin, die dort herrscht. Nun wird auch Hermodhrs Ritt von der Gjöll-Brücke aus »nördlich hinab zur Hel« als gezielter Orientierungshinweis erkennbar. Verläßt man nämlich die Feuerspalte Eldgja in nördlicher Richtung, so gelangt man noch heute auf demselben Weg mit dem Geländewagen zum Hekla-Vulkan.
Und nun kann ich auch die schuldige Beweisführung nachtragen, daß die Höhle Landmannahellir unter dem pyramidenförmigen Hügel identisch ist mit der Grabkammer unter dem Grabhügel der Wala: Landmannahellir nämlich liegt in den östlichen Ausläufern der Hekla-Region, am »östlichen Tor« der Unterwelt, wie in der Edda beschrieben.

Die Hölle

Nachdem ich die Hekla aufgrund der Edda-Texte als Totenreich der Edda-Sagen identifiziert hatte, stieß ich auf ein weiteres erstaunliches Indiz: Dieser Vulkan scheint die Vorstellung von Unterwelt und Schreckensreich der Toten geradezu zwingend herauszufordern. Denn: »Die christliche Welt des Mittelalters hielt den Schlund der Hekla für das Tor zur Hölle und für das Fegefeuer der verdammten Seelen ...« (Werner Schutzbach, »Island, Feuerinsel am Polarkreis«)
Mythisches Helheim und mittelalterliche Hölle an ein und demselben Ort!

Szene aus der Hekla-Region

Ob die Chronisten auf dem Festland, die von der Hekla als Hölle berichteten, wußten, daß sie ein mythisches Vorbild hatten? Wohl kaum. Denn die Edda-Dichter haben, der literarischen Tradition gemäß, die Ortsbeschreibungen mythischer Stätten – und damit auch die Ortsbeschreibungen des Totenreiches – in »Geheimnissen, Geheimreden« überliefert, verständlich nur für Eingeweihte und deshalb rätselvoll bis in unsere Tage. Während auf Island neben der behutsam durchgeführten Christianisierung die germanische Götterlehre noch aktuell war und Spätwerke der Edda entstanden, erschien auf dem Festland, wo der christliche Glaube sich längst durchgesetzt hatte, ein Bericht von der Hekla als Hölle. Der französische Chronist Alberich von Troisfontaines vermeldete in der Mitte des 13. Jahrhunderts eine Überlieferung aus dem Jahre 1134: »Am Tage der Schlacht von Fodvig sah man auf Island, wie über dem Hekla-Berg die Seelen der Getöteten in Gestalt schwarzer Vögel herumflogen

und schrien: ›Wehe, wehe, was haben wir getan? Wehe, wehe, was ist nun geschehen?‹ Andere, ungeheure Vögel, die wie Greifen aussahen, jagten die Seelen vor sich her und in die Schlünde der Hölle hinein.«
Etwas später wurde auch im Chronikon de Lanercost und in den Annalen von Flatey von wimmernden Seelen in der Hekla-Hölle berichtet. Selbst nach dem Mittelalter verblaßte die Vision vom Höllenpfuhl der Hekla nicht so schnell. So schrieb Caspar Peucer (1525–1602), ein bekannter Arzt und Schwiegersohn Melanchthons: »Der Hekla-Berg läßt aus seinem unermeßlichen Abgrund oder vielmehr aus der Tiefe der Hölle das jämmerliche und wehklagende Geheul Schluchzender ertönen, so daß man die Stimmen der Weinenden auf viele Meilen hinaus überall vernimmt. Wenn irgendwo auf der Welt Schlachten geschlagen oder blutige Taten vollbracht werden, dann läßt sich aus dem Hekla-Berg entsetzliches Lärmen, Geheul und Gewinsel hören.«
Noch im Jahre 1616 berichtet der Astronom David Fabricius: »Der Glaube ist im Schwange, daß im Hekla-Berg die Hölle sich befindet, der Ort, an dem die Seelen der Verdammten gequält, geschmort und gebraten werden. Der Teufel und seine Gehilfen schaffen, Gespenstern gleich, die Seelen der Getöteten in den Hekla-Schlund.«

Teufel und Totengöttin in ein und demselben Vulkan! Was muß das für ein Berg sein, der solche Schreckensvisionen herausgefordert hat?

Lavawüsten, Schnee und Kraterschlünde

Bei meiner ersten Reise ins Hekla-Gebiet wehten Nebelschwaden wie Rauchfahnen über Lavawüste, Felsbrocken, Schluchten und Schlackenfelder. Rundum »wahrhaft schauerliche Wüste«, wie Robert Bunsen (1811–1899) – Physiker, Chemiker, Islandforscher – dieses Gebiet beschrieben hat. Vor allem die Schlakkenfelder bestimmten das Bild mit ihrem verquollenen Gefilz aus Moos und Flechten, graugrün, blauschimmernd, nebelverschwommen. Gelegentlich ragten sogenannte Hornitos aus dem Filz heraus, hohle Lavakegel, höchstens mannshoch, zum Teil kurios verformt, verwittert und graubehaart von Flechten. Während des Vulkanausbruchs waren sie aus der noch heißen Lava durch konzentrierte Entgasung emporgetrieben worden. Ein Hornito am Wegrand sah aus wie die abstrakte Skulptur eines Gnoms, wie eine Jammergestalt mit gebeugtem Kopf, mit Nase und geöffnetem Mund.

Bei dieser ersten Reise ins Hekla-Gebiet begleiteten mich meine Freunde Karl, Otto und Frank. Wir waren von der Feuerspalte Eldgja gekommen, hatten einen kurzen Abstecher zu den heißen Quellen von Landmannalaugar gemacht und rumpelten nun auf der Schlangenlinie einer Jeeppiste am Fuße des Vulkanmassivs dahin. Durch dieses Gebiet hatte einst ein alter Reit- und Wanderweg geführt, der zwischen dem früh besiedelten Südlandunterland und den heißbegehrten Badestätten von Landmannalaugar viel bereist worden war.

Die heutige Jeeppiste entspricht der alten Route, denn einen anderen Durchschlupf durch Klüfte und Klippen, Felsbuckel, Blöcke, Schluchten, Terrassen, Felswände, Steinbrocken und Schlackenfelder gibt es nicht. Zwar mögen einige Vulkanausbrüche die Hekla-Region verändert haben, doch war hier, wo wir fuhren, laut geologischer Spezialkarte vor allem »prähistorische Lava« abgelagert, das Produkt von Eruptionen aus der Zeit, bevor Island besiedelt wurde. Mithin hat sich auf unserer Strecke die Szenerie der Landschaft kaum verändert seit den Zeiten der Edda-Entstehung.

Der Weg strich respektvoll um den Vulkan herum und führte leicht ansteigend über die nordöstlichen Ausläufer des langgestreckten, wie ein umgestülptes Boot gestalteten Bergrückens. Dort, am Scheitelpunkt, bogen wir von der Jeeppiste südwestwärts ab, um gleichsam auf der Wirbelsäule des vulkanischen Rückens möglichst nahe zum Gipfel hinaufzufahren. Sogleich wurde es steil. Der Lavasand rieselte unter den Rädern, sog wie Sumpf an den Reifen. Nur mit Schwung und oft erst nach mehreren Anläufen, mit Gewürge, Geschiebe und allerlei Geländefahrtechniken, quälten wir den Wagen über einige beträchtliche Steigungen. Dann wurde es wieder eben, allenfalls leicht hüge-

lig, und wir kamen gut voran. Wir hatten das Hochplateau des Rückens direkt unter dem Höcker des Gipfelkraters erreicht und hofften auf gute Sicht.
Wir hatten Glück. Der Nebel hob sich allmählich aus dem Tal und entschleierte das Panorama einer Berglandschaft, die viel größer und gewaltiger war, als wir es uns vorgestellt hatten. Vor uns wölbte sich talwärts eine schier unabsehbare Wüstenei mit Hügeln und Steilabfällen aus Lavasand, zerklüftet von Feuerspalten, durchlöchert von Kratern, die, leicht schwefelgelb und rostrot gefärbt, wie aufgeplatzte Eiterbeulen auf pestschwarzer Haut wirkten. Dazwischen wälzten sich die erstarrten Schlangenleiber der Schlackenströme, die meisten graubemoost und flechtenbewachsen, einige nur – die neueren Datums – ohne Bewuchs mit zerbröckelter, schwarz verschlackter Oberfläche.
Überraschend brach die Sonne durch. Der Himmel, eben noch verdüstert, wurde blau – und trotzdem blieb die Landschaft ein Schattenreich, dumpf und glanzlos, wohin wir schauten. Über uns bot sich ein seltener Anblick: Die Hekla ohne Haube, der Gipfelkrater ohne Wolken, ganz nah, schwarzweiß getigert von strähnenartigen Lavaströmen und Schneefeldern, die vom Gipfel aus radial abwärts verliefen. Wenige Augenblicke nur war der Gipfel enthüllt, dann warf der Nebel wieder seinen Mantel darüber; die Fernsicht verschwamm grau in grau; Felsen, Lavaströme und bizarre Klippen wurden Schattenbilder; dunkles Gewölk rollte sturmgepeitscht vom Westen her auf uns zu; Fontänen von Lavaasche stoben empor; feuchte Kälte schloff bis an die Haut. Auf dem Mond mochte es heimeliger sein als hier. Doch es trieb uns nicht fort. Stundenlang kurvten wir, von Kompaß und Karte geführt, hoch droben auf dem Vulkan herum, eigentümlich fasziniert und gefesselt von den immer neuen, nie in ihren einzigartigen Formen sich wiederholenden Schattenbildern, die im Nebel auftauchten und wieder verschwanden. Erst spät am Abend fuhren wir hinunter zur Jeeppiste und hinaus aus dem Hekla-Massiv in Richtung Hochland. Das war am 8. August 1980.

Neun Tage später schlug Feuer aus dem Berg, stiegen Aschenwolken zum Firmament empor, fluteten Lavaströme über die Reifenspuren, die unser Wagen in den Sand gezogen hatte. Der sechzehnte Hekla-Ausbruch in diesem Jahrtausend war da.

Feuerstöße, Aschensäulen, schwarzes Schneegestöber

Wir hatten gerade die Zelte an einem Fluß in der Steinwüste Sprengisandur aufgeschlagen. Otto stülpte sich seine Kochmütze über den Kopf und begann, einen freudlosen Haufen von Linsen mit Gewürzen, Zwiebeln und Salami genießbar zu verschmurgeln. Doch Ottos Kochkünste blieben ungewürdigt, seine Linsen ungeschmeckt, denn die Nachricht vom Hekla-Ausbruch kam dazwischen: Ein Geländefahrer rumpelte auf unserer Reifenspur von Nordwesten heran, rauschte durch den Fluß, raste auf uns zu und schrie: »He! Ihr wißt wohl nicht, daß die Hekla ausgebrochen ist?«

Er hatte die Nachricht wohl im Autoradio gehört.

Dann gab er wieder Gas. Weg war er. In Richtung Hekla.

Wir waren nicht zu halten. Wenige Minuten später jagten wir halsbrecherisch hinter den Sandschwaden her, die der Geländewagen vor uns aufgewirbelt hatte.

Am südlichen Ende des Sprengisandur, an einer Einödtankstelle – auch so etwas gibt's auf Island –, trafen wir bei hastigem Tanken einen Münchner, der vom feuerspeienden Vulkan kam und uns erzählte, daß die Schutzhütten und der Campingplatz an den heißen Quellen von Landmannalaugar geräumt worden waren und nun gesperrt seien wegen des starken Aschenflugs. »Fahrt bloß nicht in den Süden der Hekla«, warnte er, »dort kommt ihr keinen Schritt weiter. Der Wind treibt die Asche in diese Richtung. Dort ist's finster wie in stockdunkler Nacht.«

Von Nordosten aus steuerten wir die Hekla an. Kurz hinter der Tankstelle wichen die Berge zurück, und aus etwa fünfzig Kilometer Entfernung war eine pechschwarze Wolke zwischen Himmel und Erde zu sehen: Der Aschenauswurf des darunter verhüllten Vulkans.

Wir fuhren weiter in eine gleichsam schwarzverschneite Landschaft. Rußrot leuchtete die Sonne in schwarzem Schneegestöber; frischgefallener, schwarzer Pulverschnee wirbelte unter den Rädern; schwarze Schneeverwehungen wölbten sich auf Hügeln.

Allmählich tauchte im Aschenwirbel, fern noch, das Schattenbild des Hekla-Rückens auf. Wie rote Striemen zeichneten sich glühende Lavaströme ab, die vom Grat aus nur bis zur halben Höhe des Vulkans reichten und dort aufhörten. Offensichtlich hatten sich die Feuerströme, zähflüssig, wie sie im Hekla-Gebiet sind, nur über Steilhänge ergossen und halbwegs auf Terrassen oder in Hochtälern gestaut. Die Feuerstöße auf dem Grat des Hekla-Rückens glichen Lichtsignalen, die aufleuchteten und erloschen. Wir hielten an, schalteten den Motor ab, und dann hörten wir zum erstenmal das Toben des Vulkans: ferne Donnerschläge, teils wie einzelne Kanonenschüsse, dann wieder auf- und abschwellend wie langgezogenes Gebrüll.

Nach zwanzig Minuten lag der in seiner höheren Region von Glut besudelte Vulkanrücken linker Hand. Über uns, im schwarzen Gewölk undeutlich erkennbar, irrlichterten die Positionslampen schattengleicher Propellermaschinen und Hubschrauber. Geologen und Fotografen waren wohl an Bord, wahrscheinlich auch einige Neugierige, die sich Sightseeing-Tours zu den feuerspeienden Schlünden gönnten. Auf einer Lavawüste, drei Kilometer vom Fuß des Vulkans entfernt, standen Geländewagen, Geländebusse und Scharen von Zuschauern, obwohl von dort aus keine Krater und keine Feuerstöße zu sehen waren. Einige Schafe – die üblicherweise vor Menschen flüchten – drängten sich jetzt schutzsuchend an die Menschen heran.

Von den Zuschauerrängen führte eine frische Reifenspur, eingerädert von höchstens vier bis fünf Autos, direkt zur Bühne des Vulkans. Wir folgten der Spur, schlängelten uns in ein Gewirr von Felsen und alten, längst erstarrten Lavafeldern hinein, kamen immer höher bis ins untere Drittel des Vulkans – und dann, völlig überraschend, öffnete sich das Blickfeld zum Glutkessel eines Kraters, der schräg über uns, nur fünfhundert Meter entfernt, in unregelmäßigen Abständen eruptierte. Feuerstöße stoben aus dem Schlund, Flammenfontänen schlugen empor, Kanonaden glühender Felstrümmer zeichneten Leuchtspuren ins schwarze Schneetreiben. Während der kurzen Eruptionspausen quoll unter starkem Druck eine Aschensäule aus der Düse des Feuerkessels, rund geformt, gleichsam gedrechselt wie ein riesiger Stamm, rotflimmernd an der Wurzel, von Gluthitze umwühlt, als würde sie sich von unten her entzünden. Jeder neue Flammenstoß sprengte die Aschensäule vom Krater ab, ließ sie unten schlingern und bis hoch hinauf erbeben, ließ sie scheinbar stürzen. Doch in der folgenden Eruptionspause pendelte sie sich wieder ein; sie faßte wieder Fuß und düste von neuem aus dem Kraterkessel – bis zur nächsten Explosion.

Die Serien der Flammenstöße warfen rußig-trübe, orangerote Blitzlichter übers Felsmassiv, mitunter in so schneller Reihenfolge, daß der Berg auf- und abzuflackern schien.

Während über uns die Eruptionen zu sehen waren, waren sie – verblüffend! – unter uns zu hören. Donner und Gebrüll kamen aus dem Erdinnern, Explosionen dröhnten aus den Tiefen des Felsmassivs. Der Erdboden schien sich aufzutun. Der Berg schien zu bersten. Die Erde schwankte.

Glühende, kieselgroße Bimssteine, leicht und porös, wurden hoch aus den Kratern emporgewirbelt, fielen wie Sterne vom Himmel, erloschen im Flug und knatterten auf das Autodach. Ein Lavastrom quoll wie ein Blutsturz aus dem Krater hervor und verschwand hinter einer Anhöhe.

In diese Richtung führten die Reifenspuren! Dort hinauf waren die Leute vor uns gefahren, angezogen vom Feuerberg wie die Motten vom Licht, ohne Rücksicht auf die Gefahren, die ihnen oben drohten. Nachdem wir uns über die Unvernunft und Unbesonnenheit, ja über die Hirnrissigkeit dieser Autofahrer zur Genüge ausgelassen hatten, beschlossen wir, das gleiche zu tun und ebenfalls hinaufzufahren.

Nach kurzer Zeit schon begann die Landschaft über uns rot zu leuchten wie bei einer nächtlichen Feuersbrunst. Wir nahmen Anlauf vor dem nächsten Hang, rumpelten auf eine Terrasse hinauf – und da war die Sintflut glühender Lava. Ein Feuerstrom, achtzig bis neunzig Meter breit, der sich über einen etwa 150 Meter hohen Steilhang erstaunlich langsam herabwälzte und auf der ebenen Terrasse zu einer ungefähr zehn Meter hohen Front aufstaute. Einige Geländeautos standen da, einige Menschen liefen herum. Von hier aus ging's nun wirklich nicht mehr weiter. Direkt über dem Lavastrom mußte der feuerspeiende Krater liegen. Doch die Eruptionszentren waren jetzt von der Oberkante des Steilhangs verdeckt, so daß wir die Feuerstöße nicht mehr sehen konnten, wohl aber ihre Reflexe, die, von unterirdischem Eruptionsgetöse begleitet, rußig-rot im Aschenwirbel aufblitzten. Vorsichtshalber rangierten wir den Wagen in Fluchtrichtung, bevor wir ausstiegen.

Fünf Meter vor der Lavafront war es angenehm warm wie vor einem Kachelofen. Jeder weitere Schritt brachte uns jedoch in eine Zone unerträglicher Gluthitze. Dort herumzustehen war nicht ratsam, denn in der Lava knisterte gefährliches, träges Leben. Sie war gewissermaßen auf dem Sprung: Schlackentrümmer stürzten fortwährend mit Funkengestöber und Geprassel aus der Front heraus, teils vereinzelt, teils wie Steinschläge, bauten eine neue Wand auf, die schnell höher wuchs und dann wieder abzubröckeln begann. Auf diese Weise würde der Schlackenstrom langsam weiterrobben, den nächsten Steilhang erreichen, dort an Fahrt gewinnen und wieder weiterkriechen, immer weiter, bis zum Fuß des Berges vielleicht, bis ins Land hinein, Kilometer um Kilometer, von keiner menschlichen Macht zu stoppen, unaufhaltsam, solange Nachschub aus dem Krater quoll.

Und dann geschah es, daß der Wind unvermutet eine geballte Ladung Vulkanasche über uns warf. Das Rotlicht der Lavaglut erlosch, die Sonne verdüsterte sich gänzlich, die Sterne fielen nicht mehr vom Himmel. Wir rannten zu den Autos, ohne sie zu erreichen. Jeder prallte gegen eine Wand totaler Dunkelheit. Die Schattenbilder erstarrter Menschen verschwanden in der Schwärze. Vor den Augen war die Hand sprichwörtlich nicht mehr zu sehen. Unmöglich, auch nur einen Schritt noch weiterzugehen. Besonders deutlich jetzt die Geräusche: das Geknister und Geprassel des vorwärtsdrängenden Lavastroms, das Sausen des Sturms, das Geknatter niederfallender Kiesel, das Explosionsgebrüll unter uns im Erdinnern. Minutenlang völlige

Finsternis. Dann, endlich, war wieder etwas zu sehen: rötlicher Schimmer, Schattenbilder von Menschen, Sternschnuppen glühender Bimssteine, Blitzlichter der Eruptionen, ein rußroter Lampion im Aschengewölk – die Sonne! Der Lavastrom löste sich wie glühendes Drahtgeflecht aus dem Dunkel, wurde heller, breiter, rotflächig, gewann wieder Form und Leuchtkraft des Feuerstroms.

Später erfuhr ich, daß der sechzehnte Hekla-Ausbruch nur drei Tage lang gedauert hatte, vom 17. bis zum 20. August. Er begann in der Gipfelregion und dehnte sich über Schulterkratern auf sieben Kilometer Länge aus. Die Aschenwolke erreichte eine Höhe von 15 000 Metern, die Aschenschicht war in zehn Kilometern Entfernung zwölf Zentimeter hoch, in 230 Kilometern Entfernung noch knapp bodenbedeckend. Das Volumen der Asche betrug etwa 0,7 Kubikkilometer.
Alles in allem war dieser Hekla-Ausbruch nichts Besonderes; ein Feuerwerk, harmlos im Vergleich zu den Vulkankatastrophen, die Islands Geschichte bestimmen.

Die Weltesche Yggdrasil

Das Symbol für Werden und Vergehen

Yggdrasil ist die Weltesche: Weltbaum, Schicksalsbaum, heiliger Baum der germanischen Göttersagen, Symbol für Werden und Vergehen der Welt. Zahlreiche Beschreibungen der Weltesche sind in der Edda enthalten. So heißt es in der Prosa-Edda u. a.:

> Diese Esche ist der größte und beste von
> allen Bäumen: Ihre Zweige breiten sich
> über die ganze Welt und reichen hinauf
> über den Himmel. Drei Wurzeln halten den
> Baum aufrecht, die sich weit ausdehnen ...
> Darunter ist der Brunnen Hwergelmir und
> der Drache Nidhöggr nagt von unten ...
> Ein Adler sitzt in den Zweigen der Esche,
> der viele Dinge weiß, und zwischen seinen
> Augen sitzt ein Habicht, Wedrfölnir
> genannt.
> Ein Eichhörnchen, das Ratatöskr heißt,
> springt auf und nieder an der Esche und
> trägt Zankworte hin und her zwischen dem
> Adler und Nidhöggr. Und vier Hirsche laufen
> umher an den Zweigen der Esche und
> beißen die Knospen ab. Sie heißen Dain,
> Dwalin, Dunneir, Durathror. Und so viele
> Schlangen sind in Hwergelmir bei
> Nidhöggr, daß es keine Zunge zählen mag.

Die Vorstellungen von Weltbäumen sind uralt und archetypisch – keinesfalls auf die Edda-Sagen beschränkt. Baumkulte gab es überall. »Man sieht den Baum wachsen und sich bewegen, vernimmt sein Rauschen wie die Stimme eines Lebenden, hält ihn für einen hilfreichen Geist...« (Alfred Bertholet, »Wörterbuch der Religionen«)

Jeder Mythos kennt heilige Bäume, die mitunter sogar erstaunlich ähnlich wie die Weltesche Yggdrasil beschrieben sind: bevölkert von Hirschen, Katzen, Eichhörnchen, Wildschweinen, Schlangen und ähnlichem Getier, das in Ästen und Wurzeln allerlei Marotten auslebt.
Insofern ist das Zitat oben eine archetypische, allgemein gehaltene, für die Deutung speziell der Weltesche Yggdrasil nicht verwertbare Beschreibung, wenn man von dem Drachen Nidhöggr absieht, der an anderer Stelle, im Völuspa-Lied, als dämonischer Menschenwürger und Leichenräuber geschildert wird und nur in Edda-Sagen vorkommt.
Heilige Bäume der Sagenliteratur – wenn auch mystifiziert und rätselhaft beschrieben – gab es wirklich. So zum Beispiel die heilige Eiche von Dodona, aus deren Astwerk die alten Griechen das Wort ihres Göttervaters Zeus herausrauschen hörten, oder den heiligen Baum beim germanischen Tempel von Uppsala, von dem es in Chroniken heißt, daß er im Sommer und im Winter grünte. Jeder skandinavische Bauer pflanzte nahe seinem Gehöft einen heiligen Baum, meist eine Linde oder Esche, zum Schutz für Familie und Ansiedlung. Kultbäume standen in allen Bezirkszentren, bei Gerichtsstätten und heiligen Orten. Der Gedanke liegt nahe, »daß die Bäume beim Tempel oder bei der Wohnung ursprünglich eine in menschliche Nähe gerückte Reproduktion des Weltbaumes gewesen sind« (Jan de Vries, »Altgermanische Religionsgeschichte«). Hohe Bäume, aus kultischen Zwecken gepflanzt, zum Teil heute noch erhalten, sind somit Zeugnisse einer uralten germanischen Weltbaum-Verehrung.
Zweifellos haben isländische Einwanderer diesen archetypischen Kult mit auf die Vulkaninsel gebracht und dort die Weltesche Yggdrasil als heiligen Baum verehrt. Nur: Auf Island gab es keine Bäume zur Edda-Zeit, allenfalls Birkengestrüpp.
Und doch wird in der Edda von einem Baum berichtet.
Sollte die Weltesche Yggdrasil eine Abstraktion gewesen sein?
Das ist undenkbar. Denn die Edda-Sagen kennen – wie alle anderen Mythen auch – keine Abstraktionen, keine »nichtgegenständlichen Begriffe« wie Schicksal, Werden und Vergehen, son-

dern nur konkrete Bilder, die gegenständlich machen, was gemeint ist. Mithin müssen die Mythendichter eine bildhafte Vorstellung von der Weltesche Yggdrasil gehabt haben, von einem Weltbaum, der »himmel, erde und hölle verknüpft« (Jacob Grimm, »Deutsche Mythologie«).
Was ist das aber für ein Baum – in einem Land, wo keine Bäume wachsen?
Ein üblicher Baum kann es in Island aus biologischen Gründen nicht sein. Deshalb verwundert es nicht, wenn im Lied von Fiölswidr über den Weltbaum geschrieben steht:

> Niemand erfährt, wie er zu fällen ist,
> da weder Brand noch Beil ihm schaden.

Ein Baum, der weder mit Feuer noch mit der Axt gefällt werden kann, das ist kein Baum aus Holz und Saft. Soviel wissen wir schon einmal. Insofern unterscheidet sich die Weltesche grundlegend von anderen heiligen Bäumen.
Es gilt nun, alle Informationsquellen auszuschöpfen, die sich allein auf die Weltesche Yggdrasil beziehen.
Da ist zum Beispiel in der Edda die Rede von drei Brunnen, die unter Yggdrasil rauschen: Mimirs Brunnen, Urds Brunnen und der Brunnen Hwergelmir.

Mimirs Brunnen

Von Mimirs Brunnen, einem Brunnen der Weisheit, wird in der Prosa-Edda berichtet:

> Der Eigner des Brunnens heißt Mimir und ist voll Weisheit, weil er täglich von dem Brunnen aus dem Gjallarhorn trinkt. Einst kam Allvater Odin dahin und verlangte einen Trunk aus dem Brunnen der Weisheit, erhielt ihn aber nicht eher, bis er sein Auge zum Pfand setzte.

Szene aus einem Gletscherrandgebiet

Der weise Riese Mimir galt den Germanen als Wasserriese, als eine Art Quellgottheit. Seine Söhne, von denen später noch die Rede sein wird, werden als Flüsse und Bäche gedeutet. Als Wasserriese muß Mimir, mythischer Vorstellung zufolge, in einem wasserreichen oder wasserspendenden Gebiet herrschen. – In einem Gletscher möglicherweise.

Für Island drängt sich eine solche Deutung jedenfalls auf. Denn die gewaltigsten Ströme und Flüsse der Insel haben ihre Ursprünge in Gletschern. Zehn Prozent der Oberfläche Islands sind von Gletschern bedeckt. Ein isländischer Gletscher ist der größte der Welt, 8 500 Quadratkilometer in seiner Ausdehnung, so groß wie Korsika und doppelt so groß wie alle Alpengletscher zusammen. Er wird Vatnajökull, Wassergletscher, genannt, nach den vielen Flüssen und Strömen, die ihm entquellen. Andere Gletscher von bedeutender Ausdehnung sind der Langjökull

(1020 Quadratkilometer), der Hofsjökull (1000 Quadratkilometer) und der Myrdalsjökull (700 Quadratkilometer).
Gewiß ist die vorläufige Annahme zulässig, daß Mimirs Brunnen in einem dieser Gletscher zu finden sein muß und daß die Weltesche Yggdrasil in einem dieser Gletscherriesen zu suchen ist.
Aus dem oben zitierten Prosa-Text geht hervor, daß Mimir »täglich von dem Brunnen aus dem Gjallarhorn trinkt«. Das Gjallarhorn ist ein mythisches Alarmhorn, mit dem der Gott Heimdall – Wächter der Asen – den Beginn der Götterdämmerung signalisiert.
Wenn das Gjallarhorn ertönt, beginnt der Weltbrand, der Weltuntergang germanischer Göttersagen.

Urds Brunnen

Von einem weiteren Brunnen unterhalb der Weltesche Yggdrasil wird in der Prosa-Edda folgendes berichtet:

> Er wird Urds Brunnen genannt ... Aus dem kommen die drei Mädchen, die Urd, Skuld und Werdandi heißen. Diese Mädchen, welche aller Menschen Lebenszeit bestimmen, nennen wir Nornen. Es gibt noch andere Nornen, nämlich solche, die sich bei jedes Kindes Geburt einfinden, ihm seine Lebensdauer anzusagen ...
> Wenn die Nornen über das Geschick der Menschen walten, so teilen sie schrecklich ungleich aus. Die einen leben in Macht und Überfluß, die anderen haben wenig Glück noch Ruhm, die einen leben lange, die anderen kurze Zeit ...
> Die guten Nornen und die von guter Herkunft sind, schaffen Glück. Geraten einige Menschen in Unglück, so sind daran die bösen Nornen schuld ...

An einer anderen Stelle der Edda – im Lied Völuspa – heißt es vom Brunnen der Norne Urd:

> Eine Esche weiß ich stehn, heißt Yggdrasil,
> den hohen Stamm netzt weißer Schaum;
> davon kommt der Tau, der in die Täler fällt,
> immergrün steht er über Urds Brunnen.

Als Ortshinweis kann der »weiße Schaum« von Bedeutung sein. Das Originalwort *hvita auri* läßt sich auch als »weiße Feuchtigkeit« übersetzen und als verschlüsselte Beschreibung von Schnee deuten, von ewigem Schnee. Das wäre der zweite Hinweis darauf, daß die Weltesche in einem Gletscher zu suchen ist. Denn Schnee gibt es auf Island das ganze Jahr über nur auf einem Gletscher.

Der Brunnen Hwergelmir

Ein weiterer Brunnen unter Yggdrasil heißt Hwergelmir; unter ihm haust Nidhöggr, ein Drache.

Nidhöggr ist zu übersetzen als »der aus Haß, Feindschaft Hauende« (Johannesson, »Isländisches Etymologisches Wörterbuch«) und kann als Verkörperung vulkanischer Vernichtungskraft aufgefaßt werden. Möglicherweise steckt im Wort *höggr* auch der Begriff »schmieden«; damit entspräche Nidhöggrs Behausung einer unterirdischen Schmiede, die in vielen Mythen als Zentrum des Vulkanismus gilt. So hatte zum Beispiel, altem Glauben nach, der römische Schmied und Feuergott Vulcanus seine Schmiede im feuerspeienden Vesuv. Noch heute ist der Name Nidhöggr im Sprachgebrauch erhalten: »Nidhöggr ist wieder aufgewacht«, las ich in einer Reportage über den Ausbruch eines isländischen Vulkans.

Der Brunnen Hwergelmir ist übersetzbar als »brodelnder, brausender Kessel«. Aus ihm quellen Ströme, die unter dem Sammelnamen Eliwagar zusammengefaßt sind. Die Prosa-Edda berichtet von zwölf solcher Ströme mit den Namen: Swöll, Gunnthra, Fiorm, Fimbul, Thul, Slidr und Hridr, Sylgr und Ylgr, Wid,

Leiptr und Gjöll. Im Edda-Lied von Grimnir werden siebenunddreißig Flüsse aufgezählt: Sid und Wid, Sökin und Eikin, Swöll und Gunthro, Fjörm und Fumbulthul, Rin und Rennandi, Gipul und Göpul, Gömul und Geirwimul, Thyn und Win, Thöll und Höll, Grad und Gunthorin, Wina und Wegswinn, Diotnuma, Nyt und Nöt, Nönn und Hrönn, Slid und Hrid, Sylgr und Ylgr, Wid und Wan, Wönd und Strönd, Gjöll und Leiptr.

Das Geheimnis dieser Ströme steckt in ihren Namen. Die Übersetzungen lauten: Der Schreckliche, der vor Kälte Sengende, der Brausende, der Brüllende, der Menschenverschlinger, der Reißende, der steil abwärts Stürzende, der Gierige, der Wölfische, der Rasende, der Vernichter und dergleichen. Die Namen verraten mithin, daß es gefährliche Ströme sind, die aus dem Brunnen Hwergelmir hervorbrechen, Ströme, die Katastrophen auslösen. Besonders aufschlußreich schienen mir folgende Flüsse zu sein:

Gjöll: Das ist der Fluß zum Totenreich, auf den Hermodhr bei seinem Ritt zur Unterwelt stieß, als er zur Gjöll-Brücke kam.

Leiptr: der glühend Dahingleitende. Leiptr ist auch die Umschreibung für Blitz. Ein Strom, der glühend dahingleitet – damit ist gewiß ein Strom glühender Lava unmittelbar nach einem Vulkanausbruch gemeint.

Nyt: der Milchfarbige. Er hat seinen Ursprung zweifellos in einem Gletscher, denn Gletscherflüsse sind milchfarben. Ein solcher Gletscherfluß wird in Island als *Hvita* bezeichnet: weißer Fluß.

Slidr: der Fürchterliche. Er scheint von besonderer Bedeutung zu sein, denn er wird auch im Edda-Lied Völuspa erwähnt:

> Ein Strom wälzt ostwärts durch eiskalte Täler
> Schwerter und Messer: Slidr heißt er.

Ein Strom mit Schwertern und Messern, der durch eiskalte Täler sich wälzt, ist wohl als Gletscherlauf mit scharfkantigen, teils zersplitterten Eisschollen zu verstehen. Dasselbe gilt auch für den Strom Geirwimul: der von Speeren Wimmelnde.

Zweifellos, daß die Mythendichter etwas im Sinn hatten, als sie

den Flüssen diese Namen gaben und vom Brunnen Hwergelmir berichteten, aus dem diese Ströme quellen. Ein literarisches Bilderrätsel. Jeder Geologe, der mit diesen entschlüsselten Edda-Texten konfrontiert wird, nennt spontan des Rätsels Lösung: Das ist der Ausbruch eines Gletschervulkans, den Mythendichter überliefert haben!
Wort für Wort lassen sich geologische Erkenntnisse auf enträtselte Edda-Texte beziehen: Beim Ausbruch wird die mehrere hundert Meter hohe Eisschicht über dem tief im Gletscher verborgenen Vulkan gesprengt, aufgeworfen, aufgewirbelt und zum Teil geschmolzen. Auf der Gletscheroberfläche bildet sich ein »brodelnder, brausender Kessel«, poetisch als Brunnen Hwergelmir bezeichnet, aus dem Ströme hervorquellen, die den mythischen Strömen der Edda-Sagen entsprechen: »glühend dahingleitende« Lavaströme; »steil abwärts stürzende« Gletscherläufe mit messer- und schwertscharfen Eisschollen; »milchfarbene, vor Kälte sengende« Sintfluten von Schmelzwasser. »Schrecklich« sind diese Ströme, die sich durch »eiskalte Täler« wälzen, »menschenverschlingend« und »vernichtend«, wie es in der Edda heißt. Unter dem brodelnden, brausenden Kessel hockt Nidhöggr, die Verkörperung vulkanischer Vernichtungskraft. Das alles spielt sich in einem Gletscher ab, im Reich des Wasserriesen Mimir, wo ewiger Schnee liegt wie beim Brunnen der Norne Urd.
Was aber ist die Weltesche? Was haben die Menschen der Vorzeit als Weltesche gesehen, was haben die Mythendichter als Weltesche Yggdrasil besungen?

Glutwirbel umwühlen den allnährenden Weltbaum

Der Name Yggdrasil, etymologisch untersucht, ergibt dies: *yggr* bedeutet Schrecken oder Furcht. Yggr ist auch ein Sondername des Göttervaters Odin, der sich seinen Feinden als schrecklich und furchterregend darstellt. Jedenfalls deutet der erste Wortteil darauf hin, daß sich die Vorstellung von Furcht und Schrecken mit der Weltesche Yggdrasil verbindet.
drasil bedeutet Pferd, im weiteren Sinne aber auch Träger,

Stamm, Bürde, schnauben und – vielleicht, jedoch unsicher – Galgen.
Kombiniert man alle Übersetzungsmöglichkeiten für *yggr* mit denen von *drasil*, so kommt man rein rechnerisch auf achtzehn Deutungen. Häufig wird die Ansicht vertreten, daß Odins (yggrs) Pferd gemeint sein könnte oder auch Odins Galgen, weil der Göttervater nach einer Überlieferung im Edda-Lied »Havamal« neun Nächte an einem »windigen Baum« hing und sich nur mit Runenzauber zu befreien vermochte. In Erwägung wurden auch Wortkombinationen gezogen wie schrecklicher Stamm, schreckliches Pferd, schreckliche Bürde, Schreckensträger, schnaubender Schrecken.
Der Altgermanist Paul Herrmann hält es für möglich, daß eine Wetterwolke die Darstellung der Weltesche Yggdrasil inspiriert haben könnte: »Die Vorstellung ... kann von einem Wolkengebilde ausgegangen sein, dessen Zweige den ganzen Himmel überdecken ... Daß solche Naturerscheinungen am Himmel oder in der Luft von der Volksphantasie unter dem Bilde eines Baumes zur Veranschaulichung gebracht werden können, wird allgemein zugestanden. In Norddeutschland werden leichte Wolkenbildungen, Windstreifen, vom Landvolke Wetterbaum genannt; sturmdrohendes Wettergewölk heißt Windwurzel.« (Paul Herrmann, »Nordische Mythologie«)
Andere Mythologen glauben, daß mit der Weltesche die Milchstraße gemeint sei: eine hochgegriffene Deutung, die sich mit bildhaften Beschreibungen der Weltesche im Edda-Lied Völuspa nicht verwurzeln läßt.
Der Völuspa-Dichter schildert die Weltesche Yggdrasil beim Weltuntergang, beim Weltbrand, der, wie schon erwähnt, als verschlüsselt beschriebene Vulkankatastrophe zu deuten ist.
Es ist zweckmäßig, alle Völuspa-Verse herauszugreifen, die sich auf die Weltesche Yggdrasil beziehen und für eine Erklärung anbieten. Da ist einmal zu lesen:

Mimirs Söhne spielen, der Mittelstamm
entzündet sich
beim gellenden Ruf des Gjallarhorns.

Mimirs Söhne sind als Flüsse und Bäche aufzufassen (Karl Müllenhoff, »Deutsche Altertumskunde«). Der Mittelstamm ist der Stamm Yggdrasils, der sich über »brodelndem, brausendem Kessel« entzündet, wenn das Gjallarhorn ertönt: Heimdalls Alarmhorn, dessen Ton den Weltuntergang signalisiert.
Weiter steht in der »Völuspa« geschrieben:

> Yggdrasil bebt, die Esche, doch steht sie,
> es dröhnt der alte Baum, da der Riese frei wird.

Wenn der Riese, gemeint ist Mimir, Quellgottheit und Wasserriese, frei wird, so ist das als sintflutartiger Ausbruch von Schmelzwasser unter dem »dröhnenden Weltbaum« zu verstehen.
In einem weiteren Völuspa-Vers heißt es dann:

> Schwarz wird die Sonne, die Erde sinkt ins Meer,
> vom Himmel fallen die heiteren Sterne.
> Glutwirbel umwühlen den allnährenden Weltbaum,
> die heiße Lohe beleckt den Himmel.

»Hier handelt es sich ... um vulkanisches Feuer, dessen Lohe bis an den Himmel schlägt.« (Sigurdur Nordal, »Völuspa«)
Fassen wir zusammen: Beim Ausbruch eines Gletschervulkans umwühlen Glutwirbel den allnährenden Weltbaum, der Mittelstamm entzündet sich, Yggdrasil bebt – und bleibt doch stehen, während heiße Lohe emporleckt, die Sonne schwarz wird und vom Himmel heitere Sterne fallen.
Diese Zusammenfassung zwingt zu einem kühnen Rückschluß: Das, was der Völuspa-Dichter als Weltesche Yggdrasil beschrieben hat, was die Menschen der Vorzeit als Schicksalsbaum, als Weltbaum, als Symbol für Werden und Vergehen der Welt empfunden haben – das ist die Eruptionswolke über einem Vulkan. Sie sieht, mit einiger Phantasie betrachtet, in der Tat aus wie ein himmelhoher Baum: unten wie ein Stamm geformt, nach oben hin auseinanderstrebend, gleichsam verzweigend. Augenzeugen haben sich dieses Vergleichs schon bedient.

Und alle Beschreibungen der Weltesche Yggdrasil treffen auf die Eruptionswolke zu:
Die Eruptionswolke wird von Glutwirbeln des feuerspeienden Kraterkessels umwühlt.
Die Eruptionswolke scheint sich am Mittelstamm zu entzünden, flackernd im Widerschein der Kraterglut.
Die Eruptionswolke bebt bei jedem Feuerstoß, wird gleichsam abgesprengt vom Krater, scheint zu stürzen, faßt dann wieder Fuß und bleibt doch stehn.
Die Eruptionswolke steht über dem »brodelnden, brausenden Kessel« eines Gletschervulkans, während heiße Lohe emporleckt, die Sonne schwarz wird, vom Himmel die heiteren Sterne fallen und Sintfluten zu Tal stürzen.
Die Eruptionswolke: Sie ist verwurzelt in der Hölle vulkanischen Feuers, herausgewachsen aus der Erdoberfläche, hoch hinaufragend in den Himmel und entspricht somit als sichtbare Realität der Deutung Jacob Grimms von einem Weltbaum, der »himmel, erde und hölle verknüpft«. Die Entsprechungen von Geologie und Mythologie sind evident.
Mehr noch: Die Eruptionswolke deckt sich völlig mit dem Sinngehalt der Weltesche Yggdrasil: Schicksalsbaum, Weltbaum, Symbol für Werden und Vergehen der Welt. Denn der Vulkanismus ist Islands Schicksal, der Vulkanismus symbolisierte einst Weltentstehung und Weltuntergang. Und die Eruptionswolke ist das weithin erkennbare Signal einer Vulkankatastrophe. – Yggdrasil. Der Wortteil *yggr* – Schrecken oder Furcht – wird verständlich.

Gewiß haben die Mythendichter nicht irgendeine Aschenwolke über einem Vulkan gemeint, sondern eine ganz bestimmte Eruptionswolke, die lange Zeit über einem ganz bestimmten Gletschervulkan bis zum Firmament emporragte, besonders deutlich erkennbar durch die Vermischung von Aschenauswurf und von Wasserdampf geschmolzenen Eises.
Wo ist nun der Gletschervulkan zu finden, in dessen Feuerhölle die Weltesche Yggdrasil verwurzelt war?

Das Geheimnis der drei Wurzeln

Bei der Standortsuche mag im ersten Augenblick verwirren, daß in der Edda von drei Brunnen die Rede ist. Nach Auffassung bedeutender Mythologen jedoch sind die drei Brunenn – Mimirs Brunnen, Urds Brunnen und der Brunnen Hwergelmir – ein und dasselbe, eine mythische Dreieinheit gewissermaßen, in verschiedenen Varianten beschrieben. Ins Topographische übersetzt bedeutet das: Die als Weltesche beschriebene Eruptionswolke ist in einem einzigen Gletschervulkan verwurzelt.
Drei Wurzeln der Weltesche sind es, von denen es in der Prosa-Edda heißt, daß sie sich »weit ausdehnen«. Nach welchen Seiten sie sich ausstrecken, ist im Edda-Lied von Grimnir nachzulesen.

> Drei Wurzeln strecken sich nach dreien
> Seiten
> unter der Esche Yggdrasil:
> Hel wohnt unter der einen, unter der
> anderen Hrimthursen,
> aber unter der dritten Menschen.

Hier bietet sich, wenn man so sagen darf, die Chance zu mythologischer Vermessungsarbeit. Die drei Wurzeln weisen in drei Richtungen. Zur Welt der Totengöttin Hel, zur Welt der Hrimthursen und zur Welt der Menschen – zu drei trigonometrischen Punkten mithin, die, wie wir gleich sehen werden, eine Triangulation ermöglichen: die vermessungstechnische Feststellung eines topographischen Mittelpunkts durch dreifachen Richtungsbezug. Der Mittelpunkt ist Standort der Weltesche.
Fangen wir mit der Wurzel an, die zu den Hrimthursen zeigt, zu den Eisriesen. Sie hausen in der Eisriesenwelt, im Reich des Riesen Hymir, das identisch ist mit Thorsmörk, dem holzbewachsenen, von Gletschern umzingelten Bergkessel nahe der Südküste. Die erste Zeile des auf Seite 102 zitierten Hymir-Liedes beginnt so: »Im Osten wohnt beim Eliwagar der hundweise Riese ...« Eliwagar ist der Sammelname für die Sturzfluten, die

aus dem Brunnen Hwergelmir hervorbrechen, der unterhalb der Weltesche brodelt. Eisriesenwelt und Brunnen Hwergelmir sind also unmittelbar benachbart, und unmittelbar benachbart ist auch Thorsmörk mit dem Gletscher Myrdalsjökull, der den Bergkessel östlich begrenzt. Und im Myrdalsjökull, dreihundert Meter unter dem Eispanzer, lauert Islands am meisten gefürchteter Vulkan: die Katla. Naheliegend, daß der bei Eruptionen aufberstende Kraterschlund des Katla-Vulkans identisch ist mit dem Brunnen Hwergelmir, aus dem die Weltesche hervorsprießt. Man kann also auf der Landkarte einen Pfeil von der Katla nach Thorsmörk ziehen, entsprechend der Wurzel, die von der Weltesche Yggdrasil zu den Hrimthursen zeigt.

Eine weitere Wurzel reicht, laut Edda, zu den Menschen. Auch das trifft auf die Katla zu. Denn südlich des Gletschers war früher besiedeltes Küstenland. Dort wohnten einst Bauern und Fischer, deren Häuser freilich von einem schwarz verfärbten, schlammartigen Gemisch aus Lavasand, Lavaströmen, Gletscherläufen und Eistrümmern längst vernichtet, begraben oder ins Meer hinausgeschwemmt wurden. »Die Erde sinkt ins Meer«, heißt es dementsprechend auch in der Edda. Eine Beschreibung, die sich nur auf einen Gletschervulkan in unmittelbarer Küstennähe beziehen kann. Tatsächlich liegt die Katla in unmittelbarer Nähe der Küste, direkt an der Südspitze Islands. Ein Pfeil, von der Katla zum Ort früherer Besiedelung in der Landkarte eingezeichnet, entspricht mithin einer weiteren Wurzel der Weltesche.

Geologisch besonders interessant ist die mythische Wurzel, die zur Totengöttin Hel zeigt und sich somit auf den Weg zur Unterwelt bezieht, den Hermodhr ritt, um den ermordeten Sonnengott Baldur zu befreien. »Von Hermodhr aber ist zu sagen«, der Leser kennt diese Textstelle aus der Edda schon, »daß er durch tiefe, dunkle Täler ritt, bis er zum Gjöll-Fluß kam und über die Gjöll-Brücke ritt«. Die »tiefen, dunklen Täler« sind, wie schon dargelegt, identisch mit der Feuerspalte Eldgja. – Und die Feuerspalte Eldgja ragt denn auch wie eine Wurzel unter dem Gletscher Myrdalsjökull heraus, dreißig Kilometer weit in nordöstliche Richtung. Dort stieß Hermodhr bei der Gjöll-Brücke auf den

Die drei Wurzeln der Weltesche Yggdrasil

Gjöll-Fluß. Tatsächlich ist der Gjöll-Fluß einer der mythischen Ströme, die dem Brunnen Hwergelmir entspringen.
Geologische Untersuchungen neueren Datums haben ergeben, daß »Katla und Eldgja zu derselben Familie gehören« (Gudmundsson/Kjartansson, »Wegweiser durch die Geologie Islands«). Das heißt, die Feuerspalte Eldgja, außerhalb des Gletschers als Schlund der »tiefen, dunklen Täler« erkennbar, setzt sich geradlinig unter dem Myrdalsjökull fort, unsichtbar freilich, denn sie vermochte den Gletscher nicht auf ganzer Linie aufzusprengen. Ihre Eruptionskraft allerdings brach an einer zentra-

len Stelle durch den Eispanzer und bildete einen Vulkan: die Katla, aus der die Eruptionswolke wuchs. Geologisch gesehen ist also die Feuerspalte Eldgja in der Tat eine Wurzel der Katla – und damit entspricht sie auf verblüffende Weise der dritten Wurzel Yggdrasils, die sich nunmehr als dritter Pfeil auf der Landkarte einzeichnen läßt.
Der Mittelpunkt, von dem die drei Pfeile ausgehen, ist die Katla: Standort der Weltesche Yggdrasil.

Thors Weg zur Weltesche

Legen wir die Landkarte noch nicht aus der Hand. Die Edda-Dichter haben nämlich noch eine weitere Ortsbeschreibung überliefert, die eine Standortbestimmung der Weltesche durch lineare Verbindung dreier Fixpunkte ermöglicht.
Die Ortsbeschreibungen sind im Edda-Lied von Grimnir versteckt, in dem es heißt, daß der Gewittergott Thor täglich zur Weltesche reist und dabei von der Götterburg Asgard aus folgenden Weg nimmt:

Körmt und Örmt und beide Kerlaug
watet Thor täglich,
wenn er hinreist, Gericht zu halten
bei der Esche Yggdrasil.

Die drei Flußnamen lassen sich so enträtseln: *Körmt* bedeutet Schutzwehr. Ein Fluß, der eine Schutzwehr bietet, ist als Grenzfluß zu verstehen. Und nur von einem mythischen Grenzfluß in Asgards Nähe wissen wir aus den Edda-Sagen: vom Grenzfluß Ifing, der zwischen Götterburg und Steinriesenwelt fließt und der identisch ist mit dem Lavastrom Utbruni, der den Herdubreid vom Dyngjufjalladalur trennt.
Örmt bedeutet Flußdelta oder Flußverzweigung.
Kerlaug bedeutet Wannenbad und ist unschwer als Abfluß einer für Island typischen heißen Quelle zu verstehen. Viele der alten Reit- und Wanderwege führten häufig an solchen Quellen vorbei. Denn die Reisenden wußten warme Bäder zu schätzen bei

ihren strapaziösen Fußmärschen und Ritten durch die Vulkanzone.

Die drei im Grimnir-Lied genannten Flüsse müssen auf der direkten Wegstrecke des Gewittergottes von Asgard zur Weltesche Yggdrasil liegen. Ziehen wir also auf der Landkarte mit dem Lineal einen Strich vom Tafelvulkan Herdubreid zum Gletschervulkan Katla und verfolgen wir Thors Wegstrecke.

Er verläßt den Herdubreid und überquert sogleich den südöstlichen Teil des Lavastromes Utbruni, den Grenzfluß Ifing zwischen Götterburg und Riesenwelt, der dementsprechend als Körmt, Schutzwehr, bezeichnet werden kann.

Thor reist weiter durch die Missetäterwüste und überquert dann die Flußverzweigung Örmt: eine auch auf großen Übersichtskarten noch deutlich zu erkennende Verzweigung von Flüssen und Bächen, die vom Gletscher Vatnajökull herabrauschen, sich zum Gletscherstrom Jökulsa a Fjöllum bündeln und einhundertzwanzig Kilometer weiter nördlich Europas wasserreichsten Wasserfall bilden, den Dettifoss, der zweihundert Kubikmeter Wasser pro Sekunde führt.

Thors Weg führt von der Flußverzweigung Örmt weiter über den Gletscher Vatnajökull hinweg, kommt wieder auf eine Lavawüste – und dort schneidet die Linie seiner Wegstrecke ein Thermengebiet mit den Quellen Snaebyli, Hvammur und Buland, wo das Wasser etwas weniger als fünfzig Grad hat. Angenehme Badewannentemperatur.

Kerlaug – Wannenbad – ist denn auch die treffende Bezeichnung für jeden Abfluß einer solchen Quelle.

Thor watet dort also durch zwei warme Flüsse, was wir ihm nach der Überquerung des größten Gletschers der Welt gerne gönnen wollen, und kommt auf weiterhin geradliniger Wegstrecke zum eruptierenden Vulkan der Katla, wo das Donnergetöse sich für die Menschen der Vorzeit wahrhaftig so angehört haben mochte, als würde der Gewittergott »Gericht halten bei der Esche Yggdrasil«. Auch andere Götter halten, laut Edda, dort Gericht. Diese mythische Vorstellung vom Strafgericht der Götter – von einer Art Jüngstem Gericht – ist leicht nachzuvollziehen, wenn man weiß, was die Katla an Schrecknissen zu bieten hat.

Die Zeitbombe im Gletscher

Die Katla, Islands am meisten gefürchteter Vulkan, ist eine eruptive Zeitbombe, etwa dreihundert Meter tief im Eispanzer des 1493 Meter hohen Gletschers Myrdalsjökull verborgen.
Sie explodiert ohne jede Vorankündigung, überfallartig, und sie bedroht ein Küstengebiet, das früher besiedelt war und das heute zu den vielbefahrenen Reiserouten zählt. Beim Ausbruch zerbirst jählings der Gletscher über subglazialem Eruptionszentrum. Donnergetöse, Geheul und Gepfeife hallen über die ganze Insel. Dampf und Asche düsen in die Stratosphäre. Die riesige schwarze Wolke ist auf der ganzen Insel zu sehen. Eisschollen und glühende Lavabrocken fliegen kilometerweit.
In der Nähe des Vulkans wird es Nacht. Die Sonne verfinstert sich, glühende Bimssteinkiesel wirbeln durchs Aschengestöber, Flammen schlagen aus dem Gletschereis, der Schnee wird schwarz. Aus brodelndem, brausendem Eruptionskessel quellen milchfarbene Schmelzwasserströme und schlammartige, von Lavasand, Lavageröll und glühenden Lavaströmen durchmischte Gletscherläufe mit haushohen Steinbrocken und Eisbergen. Bis zu 200 000 Kubikmeter Wasser pro Sekunde ergießen sich zu Tal: die tausendfache Menge, die Europas wasserreichster Wasserfall Dettifoss pro Sekunde führt (200 Kubikmeter pro Sekunde). Steintrümmer, bis zu vierhundert Kubikmeter groß, werden mitgerissen und auch in der Ebene noch kilometerweit transportiert. Grauschwarz verfärbte Eruptionsmassen, bis zu siebzig Meter hoch, wälzen sich über die Küste hinaus, und »die Erde sinkt ins Meer«, wie in der Edda beschrieben. Nach jedem Katla-Ausbruch muß Islands Landkarte neu gezeichnet werden. Bei der Eruption im Jahre 1918 verschob sich die Südküste um einen halben Kilometer meerwärts. Auf der neuen Landkarte ist Kötlutangi und nicht mehr Dyrholaey der südlichste Punkt Islands. Das nach Katla-Ausbrüchen überschwemmte und neugeschaffene Land bietet sich, wenn das Eis geschmolzen ist, als sogenannter Sandur dar: als Wüste von Lavaasche, Lavasand, Lavageröll, Lavabrocken, trostlos schwarz, teils verfestigt, teils staubdurchwirbelt, teils ver-

Islands Südküste bei Dyrholaey

sumpft, teils von Strömen und Bächen durchflossen – ein von Traurigkeit verhülltes Land, das jeden schwermütig und nachdenklich stimmt, der es sieht. Heute führen Straßen und Brükken hindurch, deren Vernichtung bereits einkalkuliert und vorprogrammiert ist. Denn der nächste Ausbruch ist nur eine Frage der Zeit. Auf die Katla ist Verlaß. Die Katla pflegt nämlich zweimal in jedem Jahrhundert zu eruptieren. Der letzte Ausbruch war 1918. Der nächste Ausbruch steht bevor. »Sie ist seit Jahren überfällig und wird bewacht wie ein Patient auf der Intensivstation.« (Gudmundsson/Kjartansson: »Wegweiser durch die Geologie Islands«)

Vor der Jahrtausendwende ahnte niemand, daß im Gletscher Myrdalsjökull ein Vulkan lauert. Denn die etwa 10 000 Jahre alte Katla hatte zuvor eine jahrhundertelange Ruhepause und schlief unter der Eisdecke, unbemerkt von den Menschen, die ganz in ihrer Nähe lebten. Am Fuße des Gletschers war blühendes, bebautes Land. Häuser von Bauern und Fischern standen dort – bis die Katla ihren Initialausbruch hatte, bis Feuer, Finsternis und Sintflut hereinbrachen über ahnungslose Menschen, fürchterlicher und verhängnisvoller als jeder andere Vulkanausbruch dieser Zeit. Größer und schwärzer, als je zuvor gesehen, war der Wolkenbaum aus Dampf und Asche, der glutumwirbelt dem Zentrum des Schreckens entsproß, bis zum Firmament wuchs und stehenblieb, monatelang, jahrelang vielleicht, niemand weiß genau wie lange.

Geologische Untersuchungen haben ergeben, daß dieser Ausbruch der Katla sich um die Jahrtausendwende ereignete, zu einer Zeit, als ein unbekannter Dichter das bedeutendste Werk der germanischen Literatur schrieb: die Völuspa, die Weissagung der Seherin, das Lied vom Untergang der Welt, vom Weltbrand, von der Götterdämmerung.

Die Götterdämmerung

Windzeit, Wolfszeit, eh die Welt zerstürzt

Ragnarök, Verhängnis der Götter: Das ist die germanische Bezeichnung für den Weltuntergang, für Weltbrand und Götterdämmerung, für »ein Ereignis, das der gesamten nordischen Mythologie ihren Stempel aufdrückt« (Sigurdur Nordal, »Völuspa«).
Island war zur Jahrtausendwende ein Pulverfaß apokalyptischer Ängste. Sterndeuter verkündeten permanent das Ende der Welt. Die fixe Idee war allgemein verbreitet, im Jahre 1000 würde die Welt untergehen. Der sittliche Verfall spitzte sich zu: Mord, Blutschande, Betrug, Eidbruch, Ehebruch, »Windzeit, Wolfszeit, eh die Welt zerstürzt«. Vor allem aber ballte sich religiöser Zündstoff in Island zusammen. Denn mehr als je zuvor (und danach) zwang im Jahre 1000 das Spannungsverhältnis zwischen Christentum und germanischer Götterlehre zu Entscheidungen, zu Bekenntnissen, die, wie immer sie ausfielen, bei den meisten Menschen der Vorzeit zwanghafte Befürchtungen vor Strafgerichten herausforderten. Und zu dieser Zeit der Urängste brach der Gletschervulkan Katla aus: »Schwarz wird die Sonne, die Erde sinkt ins Meer, vom Himmel fallen die heiteren Sterne.«
Der Katla-Ausbruch: Er war nicht Ursache der Weltuntergangsstimmung, wohl aber der Funke, der die dichterische Vision vom Weltbrand entzündete. Außer dem Katla-Ausbruch, der weitaus größten Vulkankatastrophe jener Zeit, gab es noch andere Eruptionen, die, wie noch zu zeigen sein wird, Einfluß hatten auf den Dichter der Völuspa.
Ich bin nicht allein mit der Auffassung, daß Islands Vulkanismus im Völuspa-Lied leuchtet.
Vereinzelt lassen sich entsprechende Andeutungen schon früher finden, so zum Beispiel in dem 1923 erschienenen »Völuspa«-Kommentar des isländischen Literaturwissenschaftlers Sigurdur Nordal (1886–1974), in einem Werk, das fast alle Mythologen heute als die wichtigste Deutung des berühmten Liedes einschätzen und als höchste Instanz in allen Streitfragen zitieren.

Doch merkwürdig genug, die folgenden, in Nordals Werk freilich weit verstreuten Sätze über den Vulkanismus wurden in späteren Abhandlungen meist verschwiegen oder, wenn überhaupt, nur beiläufig erwähnt, nie aber energisch verfolgt. So schreibt Sigurdur Nordal unter anderem: »In den Erläuterungen ... habe ich darzulegen versucht, daß der Dichter mit heißen Quellen, Vulkanausbrüchen und Erdbeben vertraut gewesen sein muß.« Oder: »Hier handelt es sich ... um vulkanisches Feuer, dessen Lohe bis an den Himmel schlägt.« Mit diesen Worten kommentiert Sigurdur Nordal die Völuspa-Strophe:

> Schwarz wird die Sonne, die Erde sinkt ins
> Meer,
> vom Himmel fallen die heiteren Sterne.
> Glutwirbel umwühlen den allnährenden
> Weltbaum,
> heiße Lohe beleckt den Himmel.

Auch in anderen Völuspa-Zeilen erblickt Sigurdur Nordal die Beschreibung eines Vulkanausbruchs:

> Der Sonne Schein dunkelt in kommenden
> Sommern,
> alle Wetter wüten: Wißt ihr noch mehr – und
> was?

Dazu Sigurdur Nordal: »Ich habe diese Schilderung erst verstanden, als ich im Herbst 1918 einmal einen Aschenregen bei blauem Himmel erlebte. Die Sonne schien zwar, aber sie war schwarz und ebenso ihre Strahlen. Ist schon eine totale Sonnenfinsternis eindrucksvoll genug (Volksglaube und Volkssagen bezeugen das), so wirkt diese Erscheinung noch bedeutend unheimlicher und schrecklicher.« Und: »Der Grundgedanke dieser Strophe scheint dieser zu sein: Wenn ... Vulkanausbrüche und alle Arten von Heimsuchungen über die Welt kommen, dann ist der Weltuntergang nahe.«

Sigurdur Nordal hat offensichtlich den Aschenregen des Katla-

Ausbruchs im Herbst 1918 erlebt, ohne damals jedoch wissen zu können, daß die Katla es war, die zur Jahrtausendwende ihren Initialausbruch hatte: zu einer Zeit, als das Völuspa-Lied vom Weltuntergang verfaßt worden war.

Das Datum dieses Katla-Ausbruchs konnte erst in der zweiten Hälfte unseres Jahrhunderts ermittelt werden dank der tephrochronologischen Studien von Sigurdur Thorarinsson, dem Leiter des geologischen Instituts der Universität Reykjavik, einem Geologen von Weltruf. Die von ihm entwickelte tephrochronologische Methode ist ein hochkompliziertes Verfahren, das, vereinfacht gesagt, durch Analyse vulkanischer Lockerprodukte (Tephra) und der dazwischenliegenden Moosschichten die Zuordnung zu einem bestimmten Vulkan und die zeitliche Bestimmung des Ausbruchs ermöglicht. Wie in der Einleitung schon erwähnt, habe ich mit Sigurdur Thorarinsson vor meiner ersten Islandreise lange Gespräche geführt über Zusammenhänge zwischen mythischen Schauplätzen und Orten in der Vulkanzone, die auch er – zu meiner Überraschung – bei seinen geologischen Expeditionen zum Teil schon erkannt, aber nicht verfolgt hatte. In einem Fall jedoch hat Sigurdur Thorarinsson sich zu diesen Zusammenhängen geäußert, und zwar in einem der Katla gewidmeten Kapitel seines Buches »The Eruptions of Hekla in historical time«. Er schreibt darin, daß die um das Jahr 1000 verfaßte Völuspa-Strophe »Schwarz wird die Sonne . . .« offensichtlich ein Augenzeugenbericht über den Katla-Ausbruch ist. Sigurdur Thorarinsson kam damit zu demselben Ergebnis wie ich, freilich aus ganz anderer Absicht. Ihm ging es nicht darum, den mythischen Brunnen Hwergelmir und den Standort der Weltesche zu finden, sondern darum, eine schriftliche Bestätigung des von ihm bereits aufgrund der tephrochronologischen Untersuchungen festgestellten Ausbruchs-Datums zu erlangen. Es ist das der einzige mir bekannte Fall, daß eine Edda-Strophe – ein mythischer Text also, ein Sagentext »nur« – als Augenzeugenbericht eingeschätzt wurde, als Chronik eines Geschichtsschreibers, der, wenn auch verschlüsselt, einen Vulkanausbruch beschrieben und damit historisch bezeugt hat.

Vögel fallen tot zur Erde

Wenn man weiß, was der Vulkanismus für Island bedeutet und seit jeher bedeutet hat, dann werden Zusammenhänge zwischen Vulkanismus und mythischen Visionen vom Weltuntergang verständlich. Ein Rückblick ist deshalb zweckmäßig.
Wir wissen zwar nur wenig über den Katla-Ausbruch zur Jahrtausendwende, als die Götterdämmerung hereinbrach für dämonengläubische Menschen der Vorzeit, aber wir können Rückschlüsse ziehen auf dieses Chaos, auf diesen Schrecken, auf diese Urangst. Denn wir kennen Details von späteren Vulkanausbrüchen, die so furchtbar waren, daß die Welt auf Island wahrhaftig unterzugehen schien, beispielsweise im Jahre 1783, als die Laki-Kraterreihe explodierte:
Rund dreißig Milliarden Tonnen Lava verströmten übers Land und bedeckten 563 Quadratkilometer der Insel, walzten zahlreiche Häuser und Weidegebiete nieder, überfluteten flüchtende Menschen und flüchtendes Vieh. Aschenwolken mit Abgasen von neunzig Millionen Tonnen Schwefelsäure wirbelten über die ganze Insel, ein saurer Regen ohnegleichen, an dem 10 000 Isländer starben, achtzig Prozent der Pferde und Schafe zugrunde gingen und die Hälfte der Kühe erstickte. Vögel fielen tot zur Erde. Fische trieben tot in Seen und Flüssen. Was an Vieh übrigblieb, verhungerte größtenteils auf Weiden, auf denen kein Gras mehr wuchs. 30 000 Isländer überlebten zwar den Ausbruch, waren aber vom Hungertod bedroht. Die damalige dänische Obrigkeit wollte Island völlig evakuieren, wollte die Insel gleichsam untergehen lassen für alle Zeiten, doch die Isländer verließen ihre Heimat nicht. Alle 30 000 blieben. Tausende verhungerten. Tausende überlebten und schufen eine neue Generation.
Seit Menschen auf Island leben, spien die Vulkane, wie man inzwischen errechnet hat, zweiunddreißig Kubikkilometer Lava und zehn Kubikkilometer Lockerprodukte aus: ein Drittel der Weltproduktion an Eruptionsmaterial in diesem Zeitraum. Die Lavaasche isländischer Vulkane wirbelte um die ganze Welt; selbst in China konnte sie nachgewiesen werden.
Im Durchschnitt ereignete sich auf Island alle fünf Jahre ein Vul-

Isländisches Dorf im vorigen Jahrhundert

kanausbruch, der mehr oder weniger große Schäden anrichtete, manchmal das Überleben auf der Insel in Frage stellte, Hunderte von Menschenleben forderte, Hunderte von Häusern vernichtete, Landstriche verschüttete und den Viehbestand dezimierte.
Vulkanische Erdbeben bis zur Magnitude 7,5 (Weltrekord: 8,6) zerstörten besonders an der Südküste ein- bis zweimal in jedem Jahrhundert viele Häuser, mitunter ganze Ansiedlungen. Es gibt Bauerngeschlechter auf Island, die über Generationen hinweg ihre von Erdbeben zerstörten Höfe bis zu zwanzigmal neu aufgebaut haben. Auch in unmittelbarer Nähe von Vulkanen errichteten Bauern immer wieder aufs neue ihre verschütteten, von Lava niedergewalzten und überwölbten Höfe, an derselben Stelle wie früher meist, über dem Grabhügel des alten Hauses, wohl wissend, daß mit Sicherheit irgendwann einmal der Vulkan vor der Haustür wieder jählings Feuer und Lava speit, daß sie Hals über

Kopf flüchten müssen, vielleicht nicht mehr fliehen können, jedenfalls aber ihr gesamtes Hab und Gut von heute auf morgen verlieren.

Manchmal wurden die Gehöfte der Bauern so stark verwüstet, ihr Weideland so unwiederbringlich verschüttet, daß sie ihre Heimat verloren, in die Städte zogen oder neues Land in der Vulkanwildnis urbar machen mußten. Früher wurden sie oft zu Landstreichern. Heute schützt ein Netz sozialer Sicherheiten vor solchen Schicksalen, doch nur Versicherung ist es, die geboten werden kann, nicht Sicherheit von Leib und Leben, Hab und Gut. Auch heute sterben noch Menschen bei Vulkanausbrüchen, stirbt Vieh, fallen Vögel tot vom Himmel, werden Häuser von Lava niedergewalzt oder von Erdbeben zerstört. Der Fünf-Jahre-Rhythmus isländischer Vulkanausbrüche ist ungebrochen. Die nächste Katastrophe steht täglich bevor.

Zwar erforschen Geologen heute die Eruptionsintervalle, die möglichen Ausbruchstermine und die zu erwartenden Richtungen der Lavaströme, so daß die Bevölkerung sich rechtzeitig darauf einstellen kann. Doch sind solche Prognosen nur auf bestimmte Vulkantypen beschränkt. Mit Sicherheit ist nichts vorherzusagen. So konnte es geschehen, daß im Jahre 1963 völlig unerwartet auf der Westmännerinsel Heimaey an der Südküste Islands zweihundert Meter neben einigen Fischerhäusern eine 1,5 Kilometer lange Feuerspalte barst und mit ihren Auswürfen die benachbarte 5 000-Einwohner-Stadt bis über die Dächer hinaus zuschüttete. Eine Stadt ging unter in Asche, wurde zur Hälfte zerstört – und ist inzwischen wieder ausgegraben und aufgebaut worden.

Heute wird jeder Vulkanausbruch von Geologenteams wissenschaftlich ausgewertet, werden Lavamengen, Eruptionstemperaturen und Höhe der Aschenwolken gemessen, wird die chemische Zusammensetzung des Auswurfmaterials analysiert und alles fein säuberlich in Zahlenreihen niedergeschrieben und in Computern gespeichert. Doch solche Sachlichkeit vermag einem Vulkanausbruch nichts vom Unheimlichen, vom Unbegreiflichen, nichts von seiner Dämonie zu nehmen, die auch in unserer Zeit von aufgeklärten Menschen empfunden wird – und die

das Volk der Vorzeit noch viel schrecklicher erlebt haben mochte, da es damals noch keine sachlichen Erklärungen gab.
Daß man von den Vulkanausbrüchen zur Edda-Zeit wenig weiß, liegt daran, daß es an zeitgenössischen Aufzeichnungen mangelt. Die meisten sind nur in Bruchstücken erhalten und zum Teil irreführend in ihren Ortsbeschreibungen, andere sind verlorengegangen. Dank der tephrochronologischen Studien lassen sich Lichtkegel ins Dunkel der Zeit richten. Auch bieten Ausgrabungen verschütteter Häuser – zusammen mit der tephrochronologischen Zeitbestimmung – gewisse Anhaltspunkte für Datum und Ausmaß von Katastrophen, die in Chroniken nicht oder nur schwer verständlich überliefert wurden. Doch noch ist die vulkanische Tätigkeit dieser Zeit zur Gänze nicht ausgeleuchtet, noch weiß die Geologie nichts Endgültiges über die Eruptionen, die in der Weltuntergangsdichtung des germanischen Mythos verschlüsselt beschrieben sind.

Snorri Sturlusons Bericht vom Weltende

Die bedeutendste Beschreibung des Weltuntergangs findet sich, wie schon gesagt, im Völuspa-Lied, einem Werk von hintergründiger Poesie, das etwa zur Jahrtausendwende entstand. Gestützt auf Informationen aus der Völuspa schrieb Snorri Sturluson 230 Jahre danach einen Bericht über die Götterdämmerung in seiner Prosa-Edda. Dem Verständnis ist es gewiß dienlich, wenn ich Snorris reportagehaft klare Darstellung als Lektüre vorweg anbiete.
Snorri schildert den Weltuntergang in Form eines Zwiegesprächs zwischen dem Schwedenkönig Gylfi und Göttervater Odin. Beide verbergen ihre wahre Identität. Gylfi gibt sich als Wanderer namens Gangleri aus, und Odin tritt ihm in dreifacher Gestalt entgegen: als Har, Iafnhar und Thridi.
In dieses Gespräch hat Snorri gelegentlich einige, wohl aus dem Gedächtnis zitierte Völuspa-Strophen eingestreut, die dem Wortlaut und der Reihenfolge des Originals nicht immer genau entsprechen. Und so liest sich der Text des mythischen Interviews:

Da sprach Gangleri: Was für Zeitungen sind zu sagen von der Götterdämmerung? Ich hörte dessen nie zuvor erwähnen.
Har antwortete: Davon sind viele und wichtige Zeitungen zu sagen. Zum ersten, daß ein Winter kommen wird, Fimbulwinter genannt. Da stöbert Schnee von allen Seiten, da ist der Frost groß und sind die Winde scharf, und die Sonne hat ihre Kraft verloren. Dieser Winter kommen dreie nacheinander und kein Sommer dazwischen. Zuvor aber kommen drei andere Jahre, da die Welt mit schweren Kriegen erfüllt sein wird. Da werden sich Brüder aus Habgier ums Leben bringen und der Sohn des Vaters, der Vater des Sohnes nicht schonen. So heißt es in der Völuspa:

Fimbulwinter: Schreckenswinter

Brüder befehden sich und fällen einander,
Geschwisterte sieht man die Sippe brechen,
Unerhörtes ereignet sich, großer Ehbruch,
Beilalter, Schwertalter, wo Schilde krachen,
Windzeit, Wolfszeit, eh die Welt zerstürzt.
Der eine achtet des andern nicht mehr.

Da geschieht es, was die schrecklichste Zeitung dünken wird: daß der Wolf die Sonne verschlingt, den Menschen zu großem Unheil.
Der andere Wolf wird den Mond packen und so auch großen Schaden tun, und die Sterne werden vom Himmel fallen.
Da wird sich auch ereignen, daß so die Erde bebt und alle Ketten und Bande brechen und reißen.

Da wird der Fenriswolf los, und das Meer überflutet das Land, weil die Midgardschlange wieder Jotenmut annimmt und das Land sucht.

Fenriswolf und Midgardschlange: dämonische Ungeheuer

Da wird auch Naglfar flott, das Schiff, das so heißt und aus Nägeln der Toten gemacht ist, weshalb es Brauch ist, daß, wenn ein Mensch stirbt, ihm die Nägel nicht unbeschnitten bleiben, womit der Bau des Schiffes Naglfar beschleunigt würde, den doch Götter und Menschen verspätet wünschen. Bei dieser Überschwemmung aber wird Naglfar flott.

Hrymir heißt der Riese, der Naglfar steuert. Der Fenriswolf fährt mit klaffendem Rachen umher, daß sein Oberkiefer den Himmel, der Unterkiefer die Erde berührt, und wäre Raum dazu, er würde ihn noch weiter aufsperren. Feuer glüht ihm aus Augen und Nase.

Die Midgardschlange speit Gift aus, daß Luft und Meer entzündet werden; entsetzlich ist ihr Anblick, indem sie dem Wolf zur Seite kämpft. Von diesem Lärmen birst der Himmel: da kommen Muspels Söhne hervorgeritten. Surtur fährt an ihrer Spitze, vor ihm und hinter ihm glühendes Feuer. Sein Schwert ist wunderscharf und glänzt heller als die Sonne.

Surtur: ein Feuerriese

Indem sie über die Brücke Bifröst reiten, zerbricht sie, wie vorhin gesagt ward. Da ziehen Muspels Söhne nach der Ebne, die Wigrid heißt; dahin kommt auch der Fenriswolf und die Midgardschlange, und auch Loki wird dort sein und Hrymir und mit ihm alle Hrimthursen. Mit Loki ist Hels ganzes Gefolge, und Muspels Söhne haben

Loki: Gott des Feuers
Hrimthursen: Eisriesen

ihre eigene glänzende Schlachtordnung. Die Ebne Wigrid ist hundert Rasten breit nach allen Seiten.
Und wenn diese Dinge sich begeben, erhebt sich Heimdall und stößt aus aller Kraft ins Gjallarhorn und weckt alle Götter, die dann Rat halten. Da reitet Odin zu Mimirs Brunnen und holt Rat von Mimir für sich und sein Gefolge.

Heimdall: Wächter der Götter

Die Esche Yggdrasil bebt und alles erschrickt im Himmel und auf Erden.
Die Asen wappnen sich zum Kampf und alle Einherier eilen zur Walstatt. Zuvorderst reitet Odin mit dem Goldhelm, dem schönen Harnisch und dem Spieß, der Gungnir heißt. So eilt er dem Fenriswolf entgegen, und Thor schreitet an seiner Seite, mag ihm aber wenig helfen, denn er hat vollauf zu tun, mit der Midgardschlange zu kämpfen.

Einherier: die im Kampf gefallenen Krieger, die von Walküren wachgeküßt wurden

Freyr streitet wider Surtur, und kämpfen sie ein hartes Treffen, bis Freyr erliegt, und wird das sein Tod, daß er sein gutes Schwert vermißt, das er dem Skirnir gab.

Freyr: Gott der Fruchtbarkeit

Skirnir: Freyrs Diener

Inzwischen ist auch Garm, der Hund, losgeworden, der vor der Gnipahöhle gefesselt lag: das gibt das größte Unheil, da er mit Tyr kämpft und einer den andern zu Fall bringt.

Tyr: Kriegsgott

Dem Thor gelingt es, die Midgardschlange zu töten: aber kaum ist er neun Schritte davongegangen, so fällt er tot zur Erde von dem Gifte, das der Wurm auf ihn speit.
Der Wolf verschlingt Odin, und wird das sein Tod.
Alsbald kehrt sich Widar gegen den Wolf und setzt ihm den Fuß in den Unterkiefer.

Widar: ein Sohn Odins

An diesem Fuße hat er den Schuh, zu dem man alle Zeiten hindurch sammelt, die Lederstreifen nämlich, welche die Menschen von ihren Schuhen schneiden, wo die Zehen und Fersen sitzen. Darum soll diese Streifen ein jeder wegwerfen, der darauf bedacht ist, den Asen zu Hilfe zu kommen. Mit der Hand greift Widar dem Wolf nach dem Oberkiefer und reißt ihm den Rachen entzwei, und wird das des Wolfes Tod.
Loki kämpft mit Heimdall, und erschlägt einer den andern.
Darauf schleudert Surtur Feuer über die Erde und verbrennt die ganze Welt. So heißt es in der Völuspa:

Ins erhobene Horn bläst Heimdall laut;
Odin murmelt mit Mimirs Haupt.
Yggdrasil bebt, die ragende Esche;
es rauscht der alte Baum, da der Riese frei wird.

Horn: das Gjallarhorn

Was ist mit den Asen, was ist mit den Alfen?
All Jötunheim ächzt, die Asen versammeln sich.
Die Zwerge stöhnen vor steinernen Türen,
der Bergwege Weiser: Wißt ihr noch mehr und was?

Hrym fährt von Osten, es hebt sich die Flut;
Jörmungandr wälzt sich im Jötunmute.
Der Wurm schlägt die Brandung, auf schreit der Adler,
Leichen zerreißt er; Naglfar wird los.

Jörmungandr: die Midgard-schlange

Der Kiel fährt von Osten, Muspels Söhne kommen
über die See gesegelt, und Loki steuert.
Des Untiers Abkunft ist all mit dem Wolf;
auch Bileists Bruder ist ihm verbunden.

Bileists Bruder: Loki

Surtur fährt von Süden, mit flammendem Schwert,
von seiner Klinge scheint die Sonne der Götter.
Steinberge stürzen, Riesinnen straucheln,
zu Hel fahren Helden, der Himmel klafft.

Nun hebt sich Hlins anderer Harm,
da Odin eilt zum Angriff des Wolfs.
Belis Mörder mißt sich mit Surtur;
da fällt Friggs einzige Freude.

Hlin: Frigg, die Gemahlin Odins

Belis Mörder: Freyr

Nicht säumt Siegvaters erhabner Sohn Widar,
mit dem Leichenwolf Fenrir zu fechten;
er stößt dem Hwedrungssohn den Stahl ins Herz
durch gähnenden Rachen: so rächt er den Vater.

Da schreitet der schöne Sohn Hlodyns
der Natter näher, der neidgeschwollenen.
Mutig trifft sie Midgards Weiher;
doch fährt neun Fuß weit Fiörgyns Sohn.
Alle Wesen müssen die Weltstatt räumen.

Sohn Hlodyns: Thor
Natter: Midgardschlange
Midgards Weiher: Thor
Fiörgyn: anderer Name für Thors Mutter

Schwarz wird die Sonne, die Erde sinkt ins Meer,
vom Himmel fallen die heitern Sterne,
Glutwirbel umwühlen den allnährenden Weltbaum,
die heiße Lohe beleckt den Himmel.

Auch heißt es so:

Wigrid heißt das Feld, wo sich finden zum Kampf
Surtur und die sel'gen Götter.
Hundert Rasten hat es rechts und links:
Solcher Walplatz wartet ihrer.

Soweit Snorri Sturlusons Darstellung der Götterdämmerung. Und nun zur Völuspa, die Quelle seines Berichtes war.

Völuspa: Die Weissagung der Seherin

Die Völuspa ist das Lied eines unbekannten Dichters, der durch den Mund einer weisen Frau *(völva)* die Geschicke der Welt verkündet: Schöpfung, Sündenfall der Götter, Baldurs Ermordung, Angriff dunkler Mächte, tödlicher Kampf zwischen Asen und Dämonen, Untergang der Welt in Feuer, Flut und Finsternis, Geburt einer neuen Welt, Auftauchen begrünter Erde aus dem Meer, Versöhnung der Todfeinde und Erscheinung eines Mächtigen, der vielleicht als Christus aufzufassen ist, aber nimmer Odin sein kann. Der Titel des Liedes – Völuspa – ist übersetzbar als: die Weissagung der Seherin.

Dieses Lied schrieb der Dichter zu einer Zeit des sittlichen Verfalls, als, wie gesagt, die Begegnung von Christentum und germanischer Götterlehre auf Island besonders konfliktreiche Entscheidungszwänge heraufbeschwor. Der Dichter war allem Anschein nach noch kein Christ, aber auch kein bedingungsloser Anhänger des Germanenmythos mehr. Deshalb ist die Völuspa »das erschütternde Bekenntnis einer Seele, die zwischen zwei Weltperioden lebt; mit seinem Herzen hängt der Dichter am Alten, aber seine Sehnsucht führt ihn schon dem Neuen entgegen...« (Jan de Vries, »Altgermanische Religionsgeschichte«). Zudem »dürfen (wir) annehmen, daß der Verfasser der Völuspa mehr als einmal in ›zwei Welten geblickt hat‹, daß er in einem Zustand der Entrückung gewesen sein muß, in dem ihm das gleichsam eingeflüstert zu werden schien, was ihm durch noch

so anstrengende Überlegung nicht zugänglich war« (Sigurdur Nordal, »Völuspa«).
Diese Entrückung, diese Zerrissenheit seiner Seele zwischen zwei Religionen und das Erlebnis der Vulkanausbrüche ließen dem Autor dichterische Urgewalt zuwachsen, die ihresgleichen kaum hat in der Weltliteratur. Zu vergleichen ist sein Werk eher mit Musik, mit einer Symphonie vielleicht. Seine Diktion rhythmisiert die Ereignisse; jeder Vers hat seine eigene Melodie, jeder Erzählabschnitt seine Kadenz; die Einleitungsstrophen klingen wie Fanfarenstöße; die Schilderung des Weltbrands dröhnt wie Paukenwirbel, gellt wie Posaunenklang; der Ausblick auf eine neue Welt jubelt wie Geigenton. Und diese Symphonie der Worte schäumt in ständigem Wechsel von Adagio, Allegro, Crescendo, Fortissimo so rauschhaft, so ungestüm, daß der Vergleich mit einer Symphonie, kaum ausgesprochen, schon zu schwach erscheint. Der Vergleich mit einem Naturereignis drängt sich auf, mit einem Gletscherfluß, der aus nebliger Höhe herabstürzt zwischen Ufern aus Eis und Fels, der wirbelt, rauscht und dröhnt, der sich an Klippen bricht, durch Stromschnellen schießt, über Wasserfälle kaskiert, aus Strudeln heraus zu gleichmäßiger Flut sich beruhigt und sich erneut bündelt zu schäumender Stromschnelle und wieder über Wasserfälle stürzt, immer weiter, bis er schließlich ruhig dahinfließt mit sonnenspiegelnder Oberfläche.
Kein Mensch vermag die Völuspa gänzlich zu begreifen. Sie ist so dunkel, »daß kaum eine Strophe als völlig gedeutet werden kann« (Sigurdur Nordal, »Völuspa«). Das Werk ganz zu begreifen, ist auch gar nicht erforderlich. Man muß einen Gletscherfluß oder eine Symphonie nicht begreifen, um mitgerissen zu werden.
Bevor ich auf die Bezüge zwischen Völuspa und Vulkanismus näher eingehe, bevor ich zu diesem Zweck einzelne Verse herausgreife, biete ich dem Leser das Lied in einem Fluß. Die erklärenden Randbemerkungen versuche ich, so kurz wie möglich zu halten.
Und das ist die Völuspa:

1. Allen Edeln gebiet' ich Andacht,
Hohen und Niedern von Heimdalls Geschlecht;
sie wollen, daß ich Walvaters Wirken künde,
die ältesten Sagen, der ich mich entsinne.

Heimdalls Geschlecht: die Menschen
Walvater: Odin

2. Riesen acht' ich, die Urgebornen,
die mich vor Zeiten erzogen haben.
Neun Welten kenn' ich, neun Äste weiß ich
vom starken Stamm im Staub der Erde.

Der starke Stamm: die Weltesche Yggdrasil

3. Einst war das Alter, da Ymir lebte,
da war nicht Sand, nicht See, nicht salz'ge Wellen,
nicht Erde fand sich noch Überhimmel:
Gähnender Abgrund und Gras nirgend.

4. Bis Börs Söhne den Boden erhoben.
Sie, die das mächtige Midgard schufen.
Die Sonne von Süden schien auf die Felsen,
und dem Grund entgrünte grüner Lauch.

Börs Söhne: Odin und seine Brüder Wili (Hönir) und We (wahrscheinlich Loki)
Midgard: Welt der Menschen

5. Die Sonne von Süden, des Mondes Gesellin,
hielt mit der rechten Hand den Himmelsrand.
Sonne wußte nicht, wo sie Sitz hätte,
Mond wußte nicht, was er Macht hätte,
die Sterne wußten nicht, wo sie Stätte hätten.

6. Da gingen die Berater zu den Richterstühlen,
hochheil'ge Götter hielten Rat.
Der Nacht und dem Neumond gaben sie Namen,
hießen Morgen und Mitte des Tags,
Under und Abend, die Zeiten zu ordnen.

Under: Nachmittag

7. Die Asen einten sich auf dem Idafelde,
Hof und Heiligtum hoch sich zu wölben.
Übten die Kräfte alles versuchend,
erbauten Essen und schmiedeten Erz,
schufen Zangen und schön' Gezäh.

8. Auf der Wiese warfen sie heiter die Würfel
und darbten goldner Dinge noch nicht.
Bis drei der Thursentöchter kamen,
reich an Macht, aus Riesenheim.

9. Da gingen die Berater zu den
Richterstühlen.
Hochheil'ge Götter hielten Rat,
wer schaffen sollte der Zwerge Geschlecht
aus Brimirs Blut und blauen Gliedern.

10. Da ward Modsognir der mächtigste
dieser Zwerge und Durin nach ihm.
Noch manche machten sie
menschengleich
der Zwerge von Erde, wie Durin angab.

11. Nyi und Nidi, Nordri und Sudri,
Austri und Westri, Althiofr, Dwalin,
Nar und Nain, Nipingr, Dain,
Biwör, Bawör, Bömbur, Nori,
Ann und Anarr, Ali, Miödwitnir.

Die Strophen 11 bis 13, 15 und 16 überlieferten Zwergennamen

12. Weigr, Gandalfr, Windalfr, Thrain,
Theckr und Thorin, Thror, Witr und Litr,
Nar und Nyradr; nun sind diese Zwerge,
Regin und Radswidr, richtig aufgezählt.

13. Fili, Kili, Fundin, Nali,
Hepti, Wili, Hanar und Swior,
Billingr, Bruni, Wildr, Buri,

Frar, Hornbori, Frägr und Loni,
Aurwangr, Jari, Eikinskjaldi.

14. Zeit ist's, die Zwerge von Dwalins Zunft
den Leuten zu leiten bis Lofar hinauf,
die aus Gestein und Klüften strebten
von Aurwangs Tiefen zum Erdenfeld.

15. Da war Draupnir und Dolgthrasir,
Har, Haugspori, Hläwangr, Gloi,
Skirwir, Wirwir, Skafidr, Ai,
Alfr und Yngwi, Eikinskjaldi.

16. Fialar und Frosti, Finnar und Ginnar,
Heri, Höggstari, Hliodolfr, Moin.
Solange Menschen leben auf Erden,
wird zu Lofar hinauf ihr Geschlecht geleitet.

17. Gingen da dreie aus dieser Versammlung,
mächtige und milde Asen zumal,
fanden am Ufer unmächtig
Ask und Embla und ohne Bestimmung.

Die drei: Odin, Wili und We

Ask und Embla: von ihnen stammen die Menschen ab

18. Besaßen nicht Seele und Sinn noch nicht,
nicht Blut noch Bewegung, noch blühende Farbe.
Seele gab Odin, Hönir gab Sinn,
Blut gab Lodur und blühende Farbe.

Hönir: Wili
Lodur: We; vielleicht identisch mit Loki

19. Eine Esche weiß ich stehen, heißt Yggdrasil.
Den hohen Stamm netzt weißer Schaum;
davon kommt der Tau, der in die Täler fällt.
Immergrün steht er über Urds Brunnen.

20. Davon kommen Frauen, vielwissende.
Drei aus dem See dort bei dem Stamm:

Urd heißt die eine, die andre Werdandi;
sie schnitten Stäbe; Skuld hieß die dritte.
Sie legten Lose, das Leben bestimmten sie
den Menschengeschlechtern, das
Schicksal verkündend.

Stäbe: die Zauber- und Schriftzeichen der Runen wurden in Stäbe geschnitten

21. Allein saß sie außen, da der Alte kam,
der grübelnde Ase, und mir ins Auge sah.

Sie: damit ist die Seherin gemeint, die mehrmals in der dritten Person von sich spricht

Der Alte: Odin

22. Warum fragt ihr mich? Was erforscht ihr
mich?
Alles weiß ich, Odin, wo du dein Auge
bargst:
In der vielbekannten Quelle Mimirs.
Met trinkt Mimir allmorgendlich
aus Walvaters Pfand: Wißt ihr noch mehr –
und was?

23. Ihr gab Heervater Halsband und Ringe,
goldne Sprüche und spähenden Sinn.
Da sah sie weit und breit über die Welten all.

Ihr: die Seherin
Heervater: Odin

24. Sie sah Walküren weither kommen,
bereit, zu reiten zum Rat der Götter.
Skuld hielt den Schild, Skögul war die
andre,
Gun, Hilde, Göndul und Geirskögul.
Nun sind genannt die Nornen Odins,
die als Walküren die Welt durchreiten.

25. Da wurde Mord in der Welt zuerst,
da sie mit Geren Gullweig stießen
und sie in des Hohen Halle verbrannten.
Dreimal verbrannt ist sie dreimal geboren,
oft, unselten, doch ist sie am Leben.

26. Heid hieß man sie, wohin sie kam,

Gullweig: »Goldrausch« oder »Goldkraft«. Die Strophen 25 u. 26 geben zu vielfältigen Deutungen Anlaß. Wahrscheinlich ist ge-

die Zukunftschauende, Zauber trieb sie,
Sudkunst konnte sie, Sudkunst übte sie,
übler Leute Liebling allezeit.

27. Da gingen die Berater zu den Richterstühlen,
hochheil'ge Götter hielten Rat,
ob die Asen sollten Untreue strafen
oder Sühnopfer all empfahn.

28. Gebrochen war der Burgwall den Asen.
Schlachtkund'ge Wanen stampften das Feld.
Odin schleuderte über das Volk den Spieß:
Da wurde Mord in der Welt zuerst.

29. Da gingen die Berater zu den Richterstühlen.
Hochheil'ge Götter hielten Rat,
wer mit Frevel hätte die Luft erfüllt
oder dem Riesenvolk Odhurs Braut gegeben?

30. Von Zorn bezwungen zögerte Thor nicht,
er säumt selten, wo er solches vernimmt:
Da schwanden die Eide, Wort und Schwüre,
alle festen Verträge, jüngst trefflich erdacht.

31. Ich weiß Heimdalls Horn verborgen
unter dem himmelhohen heiligen Baum.
Einen Strom seh' ich stürzen mit starkem Fall.
Aus Walvaters Pfand: Wißt ihr noch mehr – und was?

32. Östlich saß die Alte im Eisengebüsch
und fütterte dort Fenrirs Geschlecht.

meint, daß Gold schmelzen und damit nutzbar machen die Menschen zur Habgier verführt.
Heid: »Habgier«, personifiziert als Zauberin. Möglich, daß sich die Seherin selbst meint.
Sudkunst: Schadenzauber, Hexerei

Die Strophen 29 und 30: Anspielung auf die Geschichte vom Riesenbaumeister. Siehe Seite 26 ff.
Odhurs Braut: Freyja

Walvaters Pfand: Mimirs Brunnen

Fenrir: mythi-

Von ihnen allen wird eins das schlimmste:
Des Mondes Mörder übermenschlicher
Gestalt.

sches Ungeheuer in Wolfsgestalt

33. Ihn mästet das Mark gefällter Männer,
der Seligen Saal besudelt das Blut.
Der Sonne Schein dunkelt in kommenden
Sommern,
alle Wetter wüten: Wißt ihr noch mehr – und
was?

34. Da saß am Hügel und schlug die Harfe
der Riesin Hüter, der heit're Edgir.
Vor ihm sang im Vogelwalde
der hochrote Hahn, geheißen Fialar.

35. Den Göttern gellend sang Gullinkambi,
weckte die Helden beim Heervater;
Unter der Erde singt ein andrer,
der schwarzrote Hahn in den Sälen Hels.

36. Ich sah dem Baldur, dem blühenden Gotte,
Odins Sohne, Unheil drohen.
Gewachsen war über die Wiesen hoch
der zarte, zierliche Zweig der Mistel.

Die Strophen 36 und 37: Schilderung von Baldurs Ermordung

37. Von der Mistel kam, so dauchte mich,
häßlicher Harm, da Hödur schoß.
Baldurs Bruder war kaum geboren,
als einnächtig Odins Erbe zum Kampf
ging.
Die Hände nicht wusch er, das Haar nicht
kämmt' er,
eh er zum Bühle trug Baldurs Töter.
Doch Frigg beklagte in Fensal dort
Walhalls Verlust: Wißt ihr noch mehr – und
was?

Baldurs Bruder: Wali, der eine Nacht nach seiner Geburt Baldurs Mörder, Hödur, tötet

Bühle: Hinrichtungsstätte

38. Gefesselt lag im Heißquellenhain
in Unholdgestalt der arge Loki.
Da sitzt auch Sigyn unsanfter Gebärde,
des Gatten waise: Wißt ihr noch mehr –
und was?

Die Strophen 38 und 39: Loki wurde nach der Ermordung Baldurs gefesselt

39. Gewoben weiß die Wala Todesbande
und fest geflochten die Fessel aus Därmen.
Viel weiß der Weise, weit seh' ich voraus,
der Welt Untergang, der Asen Fall.
Gräßlich heult Garm vor der Gnipahöhle,
die Fessel bricht und Freki rennt.

40. Ein Strom wälzt ostwärts durch eiskalte
Täler
Schlamm und Schwerter; Slidur heißt er.

41. Nördlich stand am Nidaberg
ein Saal aus Gold für Sindris Geschlecht,
ein andrer stand in Okolni,
des Riesen Biersaal, Brimir genannt.

42. Einen Saal sah sie, der Sonne fern
in Nastrand, die Türen sind nordwärts
gekehrt.
Gifttropfen fallen durch die Fenster nieder;
aus Schlangenrücken ist der Saal
gewunden.

43. Im starrenden Strome stehn und waten
Meuchelmörder und Meineidige
und die andrer Liebsten ins Ohr geraunt.
Da saugt Nidhöggr die entseelten Leiber,
der Menschenwürger: Wißt ihr noch mehr –
und was?

Die andrer Liebsten ins Ohr geraunt: Ehebrecher

44. Viel weiß die Weise, weit seh' ich voraus,
der Welt Untergang, der Asen Fall.

45. Brüder befehden sich und fällen einander,
Geschwister sieht man die Sippe brechen.
Der Grund erdröhnt, üble Disen fliegen.
Der eine schont des andern nicht mehr.

Disen: Schicksalsfrauen

46. Unerhörtes ereignet sich, großer Ehbruch.
Beilalter, Schwertalter, wo Schilde krachen,
Windzeit, Wolfszeit, eh die Welt zerstürzt.

47. Mimirs Söhne spielen, der Mittelstamm
entzündet sich
beim gellenden Ruf des Gjallarhorns.
Ins erhobne Horn bläst Heimdall laut;
Odin murmelt mit Mimirs Haupt.

48. Yggdrasil bebt, die Esche, doch steht sie,
es dröhnt der alte Baum, da der Riese frei
wird.
Sie bangen alle in den Banden Hels,
bevor sie Surturs Flamme verschlingt.
Gräßlich heult Garm vor der Gnipahöhle,
die Fessel bricht und Freki rennt.

49. Hrym fährt von Osten, es hebt sich die Flut,
Jörmungandr wälzt sich im Jötunmute.
Der Wurm schlägt die Brandung, auf schreit
der Adler,
Leichen zerreißt er; los wird Naglfar.

Jörmungandr: die Midgardschlange

Naglfar: das aus Nägeln von Toten erbaute Schiff

50. Der Kiel fährt von Osten, da kommen
Muspels Söhne
über die See gesegelt; sie steuert Loki.
Des Untiers Abkunft ist all mit dem Wolf.
Auch Bileists Bruder ist ihm verbündet.

Bileists Bruder: Loki

51. Surtur fährt von Süden mit flammendem
Schwert,

von seiner Klinge scheint die Sonne der Götter.
Steinberge stürzen, Riesinnen straucheln,
zur Hel fahren Helden, der Himmel klafft.

52. Was ist mit den Asen? Was ist mit den Alfen?
All Jötunheim ächzt, die Asen versammeln sich.
Die Zwerge stöhnen vor steinernen Türen,
der Bergwege Weiser: Wißt ihr noch mehr – und was?

53. Da hebt sich Hlins anderer Harm,
da Odin eilt zum Angriff des Wolfs.
Belis Mörder mißt sich mit Surtur.
Schon fällt Friggs einzige Freude.

Belis Mörder: Freyr

54. Nicht säumt Siegvaters erhabner Sohn, Widar,
mit dem Leichenwolf, Fenrir, zu fechten:
Er stößt dem Hwedrungssohn den Stahl ins Herz
durch gähnenden Rachen: so rächt er den Vater.

55. Da schreitet der schöne Sohn Hlodyns,
den Wurm trifft mutig Midgards Segner.
Doch fährt neun Fuß weit Fiörgyns Sohn
weg von der Natter, die nichts erschreckte.
Alle Wesen müssen die Weltstatt räumen.

Sohn Hlodyns: Thor
Midgards Segner: Thor
Fiörgyn: anderer Name für Thors Mutter

56. Schwarz wird die Sonne, die Erde sinkt ins Meer,
vom Himmel fallen die heitern Sterne.
Glutwirbel umwühlen den allnährenden Weltbaum,

die heiße Lohe beleckt den Himmel.

57. Da sieht man sie auftauchen zum andern Male
aus dem Wasser die Erde und wieder grünen.
Die Fluten fallen, darüber fliegt der Aar,
der auf dem Felsen nach Fischen weidet.

58. Die Asen einen sich auf dem Idafelde,
über den Weltumspanner zu sprechen, den großen.
Uralter Sprüche sind sie da eingedenk,
von Fimbultyr gefundner Runen. Fimbultyr: Odin

59. Da werden sich wieder die wundersamen
Goldnen Tafeln im Grase finden,
die in Urzeiten die Asen hatten,
der Fürst der Götter und Fiölnirs Geschlecht. Fiölnir: Odin

60. Da werden unbesät die Äcker tragen,
alles Böse schwindet, Baldur kehrt wieder.
In des Sieggotts Himmel wohnen Hödur und Baldur,
die walweisen Götter. Wißt ihr noch mehr – und was?

61. Da kann Hönir selbst sein Los sich kiesen, Hönir: Bruder Odins
und beider Brüder Söhne bebauen
das weite Windheim. Wißt ihr noch mehr – und was?

62. Einen Saal seh' ich, heller als die Sonne,
mit Gold bedeckt auf Gimils Höhn:
Da werden bewährte Leute wohnen
und ohne Ende der Ehren genießen.

63. Da reitet der Mächtige zum Rat der Götter,
der Starke von oben, der alles steuert.
Den Streit entscheidet er, schlichtet Zwiste
und ordnet ewige Satzungen an.

Der Mächtige: wahrscheinlich ist Christus gemeint

64. Nun kommt der dunkle Drachen geflogen,
die Natter hernieder aus Nidafelsen.
Das Feld überfliegend, trägt auf den Flügeln
Nidhöggr die Leichen – und nieder senkt er sich.

Die Darstellung des Weltuntergangs wurde, wie schon gesagt, inspiriert vom Erlebnis mehrerer Vulkanausbrüche, die sich etwa gleichzeitig ereigneten. Auf die verheerendste Eruption dieser Zeit – die Katla-Katastrophe – bin ich schon ausführlich im Kapitel über die Weltesche Yggdrasil eingegangen. Nun gilt es, die Serie der anderen Vulkanausbrüche zu ermitteln.

Vulkanausbruch statt Bürgerkrieg

Aus zwei Völuspa-Versen lassen sich verschlüsselte Informationen über den Vulkanausbruch bei Hellisheidi herausrätseln, der wie kein anderer Einfluß hatte auf das politische Geschehen in Island. Um die Verse deuten zu können, müssen wir uns mit dem Problem des Religionsstreites genauer befassen.
Das Christentum wurde, wie schon mehrmals gesagt, nur behutsam eingeführt auf Island, denn die germanische Götterlehre war tief verwurzelt im Volk. Die sogenannten Goden, die Priester des germanischen Mythos, waren Gemeindevorsteher und Rechtsprecher von großem Einfluß. Ihre Tempel und Gehöfte galten als Zentren von Macht und Reichtum.
Um die Jahrtausendwende spitzte sich das Spannungsverhältnis vorübergehend zu. Unter dem Eindruck von sittlichem Verfall, Weltuntergangspsychose und der apokalyptischen Befürchtungen, die sich mit der Jahreszahl 1000 verbanden, wollten viele Menschen ihre, wie sie glaubten, letzten Erdentage zu ver-

dienstvollen Werken und demonstrativem Bekennertum nutzen. Die Christen forcierten deshalb die Missionierung der Heiden, und die Heiden verteidigten schlagkräftig ihre Götterlehre. Andere Einflüsse – beispielsweise forderte Norwegen ultimativ den Glaubensübertritt auf Island – sorgten für zusätzlichen Zeitdruck. Die Isländer reagierten, ganz im Gegensatz zu ihrem sonstigen Naturell, mit Nervosität. Hart und unversöhnlich prallten Christentum und Götterlehre aufeinander, zum ersten- und einzigenmal auf der Insel. Ein Bürgerkrieg drohte auszubrechen. Hier und dort klirrten schon die Waffen. Die Weisen riefen zur Vernunft.

Um Unheil abzuwenden, trafen sich die streitbaren Parteien mit ihren führenden Persönlichkeiten im Jahre 1000 zu friedlicher Verhandlung auf dem Thingplatz fünfzig Kilometer nordwestlich von Reykjavik am Ufer des Thingvallavatn (Thingplatzsee), wo 930 der isländische Freistaat gegründet worden war, wo seither die Staatsgeschäfte geführt, Gesetze erlassen und Recht gesprochen wurde über Straftäter.

Todesurteile und Blutrache nach Verkündung des Verbannungsverdikts – vor allem verhängt über Mörder, Meineidige und Ehebrecher – durften auf dem Thingplatz nicht vollstreckt werden, wohl aber gleich außerhalb des sogenannten Thingfriedens.

Dort, am Thingplatz also, diskutierten die Isländer über ihre Religionsprobleme. Die Fronten verhärteten sich zusehends. Christen und Götteranhänger gerieten in Streit, griffen zu den Waffen. Eine Schlacht stand bevor, der Thingplatz drohte mit Blut besudelt zu werden. Der Bürgerkrieg, der durch das Treffen verhindert werden sollte, schien an der Stätte des heiligen Thingfriedens zu entbrennen. Kein Weiser vermochte mehr Einhalt zu gebieten. Das Wort galt nichts mehr.

Da wollte es das Schicksal, daß in der Nähe des Thingplatzes ein Vulkan ausbrach. Erstarrte Lavafelder zerbarsten, zwei Kraterreihen explodierten, Feuersäulen stiegen empor, Donnergetöse und Rauchschwaden drangen zu den streitbaren Parteien. Die erhobenen Waffen wurden gesenkt. Kurz darauf ritt ein Bote herbei, der mitteilte, daß die Lavafluten das Gehöft und den

Schlucht am Thingplatz

Tempel des Goden Thoroddur zu überschwemmen drohten. Die Anhänger des germanischen Mythos sahen in dieser Eruption einen Zornausbruch ihrer Götter, und sie riefen, es sei kein Wunder, wenn die Asen zürnten bei solchem Gerede über christliche Bekehrung.

Da erbat einer der Weisen das Wort, Snorri Thorgrimsson, ein Christ von großem Einfluß. Umwirbelt von Aschenschwaden, rief er durch die Schlucht am Thingplatz, deren Felsen nach Art eines Sprachrohrs wirkten und seine Stimme weithin hörbar machten: »Worüber waren denn eure Götter zornig, als die Lavaströme brannten, auf denen wir jetzt stehen?« Er deutete auf steinalte Lavaströme, die aus den Zeiten lange vor Islands Besiedelung stammten (und die über 10 000 Jahre alt sind, wie wir heute wissen).

Sein Argument wurde verstanden. Die streitbaren Parteien, abgekühlt in ihren erhitzten Gemütern durch den Vulkanausbruch,

delegierten Verhandlungsführer, die überraschend schnell eine salomonische Einigung erzielten:
Das Christentum wurde als Staatsreligion offiziell eingeführt, aber jeder Anhänger des germanischen Mythos durfte ungestraft seine Götter verehren und die teils barbarischen Rituale beibehalten – wie etwa Blutrache oder Aussetzung kränklicher Kinder gleich nach der Geburt. Die Goden behielten ihre Machtstellungen, deklarierten ihre Tempel als Kirchen, verehrten offiziell Christus – und durften auch den alten Göttern huldigen.
Es sollte zwar noch drei Jahrhunderte dauern, bis der Götterglaube auf Island gänzlich versiegte. Doch daß Germaniens Götter untergehen würden: das war unwiderruflich, das war beschlossene Sache seit der Eruption von Hellisheidi.
Naheliegend, daß der Dichter diesen politisch hochbrisanten Vulkanausbruch überliefert hat – in verschlüsselter Form freilich, wie es der literarischen Tradition zu jener Zeit entsprach. Zwei Strophen lassen sich denn auch finden, die sich offensichtlich darauf beziehen:

42. Einen Saal sah sie, der Sonne fern
in Nastrand, die Türen sind nordwärts
gekehrt,
Gifttropfen fallen durch die Fenster nieder;
aus Schlangenrücken ist der Saal
gewunden.

43. Im starrenden Strome stehn und waten
Meuchelmörder und Meineidige
und die andrer Liebsten ins Ohr geraunt,
da saugt Nidhöggr die entseelten Leiber,
der Menschenwürger: Wißt ihr noch mehr –
und was?

Daß in diesen Strophen ein Vulkanausbruch geschildert wird, ist evident. Die Gifttropfen »fallen durch Fenster«. Das Originalwort *ljorar*, hier mit Fenster übersetzt, bezeichnet indes ein Fenster besonderer Art, ein Rauchloch im Dach nämlich, ein Loch also, durch das zwar Licht wie durch ein Fenster eindringt, das aber vor allem als eine Art Schornstein dient, durch den Rauch und Funken hinauswirbeln. Die Wahl gerade dieses Wortes zwingt zu dem Schluß, daß der Dichter mit *ljorar* die »Rauchlöcher« mehrerer aschen- und feuersprühender Krater umschrieben hat. Die Schlangenrücken, aus denen der Saal gewunden ist, entsprechen der Vorstellung von Lavaströmen, die in der Tat bei Hellisheidi wie Rücken verknäulter Riesenschlangen aussehen. Der »starrende Strom« ist unverkennbar ein Lavastrom, der nach dem Ausbruch strömt und allmählich erstarrt. Einfacher kann man es kaum verrätseln. Nidhöggr, der Drache, der eruptive Vernichtungskraft verkörpert, ist auch wieder am Werk und wird vom Völuspa-Dichter als Menschenverschlinger bezeichnet. Und die Meuchelmörder, Meineidigen und Ehebrecher, die im starrenden Strom von Nastrand, dem Totenstrand, waten und dort ums Leben gebracht werden, lassen sich unschwer auf den Thingplatz beziehen, in dessen Nähe die Lava floß. Entweder sind sie als Missetäter aufzufassen, die gleich außerhalb des Thingplatzes getötet wurden – vor allem für Mord, Eidbruch und Ehebruch. Oder der Dichter hat mit Mördern, Meineidigen und Ehebrechern die germanischen Götter gemeint, deren Untergang während des Vulkanausbruchs auf dem Thingfeld beschlossen wurde. Denn die sagenhaften Abenteuer der germanischen Götter waren in der Tat qualifizierbar als Mord, Eidbruch und Ehebruch, damals freilich nur aus der Sicht des Christentums, das offizielle Religion auf Island ist seit dieser Eruption von Hellisheidi.

Wo der Feuergott an seinen Fesseln zerrt

Weitere Strophen aus der Völuspa lassen den Schluß zu, daß sich der Dichter von einem Hekla-Ausbruch und damit zusammenhängender Erdbeben hat inspirieren lassen.
Dazu eine erklärende Vorgeschichte: Nach der Ermordung des Sonnengottes Baldur wurde der Feuergott Loki – Anstifter und Mittäter – an einem Wasserfall gefangengenommen. Auch sei-

nen Söhnen Wali und Narwi galt die Rache der Götter. In der Prosa-Edda wird dazu überliefert:

> Den Wali verwandelten die Asen in Wolfsgestalt. Da zerriß er seinen Bruder Narwi. Da nahmen die Asen seine Därme und banden den Loki damit über drei Felsen: der eine stand ihm unter den Schultern, der andere unter den Lenden, der dritte unter den Kniegelenken. Die Bänder aber wurden zu Eisen.
> Da nahm Skadi einen Giftwurm und befestigte ihn über ihm, damit das Gift aus dem Wurm ihm ins Antlitz träufelte.
> Und Sygin, Lokis Weib, steht neben ihm und hält ein Becken unter die Gifttropfen. Und wenn die Schale voll ist, da geht sie und gießt das Gift aus. Derweil aber tropft ihm das Gift ins Angesicht, wogegen er sich so heftig sträubt, daß die ganze Erde erschüttert, und das ist's, was man Erdbeben nennt. Dort liegt Loki in Banden bis zur Götterdämmerung.

Skadi: Mutter der Liebesgöttin Freyja und des Fruchtbarkeitsgotts Freyr

Von dem Ort, wo Feuergott Loki gefesselt lag und die Erde erbeben ließ, finden wir in der Völuspa-Strophe 38 eine Beschreibung. Dort heißt es:

> Gefesselt lag im Heißquellenhain
> in Unholdgestalt der arge Loki.

Schon Sigurdur Nordal hat in seinem »Völuspa«-Kommentar auf Zusammenhänge zwischen dem mythischen Heißquellenhain und vulkanischen Phänomenen hingewiesen. Es »besteht kein Grund, ... nach einer anderen Erklärung zu suchen als der, die sich hier am selbstverständlichsten anbietet ... Es gibt wohl kaum eine schauriger wirkende Landschaft als eine von kochenden Quellen durchzogene Schwefelwüste. Den Ausbrüchen folgt hier oft ein Donnern und Dröhnen, so daß es den Anschein hat, als ob alles erzitterte und erbebte, wie überhaupt die Heißwassergebiete gewöhnlich erdbebengefährdet sind. Dies paßt ausgezeichnet zu jenen Erzählungen, denen zufolge die Erdbeben von Loki verursacht werden...«

Islands bekanntestes und größtes Heißquellengebiet – mit Quellen bis zu 100 Grad Celsius – liegt im Südwesten bei Arnessysla und ist auf jeder geologischen Spezialkarte deutlich erkennbar eingezeichnet. Zum Vergleich: Auf einer etwa handtellergroßen Islandkarte entspricht das Heißquellengebiet der Größe eines Daumennagels. Im Nordosten dieses Gebietes ereignen sich die meisten und gefährlichsten Erdbeben Islands, bis zur Magnitude 7,5. Und im Nordosten dieses Gebietes stehen über einem Wasserfall des Thjorsa-Flusses deutlich erkennbar drei Felsen, gleichmäßig voneinander entfernt, hoch und breit wie Brückenpfeiler. Die drei Felsen heißen Tröllkonuhlaup, Übergang der Riesen, weil sich mit einiger Phantasie vorstellen läßt, daß Riesen bei der Überquerung des Thjorsa-Flusses über diese drei Felsen stapften. Gut vorstellbar auch, daß nach Überzeugung dämonengläubiger Menschen auf diesen drei Felsen im erdbebengefährdeten »Heißquellenhain« der Feuergott Loki »in Banden bis zur Götterdämmerung« lag und, an seinen Fesseln zerrend, die Erde erbeben ließ, wenn »Gift aus dem Wurm ihm ins Antlitz träufelt«.

Der Giftwurm oder Drache, der Gift »träufelt«, läßt sich als natursymbolische Verklausulierung vulkanischer Kräfte deuten – in diesem Zusammenhang als Symbol jener vulkanischen Kräfte, die in geringer Dosis zunächst nur Erdbeben auslösen und erst später, wenn sie sich entfesseln, zur Eruption führen. Diese Deutung entspricht geologischer Erkenntnis, derzufolge dem Ausbruch eines Vulkans meist heftige Erdbeben in unmittelbarer Nähe vorausgehen. Und in unmittelbarer Nähe der drei Felsen von Tröllkonuhlaup ragt ein gefürchteter Vulkan empor, dessen Eruptionen fast immer von Erdbeben eingeleitet werden: die Hekla – Unterwelt germanischer Religionsvorstellung, Totenreich der Göttin Hel.

So ist es nicht weiter erstaunlich, daß die Nachbarschaft zwischen Heißquellenhain und Unterwelt – zwischen Erdbebengebiet und Hekla-Vulkan – im Völuspa-Lied denn auch bestätigt wird:

38. Gefesselt lag im Heißquellenhain
in Unholdgestalt der arge Loki.
Da sitzt auch Sigyn unsanfter Gebärde,
des Gatten waise: Wißt ihr noch mehr –
und was?

39. Gewoben weiß die Wala Todesbande
und fest geflochten die Fessel aus Därmen.
Viel weiß die Weise, weit seh' ich voraus,
der Welt Untergang, der Asen Fall.
Gräßlich heult Garm vor der Gnipahöhle,
die Fessel bricht und Freki rennt.

Garm ist der feuerspeiende Hund vor der Gnipahöhle, vor dem Gipfelkrater der Hekla! *Freki* bedeutet im Altnordischen Wolf, Gieriger, Fresser und Feuer. Und zwar vernichtendes Feuer: wölfisch, gierig, fressend – das Feuer also, das Feuergott Loki in seiner Rolle als Mörder versinnbildlicht, das Feuer auch, das bei einem Vulkanausbruch entfesselt wird. Natursymbolik und mythische Zusammenhänge werden erkennbar: Solange der Feuergott Loki in seiner Fessel tobt, bebt die Erde. Sobald jedoch die Fessel reißt, bricht Freki aus: das Feuer des Unterweltvulkans Hekla, wo Hel herrscht (die eine Tochter Lokis ist), wo Baldur gefangengehalten wird (den Loki ermordet hat). Baldur, der Gott des Lichtes, der Sonne, der Reinheit und wahrscheinlich auch des Friedens!
Triumph des Bösen, Entfesselung dunkler Mächte – versinnbildlicht durch den Ausbruch des Vulkans, der den Edda-Dichtern als Unterwelt galt.
Die Hekla ist, wie durch tephrochronologische Studien festgestellt wurde, 7000 Jahre alt und eruptiert zyklisch im Wechsel zwischen aktiven Perioden von durchschnittlich 1100 Jahren

und Ruhepausen von mehreren Jahrhunderten. Gegenwärtig befindet sich die Hekla in ihrer fünften Eruptionsperiode. In den spärlichen Chroniken der Vorzeit ist nur ein Hekla-Ausbruch aus dem Jahr 1104 detailliert beschrieben, weil er von verheerender Wirkung war: Achtundzwanzig Bauernhöfe wurden verschüttet, viele Menschen starben, und Vieh ging in so großer Zahl zugrunde, daß Jahre danach noch Hungersnot herrschte. Genau hundert Jahre vor dieser Katastrophe, die in ihrem Ausmaß als Initialausbruch der fünften Eruptionsperiode zu gelten hat, ist ein Ausbruch etwa zur Jahrtausendwende überliefert, der in den Chroniken allerdings nicht sehr ausführlich beschrieben ist. Denn er war vergleichsweise geringer und hat den Geologen keine verwertbaren Spuren hinterlassen: Ein eruptives Hors d'œuvre gewissermaßen, das einen Vorgeschmack bot von dem, was die Hekla noch bieten würde bis in unsere Zeit hinein. Ein solcher Vulkanausbruch – zur Zeit der Edda-Entstehung geschehen – reichte aber aus, um apokalyptische Vorstellungen heraufzubeschwören. Er reichte auch aus, um gewaltige Erdbeben im Umkreis der Hekla auszulösen.
Ein weiterer Beweis dafür, daß der Völuspa-Dichter sich von einem Hekla-Ausbruch hat inspirieren lassen, ist in Strophe 35 zu erblicken:

> Unter der Erde singt ein andrer,
> der schwarzrote Hahn in den Sälen Hels.

Ich kann es dabei bewenden lassen, diese Zeilen nur zu zitieren. Ihre Auslegung läßt sich im Kapitel »Die Unterwelt« nachlesen.

Der hochrote Hahn im Vogelwalde

Ein anderer Hahn aus dem Völuspa-Lied soll uns indes näher beschäftigen. In Strophe 34 heißt es:

> Vor ihm sang im Vogelwalde
> der hochrote Hahn, geheißen Fialar.

Der rote Hahn wird seit Menschengedenken als Metapher für Feuersbrunst verwendet – und somit kann der »hochrote Hahn« in dem isländischen Lied vom Weltbrand als poetische Umschreibung für die Feuerstöße eines Vulkanausbruchs gedeutet werden. Er singt »im Vogelwalde«, wie es in der Übersetzung von Karl Simrock heißt. Das Originalwort – *gaglvidr* – hat die Forschung viel beschäftigt und widersprüchliche Auslegungen herausgefordert. Naheliegend ist die häufig vertretene und zitierte Ansicht, daß »ein mit zahlreichen Querstangen versehener Vogelbalken« gemeint sei, eine riesige Vogelniststätte mithin – und das kann nichts anderes sein als einer der sogenannten Vogelberge Islands, ein Vogelberg freilich von ganz besonderer Art: ein Vogelberg mit tätigem Vulkan!
Das deutet auf Islands weitaus berühmtesten Vogelberg hin: auf die Westmännerinsel Heimaey, direkt vor Islands Südküste gelegen, die größte einer Gruppe von fünfzehn Inseln, die gegen Ende der Eiszeit und während der Nacheiszeit von submarinen Ausbrüchen aus dem Meer gezaubert wurden. Die Insel Heimaey – ein einziger, riesiger Vogelberg, von Vulkanen bedeckt und seit dem Ende des 9. Jahrhunderts besiedelt – entspricht mit ihren zahlreichen, teils Hunderte Meter hohen zerklüfteten Felswänden und Felsklippen am meisten der Beschreibung von einem »mit zahlreichen Querstangen versehenen Vogelbalken«. Dort haben die Seevögel der Südwestküste Islands ihr Hauptquartier. Sie schwirren um Heimaey und nisten im Felsgeklüft wie »in der Mietskaserne einer Großstadt«, so der dänische Ornithologe Alwin Pedersen. Tatsächlich finden sich in den weniger komfortablen Erdgeschoßhöhlen knapp oberhalb der Flutgrenze die kinderreichen Kormorane und Drei-Zehen-Möwen, die jeweils bis zu fünf Eier ausbrüten. Darüber, in der Beletage der breiten, bequemen Felsbänder, wachsen umsorgte Einzelkinder heran, denn dort haben sich Tordalken, Trottellummen, Dickschnabellummen, Baßtölpel, Eissturmvögel und Mantelmöwen etabliert, die im allgemeinen jeweils nur ein Ei auszubrüten pflegen. Und in den Penthäusern leben dann die Snobs, die Repräsentanten der Hautevolee, die prächtigen Papageientaucher, benannt nach ihrer Ähnlichkeit mit Papageien, ob-

wohl sie zur Gattung der Alken gehören: schöne Vögel mit farbenprächtigem Gefieder, die den Neugierigen ohne Angst und Scheu, mit Arroganz und Herablassung betrachten, als wüßten sie, daß Islands Naturschutzgesetz ihnen gleichsam parlamentarische Immunität zusichert.

Wenn es in der Völuspa heißt, daß der hochrote Hahn Fialar im Vogelwald singt, dann kann das wohl als Feuerinferno eines Vulkanausbruchs auf dem Vogelberg Heimaey knapp vor Islands dichtbesiedelter Küste verstanden werden, zumal es dort zur Edda-Zeit einen von Geologen inzwischen bestätigten und im Landnahmebuch nur indirekt beschriebenen Ausbruch des Vulkans Helgafell gegeben hat. Das Landnahmebuch ist die auf Chroniken und Stammbäume gestützte, zu Beginn des 12. Jahrhunderts verfaßte Geschichte von Islands Besiedelung. Darin heißt es unter anderem: »Herjoflur, der Sohn des Bardur Bareksson, besiedelte als erster Vestmannaeyjar (Westmännerinsel). Er wohnte... dort, wo heute die Lava ist.« Mit anderen Worten: Zur Zeit der Besiedelung gegen Ende des neunten Jahrhunderts gab es an der Wohnstatt Herjolfurs noch keine Lava, wohl aber zu der Zeit, als das Landnahmebuch niedergeschrieben wurde. Zwischenzeitlich muß der Vulkan ausgebrochen, muß die Lava geflossen sein. Wann genau das war, läßt sich nicht mehr feststellen. Möglich, daß die Eruption zum gleichen Zeitpunkt sich ereignete wie der Ausbruch des nahe gelegenen Katla-Vulkans zur Jahrtausendwende.

Jedenfalls geschah er zur Edda-Zeit – und mithin konnte der Völuspa-Dichter ihn beschrieben haben.

Der Angriff des Feuerriesen

Im Meer vor der Südküste Islands muß sich noch eine weitere Eruption ereignet haben, eine Eruption unheimlicher Art, ungewöhnlich selbst für Isländer, die alle fünf Jahre einen Vulkanausbruch erleben. In der Völuspa ist dieses Ereignis so beschrieben:

51. Surtur fährt von Süden mit flammendem Schwert,

> von seiner Klinge scheint die Sonne der
> Götter
> Steinberge stürzen, Riesinnen straucheln,
> zu Hel fahren Helden, der Himmel klafft.

Ergänzend schreibt dazu Snorri Sturluson in der Prosa-Edda:

> Die Midgardschlange speit Gift aus, daß Luft und Meer entzündet werden; entsetzlich ist ihr Anblick, indem sie dem Wolf zur Seite kämpft. Von diesem Lärmen birst der Himmel: Da kommen Muspels Söhne hervorgeritten. Surtur fährt an ihrer Spitze, vor ihm und hinter ihm glühendes Feuer. Sein Schwert ist wunderscharf und glänzt heller als die Sonne.

Die Midgardschlange – ein dämonisches Ungeheuer, das die Erde umgürtet – gilt als die Verkörperung aller Gefahren, die von sturmgepeitschter See drohen. Surtur ist ein Feuerriese und der Anführer der Söhne von Muspelheim, den Bewohnern eines im südlichen Meer verborgenen Feuerlandes, von dem an anderer Stelle der Edda geschrieben steht, daß es »hell und heiß und allen unzugänglich ist, die da nicht heimisch sind...«
Völuspa-Strophe und Prosa-Text lassen keinen Zweifel offen. Wenn die Midgardschlange im Meer plötzlich Gift speit, wenn Luft und Meer entzündet werden, wenn Lärm den Himmel zerbersten läßt, wenn Söhne des Feuerlandes Muspelheim aus dem Meer hervorreiten, wenn der Feuerriese Surtur an ihrer Spitze von Süden kommt mit flammendem Schwert, wenn vor und hinter ihm glühendes Feuer ist: dann kann damit nichts anderes gemeint sein als das Auftauchen einer feuerspeienden Insel aus dem Meer, die Geburt einer Vulkaninsel vor der Südküste Islands.
Offensichtlich hat der Völuspa-Dichter zur Jahrtausendwende ein solches Ereignis poetisch umschrieben: als Prophezeiung vom Angriff des Feuerriesen Surtur.

Und in unserem Jahrhundert erst schien sich die »Weissagung der Seherin« zu erfüllen: Im November 1963 tauchte Surturs Feuerinsel im Süden Islands aus dem Meer.
Diese Geburt einer Vulkaninsel wurde von vielen Isländern beobachtet und von Geologen erforscht. Deshalb können wir heute nachempfinden, was Völuspa-Dichter und Menschen der Vorzeit damals erlebt haben.

Surturs Insel

Am 14. November 1963 lag das Fischerboot Isleifur II etwa achtzehn Kilometer südlich von Islands Küste nahe der Westmännerinsel Alsey vor Anker. Der Maschinist Arni Gudmundsson stapfte auf Deck hin und her und rümpfte die Nase. Es roch nach Verbranntem. Er vermutete einen Motorschaden, inspizierte den Maschinenraum, schraubte hier und dort herum, fand alles in Ordnung und legte sich zu Bett. Um 7.30 Uhr bemerkte der Koch Olaf Vestmann, daß das Schiff schlingerte. Es schien von einem Wirbelsturm gebeutelt. Er ging an Deck und war verblüfft: hohe Wellen – aber nur leichtes Windgesäusel. Im Südosten, etwa fünfzehn Kilometer entfernt, auf offener See, sah er Rauch und Flammen aus dem Wasser steigen. Er weckte den Kapitän: »Da brennt ein Schiff südöstlich von uns.«
Kapitän Gudmar Tomasson schoß aus den Federn, alarmierte die Besatzung, befahl, Kurs auf das brennende Schiff zu nehmen, und verständigte die Radiostation auf der Westmännerinsel Heimaey über einen »Havaristen, der in Flammen steht«.
Die Antwort der Radiostation klang verblüfft: »Wir haben keinen SOS-Ruf aufgefangen. Halten Sie Ihren Kurs bei.«
Doch der Kurs war nicht zu halten. Schwere Brecher aus Richtung der Zielposition drängten die Isleifur II ab, obwohl der Wind kaum wehte. Das Meer war braun – nicht türkisfarben wie sonst in dieser Gegend. Eine Temperaturmessung des Wassers ergab: elf Grad – vier Grad mehr als sonst zu dieser Jahreszeit. Schwefelgeruch lag in der Luft. Fische trieben tot auf dem Meer. Rauch und Flammen im Südosten stiegen höher empor als bei einem Schiffsbrand. Und nun begriff Kapitän Gudmar Tomasson,

warum der Havarist kein SOS gefunkt hatte: Das war gar kein Havarist, das war kein Schiff – das war das Meer, das dort in Rauch und Flammen stand! Wohlvertraut mit geologischer Terminologie wie jeder Isländer, gab Tomasson diese Meldung an die Radiostation auf Heimaey durch: »Submarine Eruption auf angegebener Position!«

Noch war die Insel nicht aufgetaucht am 14. November 1963, noch waren Flammen und Rauchschwaden vom Festland aus kaum wahrzunehmen. Doch am nächsten Tag hob sich vor den Augen der Geologen, die in Flugzeugen und Küstenwachtschiffen das Eruptionszentrum umkreisten, ein schwarzer, teils noch rotglühender Rücken etwa zehn Meter aus dem Meer. Von da ab ging das Spektakel erst los: Gewölk aus Wasserdampf und Asche stieg bis zu 9000 Meter hoch, Flammenstöße und Blitze gewannen an Leuchtkraft, und Eruptionsdonner rollte wie eine Serie von Salutschüssen weithin hörbar übers Meer. Die Rauchwolke war von der Südküste aus, von Reykjavik sogar zu sehen, besonders eindrucksvoll nachts, wenn sie im Widerschein der Feuerstöße glutrot aufzuckte. Die Auswurfasche, von ständig wechselnden Stürmen zu Vorhängen verzerrt, wirbelte auf Island nieder und richtete vor allem auf der Westmännerinsel Heimaey beträchtliche Schäden an.

Flugzeuge und Passagierschiffe, sogar Fischerboote, brachten in den folgenden Tagen und Wochen Tausende von Schaulustigen herbei, die, wenn auch aus respektvoller Entfernung, die Geburt einer Vulkaninsel genau beobachten konnten.

Das neue Land hob sich nicht kontinuierlich von unten nach oben. Es schwankte vielmehr auf und ab wie der schwarz und glutrot getigerte Rücken eines unter Wasser angeketteten Untiers, das sich in seiner Fessel aufbäumt und windet, dann plötzlich abwärts gezogen wird und erneut auftaucht und sich wieder mit wilden Verrenkungen zu befreien sucht. Bis zu fünfzehn Meter war der Rücken am zweiten Tag aus dem Wasser gewuchtet, und am dritten Tag schien die Fessel schon gelockert: Vierzig Meter hoch wölbte sich der schwarze Rücken mit den roten Striemen und Flecken aus dem Wasser, ständig auf- und abschwankend, unter fortwährenden Feuerstößen und Donnergebrüll, umwirbelt von Rauchschwaden, rosa durchleuchtet bei jeder Eruption. Immer höher buckelte der Rücken, sechzig Meter hoch wurde er, 130 Meter lang – und dann brach er jählings in der Mitte auseinander, wie von einem Axthieb zerkeilt, für Stunden nur. Dann kroch es weiter heraus aus dem Meer, dann tauchte eine rotglühende Kerbe wie eine blutbesudelte Wunde zwischen schwarzen Schultern auf, neues Land kämpfte sich empor, diesmal in langgestreckter Form.

Fünfhundert Meter lang war der Rücken am vierten Tag, als sich das Untier darunter zu schlängeln und zu winden schien, sich halbkreisförmig bog, die Form eines Hufeisens annahm, kurz abtauchte und dann mit gleichsam neuem Anlauf sich höher stemmte, so daß zwischen der Biegung des schwarzen Hufeisens rohglühendes Land sich hob. Zwei Krater waren jetzt deutlich zu erkennen. Einer schleuderte alle fünf Sekunden rotglühende Flammenfontänen ins Gewölk, so rasch, daß die Explosionen wie ein einziges Gebrüll dröhnten, übertönt nur von den Donnerschlägen der Feuerstöße, die alle zwanzig Sekunden aus dem anderen Krater emporschossen. Fast kreisrund war der Rücken nun, fünfhundert Meter im Durchmesser, mit einem achtzig Meter hohen Gipfel und abgeflachten Ufern. Er schien an Höhe zu gewinnen, schien sich endgültig aus dem Meer emporzukämpfen – und am 18. November sackte er in sich zusammen, als ob ihm die Kraft ausgegangen wäre bei diesem Kampf. Das Land ging unter, umwirbelt von Gewölk, nur der Gipfel sah noch aus dem Meer heraus, die Lebenskraft schien nun erloschen.

Doch es war nur eine Ruhepause, um neue Kraft zu schöpfen. Denn mit gleichsam triumphierendem Geheul und Donnergebrüll, mit Feuerwerk und Artillerieangriffen von Vulkanbomben reckte sich anderntags die Feuerinsel wieder aus dem Wasser, diesmal nicht mehr mit abgeflachten Ufern, sondern mit einem Bollwerk steilabfallender, bis zu hundert Metern hohen Felswänden und vorgeschobenen Wachttürmen in Form zahlreicher Klippen. Glühende Vulkanbomben schossen bis zu 1000 Meter hoch und bis zu 1300 Meter weit, so schnell abgefeuert, daß sie nachts im rotglühenden Gewölk wie Sternenhagel niederprasselten. Die Auswürfe aus den Kratern begannen plötzlich »Kurven zu beschreiben, daß die Explosionssäulen riesigen Hahnenschwänzen zu gleichen schienen« (Sigurdur Thorarinsson, »Surtsey«). Unter solcher Anfeuerung wuchs der Vulkan immer mehr und mehr, er wurde erst 1300 Meter lang, dann 1700 Meter, baute einen Gipfel von 150 Meter Höhe auf, warf dann seine Steilwände und Klippen ab und glättete die Ufer zu Stränden, so, als bedürfte er des Bollwerks nicht mehr.

Sigurdur Thorarinsson wagte sich in einem Küstenwachtboot nahe heran, um den Vulkan genau zu beobachten. Ein gefährliches Unternehmen. »Doch ich würde nicht wenige Stunden meines Lebens gegen jenen Nachmittag im späten November 1963 in unmittelbarer Nähe des Vulkans eintauschen ...«, schreibt er in seinem Buch »Surtsey«. »Der Vulkan war in höchst erregter Tätigkeit. Unaufhörlich schoß die Aschenwolke empor, und als es eindunkelte, verwandelte sich die Eruptionswolke in eine Feuersäule. Gleichzeitig rötete sich der ganze Kegel von den dicht niederfallenden Bomben, die den Hang herunterrollten und im Brandungsgürtel rings um die Insel verschwanden. Blitze peitschten aus der Eruptionswolke, und Donnerschläge krachten unmittelbar über unseren Köpfen. Das ständige Grollen des Vulkans und das scharfe Knallen der ins Wasser niederklatschenden Bomben vereinigten sich zu einer Symphonie von unüberbietbarer Eindrücklichkeit.«

Nach zweiwöchigem unablässigem Toben gönnte sich der Vulkan ein paar Verschnaufpausen, die zu Landungsmanövern genutzt wurden. Zu Stippvisiten freilich nur, denn rabiat, wie er war, feuerte der Vulkan in unberechenbaren Abständen immer wieder aus allen Kratern.

Einer der ersten, der die Insel betrat, war Sigurdur Thorarinsson, getrieben von jenem halsbrecherischen Forschungsdrang, der Geologen bei Vulkanausbrüchen zu befallen pflegt. Er befand sich in Begleitung von vier Männern und zwei Frauen. Sie kamen mit dem Motorschiff Haraldur vor die Feuerinsel und ruderten bei starker Brandung während einer Eruptionspause in zwei Schlauchbooten an den Strand. »Glücklicherweise wußten wir damals noch nicht, was uns erwartete und daß unter Umständen keiner mehr zurückgekommen wäre«, schreibt Sigurdur Thorarinsson über den Horrortrip. Kurz nach der Landung gab der Vulkan jählings Sperrfeuer mit schweren Eruptionsbomben. In den Schlauchbooten zu fliehen war nicht ratsam, denn es galt, die Bewegungsfreiheit zu erhalten. Sigurdur Thorarinsson: »Angespannt starrten wir in die Luft und versuchten, nicht eher einer heranzischenden Bombe auszuweichen, bis wir ganz sicher waren, daß sie auf unseren Köpfen landen würde ... Nach jeder heftigen Explosion und dem dann einsetzenden Bombenregen hüllte eine braune ... Wolke den westlichen Hang der Insel ein, so sehr, daß uns vorübergehend jede Sicht genommen wurde ... Nachdem wir anderthalb Stunden so auf der Insel verweilt hatten, ließen die gefährlichen Schauer soweit nach, daß wir uns mit den Booten einen Weg durch die Brandung bahnen und zum Motorschiff ›Haraldur‹ zurückrudern konnten.«

Im April 1964 begann Lava zu fließen, von den Geologen freudig begrüßt. Denn erfahrungsgemäß sichert erst der Lavafluß den Bestand einer Vulkaninsel. Nur aus Lockerprodukten aufgebaut wie bisher, wäre die neue Insel mit Gewißheit wieder im Meer verschwunden. Im Mai 1965 hörten die Eruptionen vorübergehend auf. Aber im August des folgenden Jahres geriet der Feuerriese erneut in Raserei, ein Jahr lang fast, dann gab er endgültig Ruhe. Danach behielt die Feuerinsel ihre heute noch bestehende Form: oval, mit 169 Meter hohem Gipfel und 2,45 Quadratkilometern Fläche.

Noch im Dezember 1963 hatte sich die Isländische Ortsnamenkommission zusammengesetzt, um das aus dem Meer hervorgefeuerte Land zu taufen. Der Geologieprofessor Sigurdur Thorarinsson war es, der den Namen Surtsey vorschlug: Surturs Insel, benannt nach dem Feuerriesen Surtur, der, laut Edda, vom Süden mit flammendem Schwert heranfährt, gefolgt von den Söhnen des Feuerlandes Muspelheim, während die Midgardschlange Gift speit, so daß Luft und Meer sich entzünden.

Seine Argumente leuchteten ein, sein Vorschlag wurde akzeptiert. Und damit war zum ersten- und einzigenmal ein Zusammenhang zwischen Edda und Vulkanismus allgemein erkannt und – auch das noch – amtlich bestätigt worden.

»Und was geschah dann?« fragte ich Sigurdur Thorarinsson, als ich ihm Ende Juli 1980 bei langen Gesprächen über Zusammenhänge zwischen Mythologie und Geologie in seinem Büro gegenübersaß, »was geschah dann auf dieser Insel?«
Ich wußte zwar, was dann geschehen war, denn ich hatte wissenschaftliche Werke trockener Tonart über die weitere Entwicklung auf Surtsey gelesen. Doch ich wollte gesprächsweise Sigurdur Thorarinssons eigene Worte hören.
Er sagte: »Sie sieht auftauchen zum anderen Male aus dem Wasser die Erde und wieder grünen ... Da werden unbesät die Äcker tragen.«
»Das«, sagte ich, »waren Zitate aus der Völuspa.«
»Ja«, sagte Sigurdur Thorarinsson, »genauso ist es geschehen.«

Das grüne Land

Wunderbares geschah auf Surtsey, auf der Erde, die aus dem Wasser aufgetaucht war: Auf der kalten, leblosen, vor kurzem noch glühenden und feuerspeienden Insel begann es zu grünen, begann Leben sich zu entwickeln.
Am 3. Juni 1965 entdeckte der isländische Biologe Sturla Fridriksson die erste Pflanze: Meersenf, ein Kreuzblütlergewächs, das an den Sandbänken Islands gedeiht, von der Meeresströmung auf Surtsey angeschwemmt wurde und dort – auf leblosem, verbranntem Strand – unbegreiflicherweise zu wachsen begann. Sigurdur Thorarinsson hat die Pflanze damals fotografiert. Bei unserem Gespräch holte er das Bild aus seiner Schublade hervor und reichte es mir. »Hier, das Foto vom ersten pflanzlichen Leben auf Surtsey. Ich schenk' es Ihnen für Ihr Buch.« Wenige Tage nach dem 3. Juni 1965 waren Teile der Insel von Meersenf schon überwuchert. Dann begannen Doldengewächse – Angelica –, Gras und andere Pflanzen zu sprießen. Heute ist die schwarze Feuerinsel grün.
Noch vor dem Pflanzenwuchs, im Januar 1964 – zwei Wochen nach Auftauchen der Insel und unmittelbar nach Abklingen der ununterbrochenen Eruptionsphase –, ließen sich Möwen während der Ausbruchspausen auf erkalteten Stellen des Eruptions-

gesteins nieder. Im Sommer 1964 schon waren Schmetterlinge heimisch. Möwen, Trottellummen, Tordalken und nach und nach fast alle anderen Seevögel okkupierten die Insel. Im Juni 1965 war Surtsey schon – ein Vogelberg. Am 7. Juni ging der erste Seehund an Land, und das kam so: Ein Wissenschaftler hatte sich am Strand zum Ausruhen hingelegt, war eingenickt, und als er aufwachte, lag direkt neben ihm ein Seehundbaby, das, als er sich erhob, erschreckt zurückwich, ihn mit melancholischen Augen ansah und schluchzende Töne von sich gab, offenbar um die Mutter herbeizurufen, die vor dem Strand rollte.
Heute ist die Insel eine Zufluchtsstätte für Seehunde, die nicht mehr auswandern wollen, als wüßten sie, daß sie auf Surtsey ungefährdet von Seehundjägern leben dürfen. Denn Surtsey wurde schon im Mai 1965 zum Schutzgebiet erklärt. Botaniker und Zoologen hatten die einzigartige Chance erkannt, dort – auf dem Stück Erde, das erst wenige Monate alt und mithin im Urzustand war – erdgeschichtliche Vorgänge beobachten zu können, die ansonsten Jahrtausende zurücklagen und bisher noch nicht hatten untersucht werden können. Im Herbst 1965 wurde eine Schutzhütte mit Forschungslabor errichtet, in dem seither – abgesehen von der zwischenzeitlichen Eruptionsphase – bis zu fünf Wissenschaftler ihren Studien nachgehen. Surtsey ist ein Paradies geworden, wo Pflanzen wachsen – ungesät, wie in der Edda beschrieben, wo Tiere ihre Heimat haben – auf einer Erde, die erst seit kurzem existiert.
»Es ist, als ob eine der Glücksinseln – insulae fortunate –, die die Geographen des Mittelalters südlich von Island vermuteten, nunmehr Wirklichkeit geworden ist.« (Sigurdur Thorarinsson)
Diese Glücksinseln vor Island waren wohl Vulkaninseln, aus dem Meer hervorgezaubert, erkaltet, begrünt, von Tieren bevölkert – und dann wieder untergegangen. Denn sie wurden, obwohl von Geographen erwähnt, nie gefunden. Phantastische Beschreibungen submariner Eruptionen vor Islands Südküste finden sich auch in einem zwischen 1178 und 1180 verfaßten Wunderbuch »Liber Miraculorum« des Kaplans Herbert von Clairvaux, der seinen Bericht auf inzwischen verschollene Chroniken stützte. Es muß also vulkanische Inselbildungen südlich Islands

vor dem Jahre 1178 gegeben haben – zur Zeit, als die Völuspa geschrieben wurde.
Zweifellos, daß der Völuspa-Dichter die Geburt einer Feuerinsel erlebt und, wie alle vulkanischen Ereignisse seiner Zeit, in seinem Lied poetisch verarbeitet hat, zunächst als Androhung des Weltbrandes – personifiziert durch den Feuerriesen Surtur. Doch dann muß er gesehen haben, was Wissenschaftler heute auf Surtsey studieren: daß die Erde unbesät grünt, daß Leben entsteht, wunderbarerweise, auf einem Land, das brennend aus dem Wasser tauchte und Symbol völliger Vernichtung war. Aus diesem Erlebnis mag er die Vision einer versöhnlicheren Welt empfangen haben:

57. Da sieht sie auftauchen zum andern Male
aus dem Wasser die Erde und wieder
grünen.
Die Fluten fallen, darüber fliegt der Aar,
der auf dem Felsen nach Fischen weidet.

58. Die Asen einen sich auf dem Idafelde,
über den Weltumspanner zu sprechen, den
großen.
Uralter Sprüche sind sie da eingedenk,
von Fimbultyr gefundner Runen. Fimbultyr: Odin

59. Da werden sich wieder die wundersamen
goldnen Tafeln im Grase finden,
die in Urzeiten die Asen hatten,
der Fürst der Götter und Fiölnirs Fiölnir: Odin
Geschlecht.

60. Da werden unbesät die Äcker tragen,
alles Böse schwindet, Baldur kehrt wieder.
In des Sieggotts Himmel wohnen Hödur
und Baldur,
die walweisen Götter. Wißt ihr noch mehr –
und was?

61. Da kann Hönir selbst sein Los sich kiesen,
und beider Brüder Söhne bebauen
das weite Windheim. Wißt ihr noch mehr –
und was?

Hönir: Bruder Odins

62. Einen Saal seh' ich, heller als die Sonne,
mit Gold bedeckt auf Gimils Höhn:
Da werden bewährte Leute wohnen
und ohne Ende der Ehren genießen.

63. Da reitet der Mächtige zum Rat der Götter,
der Starke von oben, der alles steuert.
Den Streit entscheidet er, schlichtet Zwiste
und ordnet ewige Satzungen an.

»Der Mächtige« ist nach überwiegender Auffassung mythologischer Forscher als Christus zu verstehen, als Personifizierung des Christentums, das seit der Jahrtausendwende isländische Staatsreligion ist und alles steuert, Streit und Zwist nach ewigen Satzungen schlichtet und beurteilt.

Die Götterdämmerung fand im Südwesten statt

Betrachten wir die Szenerie der Götterdämmerung auf der Landkarte, so zeigt sich, daß alle Vulkane, deren Ausbrüche um die Jahrtausendwende den Völuspa-Dichter zu seinem visionären Lied vom Weltuntergang inspiriert haben, im Südwesten Islands liegen, wo die meisten Menschen lebten (und leben), wo sich auch die Skaldenschule Oddi befand, die geistige Heimstatt der Edda-Dichter. Verständlich, daß gerade in dem am stärksten besiedelten Gebiet eine Ballung solcher Eruptionen, eine Reihe von Katastrophen, die gar nicht mehr aufhören wollte, als apokalyptische Bedrohung empfunden wurde vom dämonengläubischen Volk der Vorzeit. Beklemmend war die Serie gleichzeitiger Schrecknisse:
Im Zentrum und nördlich des besiedelten Südwestgebietes bebte die Erde im Heißquellengebiet von Arnessysla, eruptierte

der Unterweltvulkan Hekla. Feuergott Loki war es, so glaubten die Menschen damals, der im mythischen Heißquellenhain auf den drei Felsen von Tröllkonuhlaup an seinen Fesseln zerrte und sich losriß.
Südlich der Küste war Feuerchaos auf der bewohnten Vulkaninsel Heimaey, Islands berühmtestem Vogelberg: Der »hochrote Hahn« sang dort im Vogelwalde.
Im Sichtbereich der Südküstenbewohner tauchte eine Insel feuerspeiend aus dem Meer: Surturs Flammenreich, unbegreiflich, bedrohlich, ein Feuerland, das erlosch, erkaltete und auf wunderbare Weise zu grünen begann.
Östlich geschah die verheerendste Katastrophe der Jahrtausendwende. Dort brach Islands am meisten gefürchteter Vulkan aus: Die Katla zersprengte den Gletscher des Myrdalsjökull, bildete den mythischen Brunnen Hwergelmir, und aus brodelndem, brausendem Kessel stürzten Sintfluten auf blühendes, besiedeltes Land, die Erde sank ins Meer, die Aschenwolke wuchs bis zum Firmament, Sterne fielen vom Himmel, die Sonne wurde schwarz im Aschengestöber über Island für lange Zeit.
Und westlich explodierten zwei Feuerspalten auf den Lavafeldern in Hellisheidi, nahe von Thingfeld und Reykjavik. Die Hellisheidi-Eruption: Sie war politisch am meisten bedeutungsvoll und bestimmte wohl auch die isländische Vision von der Götterdämmerung, vom Untergang des germanischen Mythos, den der Völuspa-Dichter mit der Vorstellung vom Weltbrand poetisch verschmolzen hat. Denn dieser Vulkanausbruch forcierte den Entschluß, das Christentum offiziell als Staatsreligion anzunehmen. Seit diesem Vulkanausbruch, seit diesem Thingbeschluß war vorhersehbar, daß Germaniens Götter untergehen würden. Zu dieser historischen Stunde begann Ragnarök: »Verhängnis der Götter«, Dämmerung des germanischen Mythos – Untergang einer Welt, die nur Epoche war.

Verzeichnis der Bücher, denen Zitate entnommen wurden

Bertholet, Alfred: Wörterbuch der Religionen. Stuttgart 1976.

Die Edda. Germanische Göttersagen aus erster Hand. Nach der Übersetzung von Karl Simrock neu herausgegeben, bearbeitet und kommentiert von Walter Hansen. Wien, Heidelberg 1981.

Edda, Skalden, Saga. Festschrift zum 70. Geburtstag von Felix Genzmer, herausgegeben von Hermann Schneider. Heidelberg 1952. (Daraus zitiert: Hermann Schneider, Die Geschichte vom Riesen Hrungnir. Und: Kurt Wais, Ullikummi, Hrungnir, Armilius und Verwandte.)

Erkes, Heinrich: Aus dem unbewohnten Innern Islands. Dortmund 1909.

Gering, Hugo: Die Edda. Leipzig, Wien 1893.

Golther, Wolfgang: Handbuch der germanischen Mythologie. Leipzig 1895.

Grimm, Jacob: Deutsche Mythologie. Gütersloh 1935. (Nach der vierten Auflage von 1876.)

Grumbkow, Ina von: Isafold. Berlin 1909.

Gudmundsson, Ari Trausti/Halldor Kjartansson: Wegweiser durch die Geologie Islands. Reykjavik 1984.

Herrmann, Paul: Nordische Mythologie. Leipzig 1903.

Johannesson, Alexander: Isländisches etymologisches Wörterbuch. Bern 1951.

Müllenhoff, Karl: Deutsche Altertumskunde. Berlin 1890.

Nordal, Sigurdur: Völuspa. Darmstadt 1980.

Reck, Hans: Island. Nach einem begonnenen Manuskript des Verstorbenen (Walther von Knebel) bearbeitet, fortgeführt und herausgegeben von Hans Reck. Stuttgart 1912.

Schutzbach, Werner: Island. Feuerinsel am Polarkreis. Bonn 1976.

Schwarzbach, Martin/Horst Noll: Geologischer Routenführer durch Island. Köln 1971. Sonderveröffentlichung des geologischen Instituts der Universität Köln, Heft 20.

Simrock, Karl: Handbuch der deutschen Mythologie. Bonn 1878.

Spethmann, Hans: Islands größter Vulkan. Leipzig 1913.

Thorarinsson, Sigurdur: Surtsey. Stuttgart, Zürich 1966.

Thorarinsson, Sigurdur: The Eruptions of Hekla in historical time. Teil 1 der Serie: The Eruptions of Hekla 1947–1948. Reykjavik 1967.

Thoroddsen, Thorwaldur: Eine Lavawüste im Innern Islands. In: Petermanns Geographische Mitteilungen, Band 31, Gotha 1885.

Thoroddsen, Thorwaldur: Island. Grundriß der Geographie und Geologie. In: Petermanns Geographische Mitteilungen, Ergänzungshefte 152 und 153, Gotha 1905/1906.

Uhland, Ludwig: Der Mythus von Thor. Stuttgart, Augsburg 1836.

Vries, Jan de: Altgermanische Religionsgeschichte. Berlin 1956.

Vries, Jan de: Altnordisches etymologisches Wörterbuch. Leiden 1962.

Vries, Jan de: Altnordische Literaturgeschichte. Berlin 1964.

Watts, William: Across the Vatnajökull or Scenes in Iceland. London 1875.

Personen- und Ortsregister